KB270920

지중해 문명의 다중성

[교류와 갈등의 어울림]

이 저서는 2007년 정부(교육과학기술부)의 재원으로 한국연구재단의
지원을 받아 수행된 연구임(KRF-2007-362-A00021)

지중해
문명의 다중성

[교류와 갈등의 어울림]

지중해지역원 인문총서 시리즈

윤용수 · 최자영 · 황의갑 · 최재훈 · 임주인 · 김희정 · 장니나 · 신성윤 공저 (목차순)

이 책은 부산외국어대학교 지중해지역원에서 2007년부터 기획 출간되는 인문총서 시리즈로 세 번째이다. 지중해지역원은 국내 유일의 지중해학 연구소로서 1997년 설립된 이래 다양한 문명의 언어, 종교, 문화, 역사, 정치 등을 아우르며 학제 간 연구를 통한 지역연구의 기틀을 마련하는 데 주안점을 두고 있다. 2007년 11월에는 '지중해 문명 간 교류'라는 대주제로 교육과학기술부 산하 한국연구재단의 '인문한국지원사업(Humanities Korea Projet) 해외지역학연구' 분야에 선정되었고, 3년으로 구성되는 1단계 3년차 연구 주제인 '지중해 문명의 다중성'의 연구 결과물이 바로 이것이다.

지중해는 여러 문명이 교차하며 해양과 대륙 문화가 공존하는 인류 문명의 산실로서, 다양성은 물론 공통성을 함께 갖는 공간이다. 『지중해 도시들』(2008년), 『지중해 조형예술』(2009년)에 이어 올해 세 번째 인문총서로 출간되는 『지중해 문명의 다중성』은 사실 다양성뿐 아니라 그 공통적인 문화의 기반에 대해서도 관심을 기울인다. 지중해지역원의 연구진으로 구성된 집필진은 그동안 각 지역의 현지 조사를 통해 기초 작업을 진행해 왔으며, 그 조그마한 결실을 이 책에 담았다.

먼저 지중해의 상당부분을 차지하고 있으며 세계 종교의 하나로 자리매김한 아랍·이슬람 문명을 일견한 뒤, 고대 지중해 세계 시실리 섬을 중심으로 한 아시아의 카르타고-페니키아인과 유럽의 그리스인 간 교류와 갈등을 다룬다. 또 동부 지중해 지역의 기독교 소수종파와 제1성전시대 이후 성서 히브리어에 나타나는 아람어를 통하여, 아랍과 히브리문명이 갖는 차이점이 언어적 다중성에 어떻게 반영되는가를 살펴보게 된다. 나아가 이념 및 민족 간 갈등과 관련하여, 레바논의 분쟁과 정치 발전, 가톨릭교가 중심을 이루는 스페인 문학에 나타난 이단적 경향, 이탈리아 문화의 복합성 및 그 유연한 정체성, 그리고 프랑스 내에 거주하는 지중해 이남, 즉 아프리카 서북부 마그레브여성들이 프랑스 사회에서 갖는 정체성 연구 등을 통해 복합적 문명의 혼재 양상 등을 돌아볼 것이다.

2010년 7월 6일
우암동 교정에서
지중해 지역원 집필진 일동

Contents

Contents

아랍 · 이슬람 문명의
독창성과 세계성

윤용수

1. 아랍 · 이슬람 문명에 대한 평가

인류 문명의 발전 과정은 동서양 문명 교류의 역사를 통해서 보다 정확하게 알 수 있다. 동서 간의 문명과 문화 교류에 있어 아랍은 그 지리적 위치로 인해 고대부터 동서양을 잇는 가교 역할을 끊임없이 수행해 왔다. 고대 페니키아 인들이나 나바트 인들이 중계무역으로 부(富)를 축적하고, 국가를 발달시켰던 것도 이러한 지리적 가교로서의 장점을 최대한 활용한 예라 하겠다. 이슬람 이전 시대(A.D. 622년 이전)에도 동부 아프리카의 에티오피아에서 홍해를 건너 아라비아반도 서부를 경유하여 시리아의 다마스쿠스까지 이어지는 전통적인 무역 대상로는 이 지역의 주요 통상로일 뿐만 아니라 지역별 문화와 문명이 상호 접촉하는 주요 통로이기도 했다.

인류 문명의 시원(始原)인 메소포타미아와 이집트에서 발원한 오리엔트 문명의 꽃은 탈레스(Thales, B.C. 546년 사망) 등의 고대 그리스 학자들을 통해 고대 그리스와 로마 및 비잔틴 문화에 직접적인 영향을 끼쳤다. A.D. 5세기 이후 유럽이 중세 암흑기를 겪고 있을 때, 인류 문명의 주인공은 지중해의 동서남 쪽을 차지한 아랍 인을 중심으로 한 이슬람 문명이었다. 15세기 이후 암흑기에서 깨어난 유럽 인들이 인류 문명의 주역으로 다시 등장했을 때, 아랍 인들은 그들이 아랍어로 간직하고 있던 인류 문화의 유산을 다시 유럽 인들에게 넘겨주었다.

이러한 인류의 문명 발달 과정을 추적해 보면, 근대 이후 인류 문명은 서구 세계가 주도하고 있지만, 인류 문명의 뿌리는 동방 세계에서 시작되었고, 인류 문명의 발달은 동서양이 상호 간 영향을 주고받으며 문화와 문명을 발달시켜 왔다.

이런 과정을 통해 볼 때, 인류의 문명 발달은 특정 민족과 세력에 의해 완성된 것이 아니고, 인류 전체의 합작품이며 공헌의 결과임을 알 수 있다.

그러나 대부분의 서구인들은 인류 문명의 발달에 끼친 아랍 인들의 공헌을 왜곡하거나 인정하려 하지 않는다. 중세 암흑기와 야만의 역사를 갖고 있는 유럽 인들로서는 숨기고 싶은 역사이자 치부일지도 모른다.

따라서 인류의 문명 발달 과정에서 이슬람 문명의 기여와 중세 유럽에 끼친 영향을 밝히는 것은 인류 문명에 대한 재해석과 정확한 이해를 위해서 필요한 작업이다. 서구인들에게 '사막의 야만인'으로 알려져 있던 아랍 인들의 문명과 그 발달 과정을 통해 아랍 · 이슬람 문명의 특징을 살펴보고, 7세기부터 약 500년간 지중해를 중심으로 세계를 지배했던 아랍 무슬림들이 중세 유럽 인들에게 끼친 영향을 밝히는 것은 인류 문명 발달사를

이슬람건축의 백미 – 다마스쿠스 우마이야사원

올바르게 이해하는 데 필요하기 때문이다.

2. 아랍 · 이슬람 문명의 발달

1) 이슬람 이전시대의 아랍 문명

'아랍 인'이라는 개념은 단일한 특정 국가나 민족을 지칭하는 용어가 아니라, 동쪽으로 아라비아반도의 이라크와 서쪽으로 북부 아프리카의 모로코에 거주하는 사람들을 통칭하는 사회 문화적 용어다.

이 지역의 거주민들은 인종, 문화, 민족이 제각기 다르기 때문에, 아랍 인의 개념은 일반적으로 국가나 민족을 구분하는 데 사용되는 인종, 혈종, 지역 등에 의한 구분이 아닌 문화적 개념으로 이해해야 한다. 협의의 아랍 인은 아라비아반도의 유목민을 의미하지만, 광의의 아랍 인은 서아시아와 북부 아프리카에 거주하는 사람들을 포함하기 때문이다.

이처럼 광대한 지역에 다양한 민족과 인종의 혼합체인 아랍·이슬람 문명은 그 성격이 복잡할 수밖에 없다.

서양 학자들은 이슬람 이전 시대 아라비아반도에 발달된 문명이 있었다는 전제 자체에 부정적인 견해를 보이지만, 아랍 세계는 인간이 최초로 정착 생활을 시작하고, 농경과 가축을 키우기 시작한 곳이다. 또한 수많은 왕국들이 명멸해 갔으며 그들이 남긴 유산은 인류 문명의 시원(始原)이 되었다.

아랍 인들의 주 무대인 아라비아반도의 혹독한 자연환경은, 아랍 인들로 하여금 생존을 위해 지리, 식물, 동물, 천체 등 자연 환경에 대한 매우 실질적인 탐구를 하게 하였고 이러한 탐구 과정은 아랍의 자연 과학 발달의 기반이 되었다.

아라비아반도 문명의 기원은 수메르 인들이 B.C. 4000년경 인류 최초의 도시 국가를 메소포타미아 지역에 건설하면서 시작된다. 이들은 인류 최초의 문자인 쐐기문자를 만들어 사용했고, 이 문자는 아랍어 문자의 기원이 되었다.

이후 메소포타미아 지역은 아카드 인, 아무르 인, 히타이트 인, 아시리아 인들이 차례로 지배하며 국가를 건설했다. 아무리인들이 세운 바빌로니아왕국의 6대왕 함무라비대왕(Hammurabi, B.C. 1792~1750년 재위)은 인류 최초의 성문법인 함무라비법전을 만들었고, 히타이트인들은 철제 무기와 전차를 사용하는 과학적 발전을 보였다.

메소포타미아 지역은 물론 이집트, 이란 고원, 소아시아, 시리아, 팔레스타인을 정복하고 지배한 아시리아 인들은 이전의 수메르 인, 아카드 인, 아무르 인, 바빌로니아 인들이 이루어 놓은 메소포타미아문명을 계승·발전시켰다.

현재 레반트(Levant) 지역으로 불리는 지중해의 서해안 지역은 페니키아 인들이 이주하여 도시 국가를 만들어 해상 중계무역으로 부(富)를 축척하며 번영을 누렸으며, 이들은 오늘날 알파벳의 기원이 되는 문자를 만들어 사용하기도 했다. 이들은 동지중해 지역에 안주한 것이 아니라 지중해를 횡단하여 현재의 튀니지에 카르타고를 건국하여 로마를 위협하기도 했다. 또한 셈족인 아람 인과 지중해를 건너온 팔레스타인 인, 이집트를 탈출한 히브리 인들이 레반트 지역에 정착하여 국가를 형성했고 문명의 꽃을 피웠다.

이집트에서는 B.C. 3000년경 나르메르왕이 상하이집트를 통일하고 이집트 최초의 통일 왕국을 건설했고, 이 왕국은 이후 31왕조에 걸친 고·중·신왕국이 3500년 동안 번영을 누렸다. 이집트의 지배자인 파라오(Pharaoh)들은 이집트의 통일에 만족한 것이 아니라 아라비아반도에도 관심을 가져, B.C. 1525~1448년에 누비아와 시리아를 정복하여 직접 통치하기도 했다(손주영(역), 1999: 37 - 41).

아라비아반도의 동부 지역은 페르시아제국(B.C. 550~330)이 성쇠를 누렸다. 키루스 2세(Cyrus Ⅱ, B.C. 559~530 재위)는 주변의 군소 왕국들을 정복한 후 페르시아 제국을 건설했다. 이 제국은 시리아, 팔레스타인의 서아시아 지역, 에게 해 연안과

이집트를 정복하며 동방의 패자(覇者)로 군림했다. 페르시아제
국은 알렉산더대왕의 동방원정으로 몰락한 후 역사 속에서 사
라지지만, A.D. 224년 사산조 페르시아가 등장하면서 과거 페
르시아제국의 영토를 거의 회복했으며, 로마와 비잔틴문화에
견줄 수 있는 동방의 절대 강국으로서 발전했다.

아라비아반도의 남부 지역은 이슬람 이전 시대 아랍 문명의
가장 중요한 지역이다. B.C. 10세기경 지금의 예멘지역에 건국
된 사바(Saba) 왕국은 일찍부터 관개 시설과 댐을 이용한 농업
이 발달하였다. B.C. 2000년경 사바 인들이 건축한 마으립
(Maʕrib)댐은 고대의 가장 위대한 기술적 경이로 기록되고 있
다. 또한 사바 인들은 향료를 수출하여 부를 축적했고 로마 인
들에게 '부유한 아라비아(Arabia Felix)'로 불리며 그들의 부러
움을 받기도 했다.

아라비아반도의 중부 지역은 아랍 유목민들의 지역이었다.
대부분이 사막인 지리적 환경 때문에 외부의 침입을 거의 받지
않았고, 독자적인 유목 문화를 이어 나갔으며, 후대 이슬람 문
화의 발흥지가 되었다.

이슬람이전의 아라비아 반도를 일반적으로 '무지의 시대'라
칭하고 있지만, 이는 종교적 관점에서의 표현이며, 문명의 관점
에서 이런 표현은 적절하지 않다.

아랍 인들이 서구의 비행기와도 바꾸지 않겠다는 문화적 자
긍심의 핵심인 아랍 시는 당시에 이미 고도로 발달되어 있었고,
자힐리야 시대의 시는 지금도 아랍의 대학에서 연구와 강의의
대상이 되고 있다. 특히, 당시의 대표적인 7인1)의 시를 모아서
만든 7편의 송시(Sabʕa Muʕallaqat)는 이슬람 이전 아랍 문화의

정수를 보여 주고 있다. 이들의 시는 지금도 멕카 카바사원의 벽에 금가루로 기록되어 보존되어 있다.

아랍의 시 전통은 이슬람 시대에도 계속 유지되었고, 이후 아랍의 시는 유럽에서 새로운 유형의 시 탄생에 일정 부분 영향을 끼쳤다는 평가도 받고 있다(Landau Rom, 1958: 55).

아라비아반도에 서방 문명의 본격적인 전래는 알렉산더대왕의 동방원정이 계기가 되었다. 물론, 그 이전부터 지중해를 건너 온 그리스 문화가 지중해 동부 지역과 북부 아프리카에 유입되었지만, 동방원정이 보다 직접적인 계기가 되었다. 알렉산더가 가져온 그리스 문화는 페르시아와 이집트에 보급되어 그리스 문화와 오리엔트 문화가 혼합된 독특한 형태의 헬레니즘(Hellenism) 문화를 탄생시켰다.

알렉산더대왕의 갑작스러운 사망(B.C. 324년) 이후 아라비아반도에서 헬레니즘 문화의 색채는 엷어져 갔지만, B.C. 60년경 아라비아반도가 로마 제국의 지배하에 놓이게 됨에 따라 고대 서구 문명의 아라비아반도 유입은 빠른 속도로 재개되었고, 그 영향은 비잔틴 제국시대에도 계속되었다.

서구의 문화는 지중해의 동부 연안 국가에 특히 많은 영향을 끼쳤다. 이 지역은 로마 제국의 지식인과 관료 계층들을 양산해 냈으며 많은 사람들이 로마의 시민권을 얻기도 했다. 많은 시리아 인들이 법조인, 의사, 역사가, 행정가로서 명성을 얻는 등 레반트 지역 국가와 로마와의 문화적·인종적 혼합은 빠르게 이루어졌다.

---

1) 7편의 송시에 기록된 시인들은 Imru' al-ays, Tarfah, Zuhair, Labid, Antar, Amru ibn Kalthoom, Al-Harith ibn Hillizah이다.

전술한 것처럼 아라비아반도는 일찍부터 다민족 다문화의 복합문명지역의 성격을 띠고 있었다. 이집트, 페르시아, 그리스 문화 등의 외래문화는 기원전부터 아라비아반도에 오랫동안 지속적으로 유입되어 기존의 아랍 문화와 함께 아랍·이슬람 문명이 성장, 발전하는 데 문화적 자양분이 되었다. 또한 아랍·이슬람 문명의 주역인 아랍 인들이 이들 외래문화를 적극적으로 수용하여 발전시킨 것 역시 아랍·이슬람 문명 발전의 핵심적 요인이라 할 수 있다.

2) 아랍·이슬람 문명의 형성과 발전

아랍 인들은 사도 무함마드 사후(死後) 이슬람의 선교와 세력 확장을 위해 중앙아시아에서 이베리아 반도에 이르는 광활한 영토를 차지했고 동서양을 잇는 지중해는 아랍 인들의 호수가 되었다. 불과 100여 년 만에 아랍 인들에 의해 이룩된 이러한 영토 확장은 알렉산더대왕의 동방원정에 견줄 만했다.

그러나 유목 문화의 전통으로 인해 발전된 문화와 학문 체계를 갖고 있지 못했던 아랍 인들은 넓은 제국의 통치를 위해서 높은 수준의 학문이 요구되었고, 가장 빠른 시간에 이를 해결할 수 있는 방법은 선진 외래 학문의 수입이었고 구체적인 방법은 번역이었다.

중앙아시아에서 스페인 안달루시아에 이르는 광대한 영토에는 다양한 문명과 언어가 존재했었고 이들 개별 문명의 문화적 자양분은 아랍 인들에 의해 빠른 속도로 흡수되었다. 아랍·이슬람 제국에서 문화의 흡입구는 그리스어, 라틴어, 페르시아어, 인도어, 콥트어 등 다양한 외국어였지만 출구는 아랍어 한 가지였다.

이슬람 문명의 성장과 발전에는 아랍계 무슬림뿐만 아니라, 마왈리(mawali)[2]와 기독교, 유대교도, 조로아스터교 등 다양한 인종과 종교적 배경을 가진 이들이 결정적인 기여를 했다. 이는 이슬람 문명이 아랍 인들만의 전유물이 아닌 세계인이 공유할 수 있는 보편성을 지녔음을 의미한다.

아랍 인들의 외래 문명 수용은 이슬람 시대 초기부터 다양한 지역에서 꾸준히 지속되었다. 아랍 최초의 왕조인 우마이야왕조(A.D. 660~750년)의 다마스쿠스, 아랍·이슬람 문명의 정점이자 황금시대인 압바시야왕조(A.D. 751~1258년)의 바그다드, 파티마왕조(A.D. 909~1171)의 카이로, 아랍 안달루시아왕조의 코르도바와 그라나다 등 연대기의 차이는 있지만 아랍·이슬람 문명의 중심지는 전 이슬람 세계에 골고루 분포되어 있고, 이런 분포는 아랍·이슬람 문명을 살찌우게 하는 요인이기도 하다.

우마이야왕조에서는 아랍 인 우월주의가 지배한 반면, 압바시야왕조에서는 아랍 인 우월주의가 퇴색하고 모든 무슬림은 이슬람의 우산하에서 평등하다는 평등사상이 팽배해짐에 따라 다양한 국적의 무슬림들이 왕조의 운영에 직접적으로 참여했고 이들의 문화적 역량은 압바시야왕조의 문화와 학문의 발전에 직접적인 공헌을 했다.

특히, 페르시아 출신의 마왈리들이 압바시야왕조의 지배층을 차지함에 따라 고대 페르시아제국의 왕정제, 관료제 및 행정제

---

2) 비아랍계 이슬람교도

도가 압바시야왕조의 통치 제도에 커다란 영향을 끼쳤고, 페르시아계의 바르마크 가문은 여러 명의 재상을 배출하기도 했다.

8세기부터 13세기까지 압바시야왕조의 수도였던 바그다드는 당시 전 세계의 상업과 학문, 예술의 중심지로서, 국제도시로서의 면모를 갖추고 있었다. 바그다드에는 지점이 전 이슬람 세계와 중국까지 개설된 은행이 있었고, 병원, 약국, 도서관, 학교와 서점이 있었다. 종이는 중국인들이 만들었지만, 바그다드에는 제지공장이 만들어져 종이를 대량으로 공급하고 있었다. 12세기까지 유럽 인들은 양피지를 사용해 기록하고 있었고, 십자군 전쟁을 통해 유럽 인들은 아랍 인들로부터 제지술을 습득한 후 유럽에 종이를 보급했다. 또한 당시 바그다드에는 농사를 위한 관개 수로 시설과 하수시설이 이미 만들어져 사용되고 있었다.

무슬림 상인들이 해로를 개척하기 시작하여 아랍의 선박들이 수마르타, 인도, 중국, 마다가스카르로 항해하는 등 해상 실크로드가 개척되어 비이슬람 문명과의 교류가 증가했고, 이런 해상 교류 역시 아랍·이슬람 문명을 살찌우게 했다.

압바시야제국은 제국이 만들어진 직후부터 지나치게 광활한 영토로 인해, 효과적인 통치가 이루어지기 힘들어 제국이 여러 왕조로 분열되는 현상이 나타났다. 그 결과 바그다드 칼리파의 영향력은 바그다드 인근 지역에 국한되었고, 바그다드의 칼리파는 제국의 상징적인 존재로 남게 되었다. 그러나 제국의 정치적 분열에도 불구하고 압바시야제국은 종교적으로 이슬람과 언어적으로 아랍어라는 큰 틀에서 벗어나지 않았다. 또한 학문과 문화에 대한 욕구는 식지 않았으며, 오히려 각 지역의 칼리파들이 경쟁적으로 학문을 후원하는 양상마저 보였다.

압바시야왕조 칼리파들의 학문에 대한 욕망과 적극적 후원은 이슬람 문명이 황금기를 구가하는 데 결정적인 뒷받침이 되었다. 하디스(hadith)[3]에 언급된 '요람에서 무덤까지 지식을 구하라', '지식을 구하기 위해 중국까지 가는 한이 있더라도 지식을 찾아라', '학자의 잉크는 순교자의 피보다 더욱 신성하다' 등의 격언은 칼리파들의 학문 탐구에 대한 의지를 뒷받침했다.

무슬림이자 귀족 출신인 야꿉 이븐 이스학 알 킨디(Yaqub ibn Ishaq al－Kindi, 870년 사망)의 "진리가 어떤 원천에서 비롯되었건, 설령 그것이 고대인들이나 외국인들에 의해서 전해진 것일지라도 우리는 진리를 인정하는 것에 대해서 부끄러워해서는 안 될 것이다. 나의 원칙은 첫째 고대인들이 이 문제에 관해서 말한 내용을 그대로 완전하게 인용하는 것이고, 둘째는 고대인들이 충분히 표현하지 않은 것을 우리 아랍어의 용례와 우리 시대의 관습과 나 자신의 능력에 맞추어서 완결 짓는 일이다."(김호동(역), 2003: 274)라는 언급은 아랍 무슬림들의 학문에 대한 자세와 인식을 잘 보여 주고 있다.

또한, 이슬람 세계에서 학문의 발전을 가져온 동기는 첫째, 이슬람의 교리는 하나님의 활동 증거로서 하나님이 창조한 전체 물질세계에 대한 인식을 권장하기 때문이다. 하나님을 이해하기 위해서 하나님이 창조한 모든 것을 연구하는 것이 요구되었다. 전통적인 이슬람 신앙에서 이러한 이해와 노력은 지상에서 인간의 목표인 정당하고 의로운 삶을 구하는 데 필수적이기 때문이다. 둘째는, 무슬림들의 학문적 호기심이었다. 제국이 확

---

3) 이슬람의 교조 사도 무함마드의 언행록.

장됨에 따라 접하게 된 새로운 문명과 종교, 세상에 대한 쿠란의 가르침, 신세계의 혜택을 누리고픈 욕망, 지적 표현 능력을 갖추게 된 아랍어 등이 무슬림으로 하여금 주변 세계를 탐구하도록 재촉했고, 이는 학문연구를 위한 강력한 동기가 되었다. 그 결과 무슬림들이 이룬 학문적 업적은 이탈리아 르네상스의 전성기, 과학혁명, 계몽시대, 산업혁명 초기의 업적들에 비견될 수 있다(정규영(역), 2002: 41 - 42).

칼리파들의 학문에 대한 의지는 아랍 인들이 세계 최초의 대학을 설립한 것에서도 알 수 있다. A.D. 859년 모로코의 페즈(Fez)에 세계 최초의 대학인 카이라완(Qairawan) 대학이 설립되었고, A.D. 970년에는 이집트 카이로에 알 아즈하르(Al-Azhar) 대학이 세워졌다.

이집트의 알 아즈하르 대학교(A.D. 970년 설립)

이런 연대기는 서양 최초의 대학인 이탈리아의 볼로냐(Bologna) 대학이 A.D. 1088년에 세워진 것과 비교하면 200년 이상 앞선 것이다.

이슬람 문명은 이슬람 제국의 발흥과 함께 시작되었으며 그 모태는 아랍인과 아랍 문명이다. 그러나 이슬람 제국이 확장되어 가는 과정에서 다양한 외부 문화와 인종이 이슬람 문명의 형성과 발전에 기여했기 때문에 이슬람 문명은 국제적인 성격을 띠고 있는 인류 공통의 문명이라 할 수 있다.

서양학자들은 이슬람 문명의 이러한 다양한 특징 때문에 이슬람 문명을 기존의 동양과 서양문명의 복사 또는 변형이라고 주장하지만 이는 서구중심주의(Eurocentrism)에서 비롯된 아집이다.

이집트, 페르시아, 비잔틴, 인도 등 다양한 요소들이 이슬람 문명 속에 포함되어 있지만, 궁극적으로 이슬람의 용광로 속에 용해되어 이슬람 문명으로 재생산된 문화이기 때문에 이슬람 문명은 기존의 문명과 구분되는 특징을 갖고 있다. 특히, 이슬람 문명의 핵심은 신학적으로 유일신 사상에 근간을 두고 있는 이슬람이며, 그 표현 수단으로서 아랍어이기 때문에 더욱 그러하다.

3) 번역 활동

유목 생활로 인해 체계적인 학문의 발전을 이루지 못했던 아랍·이슬람 국가가 빠른 시간 안에 학문적 체계를 갖출 수 있었던 것은 비잔틴, 페르시아, 인도 등 주변 문화 선진국의 문명과 학문적 업적을 적극적으로 수용했기 때문이며 그 구체적인 방법은 번역이었다.

중근동에서는 B.C. 2000년 이전부터 당시의 행정 서류, 문학 작품, 종교적 기록들이 수메르어, 아카드어, 바빌로니아어 등으로 번역되는 등 번역에 오랜 전통을 지니고 있다.

사산조 페르시아제국시대의 번역은 페르시아 인들이 주도하였으며, 이슬람화된 이후는 아랍 인들이 번역의 전통을 계승했고, 이 전통은 아랍·이슬람 문화의 융성과 발전에 커다란 기여를 했다. 아랍 인에게 번역은 단순한 텍스트의 옮김이 아니라, 그들에게 생소했던 행정·사상·철학 등 외래 학문과 과학의 개념을 심어 주는 것이었다.

외래 문헌의 아랍어로의 번역과정에서 원문이 포함하고 있는 새로운 생각과 사상들 그리고 개념들을 표현하기 위한 새로운 전문 용어들의 필요성이 제기되어 아랍어에 없던 많은 새로운 어휘들이 생겨났고, 그 결과 아랍어는 더욱 풍부한 언어가 되었다. 따라서 번역은 아랍어로 하여금 많은 사상들을 명료하고 정교하게 표현할 수 있게 했으며, 아랍어를 보다 유연한 언어로 만들었다.

A.D. 7세기 이슬람이 중근동 지역에 확대되면서 이슬람화와 아랍화가 이 지역에 빠른 속도로 확산되자 아랍어는 신지배계층의 언어가 되었고 당시의 교통어(lingua franca)였던 아람어의 자리를 대체했다. 우마이야왕조 말기와 압바시야제국 초기에 페르시아어, 아람어, 그리스어, 시리아어, 인도어와 콥트어 등에서 아랍어로의 활발한 번역 활동이 시작된 것이다.

특히, A.D. 750~850년은 아랍의 문예 사상사에서 가장 중요한 순간으로 간주된다(Philip K. Hitti, 2002: 548－550). 이 시기에 페르시아, 그리스, 시리아로부터의 번역이 가장 활발하게 이루어졌으며 이를 주도한 사람은 기독교 시리아 인들과 페르시아 마왈리들이었다.

우마이야왕조에서 번역에 가장 큰 역할을 했던 시리아 인들은 아랍 인들보다 문화적으로 발달했고 계몽되어 있던 아랍계 기독교인들로서 이들은 시리아어를 능숙하게 사용했었다. 반면에 압바시야왕조는 팔레비어를 능숙하게 하는 페르시아 출신의 마왈리들이 번역 활동을 주도했었다.

우마이야왕조의 수도였던 다마스쿠스의 아랍계 기독교인들은 아랍 인들이 그리스 사상을 모르고 있을 때 그리스의 학문적 성과를 시리아어로 이미 번역했었다. 이들은 이미 1000년 이상 그리스와 접촉을 해오며 선진국가의 문화적 자양분을 섭취해왔기 때문에 우마이야왕조의 번역 활동과 문예 발전을 주도할 준비가 되어 있었다.

이후 우마이야 왕조의 칼리파들은 당시의 저명한 아랍의 사상가, 학자, 문인들에게 페르시아어, 그리스어에서 아랍어로의 번역을 적극 권장하고 장려했다. 이는 아랍·이슬람 제국의 언어로 위상이 높아진 아랍어를 그 위상에 맞게 발전시키려는 노력의 일환인 동시에, 이슬람교의 언어인 아랍어를 발전시키려는 종교적 열망이기도 했다.

압바시야왕조의 칼리파 알 마문(A.D. 813~833 재위)은 국립 번역 기관인 '지혜의 전당(bayt al－ḥikmah)'을 설립해 번역을 적극적으로 장려했고, 그의 재위 시절에 아랍어로의 번역 활동은 절정에 달했다(윤용수, 2004: 305 - 306).

번역은 아랍어에 언어적 유연성을 제공하였으며, 아랍어가 많은 사상들을 명확하고 정교하게 표현할 수 있도록 했다. 번역이 없었더라면 아마 아랍·이슬람 문화는 일천한 종교적 엄격함과 원시적인 수준의 문화에 머물렀을 것이다.

아랍 인의 번역 활동에서 나타난 가장 큰 특징은 수용성과 창의성이다. 아랍 번역가들은 아랍의 종교적·문화적·윤리적 가치를 고려하여 외국 작품을 원문 그대로 번역하기보다는 이슬람 사회와 조화될 수 있는 소재와 가치로 적절히 각색하였다. 이는 비록 외래 문화를 수용하더라도 자신들의 틀 속에서 재탄생시키려는 아랍 인들의 노력의 결과이며, 외부 문화에 대해 개방적인 아랍 인들의 기질이 긍정적으로 적용된 사례이다.

3. 아랍·이슬람 문명과 중세 유럽

서구 유럽 인들에게 중세의 역사는 암흑의 역사이자 감추고 싶은 역사이기도 하다. 중세 유럽시대는 고대 로마·그리스제국, 비잔틴 제국의 빛나는 문화유산은 잊히고, 야만과 주술, 마녀가 활개치던 시대였다. 더욱이 서구인들이 야만시하던 아랍 인들이 문명의 꽃을 피우고 세계 역사를 주도하며, 서구인들보다 앞선 선진 문화를 누리고 있었기에 서구 유럽 인들은 중세 역사를 더욱 외면하는 경향이 있다.

그러나 최근 서구 학자들 사이에 중세에 대한 평가가 새로이 이루어지고 있다. 기본(Gibbon)은 중세를 고전 문명과 고전 문명을 이어 받은 현대와의 사이로 인식하고 있고, 일부 현대 유럽 사가들은 중세는 현재의 발달된 문명을 준비한 휴식기이며 암흑기가 아니라고 규정하고 있다. 즉, 유럽의 중세는 근대의 발전을 준비하기 위한 과정이며 결코 암흑이나 야만의 시대가 아니라고 항변하고 있다(Wendell Philips, 1986: 3).

물론, 역사의 발전 과정은 잉태기와 성장기, 발전기와 쇠퇴기를 반복하는 것이 일반적이기 때문에 유럽 학자들의 중세 유럽에 대한 이러한 평가는 타당한 측면이 있다. 그러나 인류 문명의 발달은 그 어느 한순간도 중단되지 않았고, 유럽 인들이 인류 문명의 무대에서 물러나 있을 때 인류 문명의 주역은 아랍 인들이었으며, 이들이 이룩한 아랍·이슬람 문명에 의해 유럽인들이 암흑의 시대에서 벗어날 수 있었음도 인정해야 한다.

아랍·이슬람 문명이 황금기를 구가하고 있던 시대에 유럽 인들에 대한 아랍 인들의 인식은 아부 하산(Abu Hasan al-Masʕudi, 956년 사망)의 아래와 같은 언급에서도 알 수 있다.

<blockquote>"북쪽 사람들은 춥고 습기 진 곳에 살고 있다. 얼음과 눈이 끝없이 계속되어 있다. 그들 사이에는 따뜻한 유머가 부족하고, 몸은 크고, 성격은 거칠며 예의는 세련되지 못하다. 그들은 이해력이 부족하고 언어도 발달하지 못했다. 그들의 종교적 믿음은 견고하지 못하다. 그들 중 가장 북쪽에 살고 있는 사람들은 어리석고, 야만적이다."(Bernard Lewis, 1993: 180)</blockquote>

아부 하산의 언급처럼 아랍 인들은 중세 유럽 인들을 세련되지 못한 야만인으로 간주하고 있었다. 실제로 중세의 유럽 인들은

가난과 기아, 무지, 질병, 폭력, 배신, 불결에 시달리고 있었다. 그들은 흙으로 만든 오두막집에 거주했고, 도시의 하천도 정비되지 않아 질병의 온상이 되곤 했다. 심지어 피부의 손상을 염려하여 목욕도 자주 하지 않았다(David E. Standard, 1992: 58).

압바시야제국의 이슬람 문명과 중세 유럽의 접촉은 주로 스페인의 아랍 안달루시아왕조(A.D. 711~1493)를 통해 이루어졌다. 유럽에 전달된 이슬람 문명은 발달된 학문과 과학뿐만 아니라 종교적 관용, 인종 간 화합, 개인과 공공의 청결과 같은 문명사회의 기본적인 부분까지 포함하고 있었다. 아랍 인들이 스페인에 머문 781년 동안 고도로 발달된 이슬람 문명을 유럽으로 전달하는 중심 도시는 코르도바(Cordova)와 그라나다(Granada)였다.

코르도바는 A.D. 10세기 초 아랍 안달루시아왕조의 수도로서 50만이 넘는 인구가 거주하고 있었다. 당시 유럽의 주요 도시 인구가 10,000명을 넘지 않았다는 점을 감안할 때 코르도바는 유럽에서 가장 큰 도시였다.

당시 런던과 파리 같은 유럽의 대도시조차 포장된 도로와 가로등이 없었을 때, 이슬람 문명권의 코르도바 도로는 포장되어 있었고 가로등을 갖추고 있었다. 화장실과 하수 시설을 갖춘 주택은 유럽의 다른 도시에서는 발견할 수 없는 것이었다.

또한 코르도바는 700개의 이슬람 사원, 300개의 공중목욕탕, 70개의 도서관, 수많은 서점과 공원, 궁전을 갖추고 있었다. 아랍 코르도바의 도서관은 440,000권의 장서를 보유하고 있었는데, 이 장서 수는 당시 프랑스의 전체 도서관이 보유하고 있던 장서의 수보다 많았고, 대부분의 유럽 인들이 양피지를 이용해 기록을 하고 있을 때 이 도서관에서는 종이를 이용해 기록에 사용하고 있었다.

스페인 기독교도들의 공격으로 인해 안달루시아의 수도가 코르도바에서 그라나다로 옮겨진 후에도 아랍 인들의 문화적 활동은 계속되었다. 그라나다는 비단 무역으로 크게 번영을 누렸으며, 아랍 인들이 건축한 알함브라 궁전은 전 세계에서 가장 아름다운 건축물로 남아 있다.

이외에도 세비야(Seville)와 톨레도(Toledo)는 아랍 안달루시아왕조 지식의 요람이었으며, 특히 톨레도는 과학 문헌을 아랍어에서 라틴어로 번역하는 중심지였다(Abdullah M. Sindi, 1999).

아랍·이슬람 문명의 중세 유럽에 대한 영향은 학문과 문화 전 영역에 걸쳐 나타나고 있으며, 그 문화적 흔적은 지금도 쉽게 발견할 수 있다. 특히, 800년에 가까운 이슬람 문명의 영향력으로 인해 스페인어와 포르투칼어 등의 유럽어에 남아 있는 아랍어 차용어와 문학 작품, 철학과 수학, 천문학 등의 자연 과학 분야에서 이슬람 문명의 영향은 서구 세계가 오랜 침체에서 벗어나 문예부흥으로 향하는 학문적·문화적 기반이 되었다.

1) 아랍어

셈어 중 가장 막내 언어인 아랍어가 21세기 현재 셈어를 대표하는 언어로 남게 된 것은 이슬람 문명의 영향이 절대적으로 작용했다. 고대 유럽 인들에게 아라비아반도의 미개한 사막 유목민의 언어로 간주되던 아랍어는 이슬람시대 이전까지만 해도 유럽 인들의 생각처럼 미숙하고 불충분한 언어임이 분명했다.

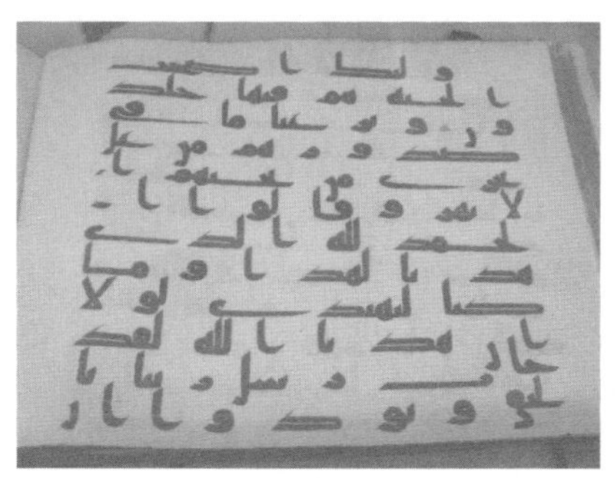

초기(A.D. 7세기)의 아랍어

그러나 이슬람으로 무장한 아랍 인들이 세계 사의 전면에 부상하면서 아랍 인들의 모어인 아랍어는 문명 세계의 위대한 언어로 발전했고, 고대 인류 문명의 보고(寶庫)를 간직하고 있는 언어가 되었다.

아랍어가 짧은 시간 안에 이러한 발전을 이룩할 수 있었던 것은 하나님의 아랍 인들을 위한 계시인 쿠란이 아랍어로 기록 됨에 따라 아랍어를 보존·발전시켜야 한다는 정치, 종교 지도 자들의 열망과 광대한 세계를 지배하기 위한 행정어, 통치어의 필요성, 지배 민족의 언어라는 자부심 등이 복합적으로 작용한 결과다.

실질적으로 아랍어의 발전을 도운 가장 중요한 계기는 아랍 어 문자의 성문화(成文化)를 이룬 꾸란의 정경화(正經化)였으 며, 이후 아랍어의 완벽함을 입증하기 위한 아랍어 언어학자들 의 뜨거운 정열과 노력의 결과였다. 물론, 우마이야왕조와 압바 시야왕조시대에 외래 선진문물의 번역을 통해 아랍어의 표현이 풍부해졌고, 개별 언어로서 발달했다는 점도 간과할 수 없다.

아랍·이슬람 문명이 정점에 달해 있던 9~15세기에 아랍어 는 국제어로서 다른 언어와 견줄 수 없는 높은 위상을 차지하고 있었다. 아랍어는 아랍 인들의 언어일 뿐만 아니라, 이슬람 신앙과 함께 모든 이슬람 국가의 공통어가 되었다.

이슬람 시대 이후 아랍어는 페르시아어, 터키어, 우르드어, 인도어, 스페인어, 포르투갈어, 말타어, 말레이 인도네시아어, 하우사어, 스와힐리어등 동서양의 많은 언어에 직간접적인 영향을 끼쳤다.

인도 유럽어에 속하는 페르시아어는 어족에 있어 아랍어와 계통을 달리 하지만, 여전히 아랍어 문자를 차용하여 표기를 하고 있고 파키스탄과 아프가니스탄 등의 무슬림 국가에서도 아랍어 문자 체계를 이용하고 있다. 따라서 아랍어 문자 체계는 영어의 알파벳과 함께 현재 가장 많이 사용되고 있는 문자 체계라 할 수 있다.

이슬람 문명이 안달루시아왕조를 통해 암흑기의 중세 유럽으로 전해지는 과정에서 많은 아랍어 단어들이 유럽어에 영향을 끼쳤고 스페인어와 포르투갈어에서 수많은 아랍어 어휘가 발견된다는 점에서도 아랍어의 유럽어에 대한 영향은 입증된다.

현재 전 세계의 공용어인 영어 어휘에서도 약 **4%**가 아랍어에서 차용된 단어라는 사실은 아랍어의 영향력을 잘 대변해 주고 있다(**M.T. Mehdi, 1989: 21**). 현재 서구어에 차용된 아랍어는 학문의 전 영역에 걸쳐 분포되어 있다. 특히 서구어의 /al/로 시작하는 단어가 대부분 아랍어에서의 차용어인 이유는 아랍어의 정관사 /'al/이 서구어에 차용된 결과다.

그러나 아랍·이슬람 문명의 서구 문명에 대한 영향력은 단순한 아랍어 차용어의 어휘 수에 있는 것이 아니라 아랍 인들이 발달시킨 학문이 서구 과학 문명의 발달에 실질적인 기여를 했다는 점이다. 서구의 문예부흥이 아랍 인들과 이슬람 문명에 커다란 빛을 지고 있는 것은 알려진 사실이다. 유럽 인들이 아랍 인들로부터 과학, 기술, 철학과 문화를 배워갔고 이를 발전시킨 유럽 인들이 근대에 와서 앞다투어 아랍을 대상으로 한 식민주의시대를 열었다는 것은 역사의 아이러니라 할 수 있다.

2) 문학

아라비아반도가 이슬람 시대(A.D. 622년 이후)에 접어들면서 아랍 사회에서는 산문 문학이 빠른 속도로 발전하였다. 특히, 이슬람교의 경전인 쿠란이 산문체로 기록되고, 쿠란의 성문화와 함께 기록문화가 일반화되고, 외국문학 작품이 번역되어 아랍에 소개되면서 아랍 산문은 급속도로 발전했다. 이는 아랍 산문의 발달에 주변국의 문학적 성과와 외국 작품들에 대한 아랍어 번역이 커다란 공헌을 했음을 의미한다.

역사적으로 중세 아랍 번역가들의 번역 활동은 고대 서구 문명의 보존이라는 측면에서 중요한 의미를 갖는다. 비잔틴 제국의 몰락이후 암흑기에 접어들던 중세 유럽인들은 자신의 조상들의 학문, 사상, 철학, 문학적인 성과를 보존, 발전시키지 못하고 있었다. 그러나 아랍 인들이 이를 아랍어로 번역하여 보존하고 있다 근세 유럽 사회에 다시 되돌려 주었다는 것은 인류 문명의 발달에 공헌한 아랍 인들의 기여이며, 서구 중심의 역사관에 젖어있는 서구인들에 대한 역사적인 깨우침이다.

이슬람 시대가 시작된 이후 사도(使徒) 무함마드의 이슬람

포교와 그의 사후(死後) 정통 칼리파시대(A.D. 632~660년)에 시작된 권역별 문화 접촉은 이슬람 이전 시대보다 더욱 활발하게 진행되었다. 특히, 우마이야왕조 이후부터 외래문학 작품의 광범위한 번역이 이루어졌고, 이는 특정 국가에 국한된 것이 아니라 주변국들을 총망라했다.

칼리라와 딤마

문학 작품의 번역으로서 우마이야왕조 시대의 이븐 알 무캅파(Ibn Al‒Muqafa)는 아랍 산문을 창조해 냈을 뿐만 아니라 중세 페르시아의 팔라비(Pahlavi) 왕조 때부터 아랍어로 옮겨진 유명한 우화『칼릴라와 딤나 Kalilah wa‒Dimnah』를 번역하였다. 동양학자 깁(Gibb)은 이븐 알 무캅파에 대하여 "어휘적인 제한 내에서 체계적인 사고를 표현할 수 있는 부드럽고 기분 좋은 산문문체를 창출해 내었다."고 평가하였다(H.A.R. Gibb, 1998: 119). 실제로 그의 작품은 아랍어 산문의 전형적인 유형이 되었고 아랍문학과 무슬림 교육의 중요한 부문이 된 '아답(ʔadab)'이란 이름의 순문학에 대한 작품들을 남겼다.

동서양을 잇는 가교로서의 아랍 인들의 역할은 주변국들의 학문적·문학적 산물을 수입해 아랍화(Arabization)하는 것에 그친

것이 아니라, 이를 다시 주변국에 전파시켰다는 점에서 그 중
요성이 강조된다. 설화를 포함하여 아랍 인들에 의해 각색된
인도와 페르시아 문학은 유럽으로 건너가 유럽인들에 의해 또
다시 유럽적인 설화로 개작되었다. 예를 들어, 인도와 페르시
아, 아랍의 기담을 모아 놓은 아랍의 대표적인 설화 문학인『
천일야화(One Thousand and One Night)』는 많은 서구어로 번
역되었고, 서구의 소설 쓰기에 새로운 요소들을 제공했다. 구
체적으로 토마스 무어(Thomas Moore)의 소설『랄라 루크
(Lalla Rookh)』는『천일야화』를 모방한 흔적이 뚜렷하며, 찰스
디킨즈(Charles Dickens)의『Thousand and one Numbugs』도 이
야기 형식면에서 천일야화의 영향을 보이고 있다. 또한 에드거
앨런 포(Edgar Allan Poe)의『샤흐라자들의 1002이야기(The
Thousand and Second Tale of Scheherazade)』나 테오필 고티
에(Theophile Gautier)의『이집트 사막에서의 식사(Un Repas
Au Desert de L'Egypte)』,『클레오파트라와의 하룻밤(Une Nuit
de Cleopatre)』,『미이라의 발(LePied de Momie)』,『1002번째 밤
(La Mille et Deuxieme Nuit)』등에서는『천일야화』의 흔적이
구체적으로 나타나고 있다(조희선, 1999: 25 - 27).

서구 소설의 대표적인 작품 중 셰익스피어(William Shakespeare)의
『오넬로』와『베니스의 상인』은 아랍적인 특성이 분명하게 나
타나고, 세르반테스(Miguel de Cervantes)의『돈키호테』역시
아랍의 영향을 받은 작품이다.

또한 인도의 부처 설화는 마니어와 시리아어를 거쳐 아랍어
에서『부처와 빌루와르 이야기(Kitāb Bilawhar wa - Budasaf)』
로 소개되었다. 종교적으로 유대교와 기독교 외에는 이단으로

간주하는 이슬람교에서 부처에 대한 이야기가 번역되어 소개되었다는 것은 특이한 현상이다. 이 작품은 이후 라틴어와 그리스어 등으로 번역되어 서구 세계로 전해져 『바를람과 조사팥』이라는 기독교 성인 설화로 각색되어 소개되었다.

이러한 작품들은 아랍의 산문 문학이 유럽 문학에 영향을 끼친 구체적인 사례로서, 동서양 문화 교류의 경향을 파악한다는 점에서 동서 문화 교류사에서 중요한 증거가 된다.

물론, 아랍의 문학 중 산문 문학은 상당 부분이 인도의 설화 문학의 변형이거나 번역이다. 그러나 아랍 인들의 문학적 기여는 외래 문학의 단순한 번역에 그친 것이 아니라, 이를 아랍 인의 사고 속에서 재창조하여 발전, 승화시켰다는 것이다. 이렇게 재창조된 문학작품은 라틴어로 번역되어 중세 유럽으로 전해졌고, 이 번역된 작품들은 서구의 산문 발달에 커다란 영향을 끼쳤다는 점에서 의미가 크다.

3) 철학

이슬람 문명에서 철학은 주로 그리스 철학과 헬레니즘 철학의 영향을 받았고, 압바시야왕조 시대에 이라크 북쪽의 하란(Haran)이 그리스 철학과 헬레니즘 철학 번역의 중심지였다.

이슬람 문명 초기부터 이슬람 학자들은 새로 정복한 비이슬람 지역의 지적 유산을 깊이 이해하고 연구하는 데 엄청난 열정을 보였다. 특히, 고대 그리스와 인도 및 페르시아의 사고 체계를 갖춘 철학적 기록물에 관심을 가졌다.

초기 무슬림 철학자들은 수세기 전에 그리스와 로마 등에서 이미 형성된 서구 세계의 사색적 과정과 철학적·물리적 분류 체계의 일부를 그들의 목적에 맞게 수용한다면 그들 자신의 철학이 발전하거나 적어도 좀 더 질서 있고 생산적이 될 수 있음을 알게 되었다(정규영 2004: 43). 즉, 이슬람 학자들의 주요 목표는 고대 그리스의 사상을 이슬람의 가르침과 조화시킴으로써 이슬람의 신학과 사상을 발전시키는 것이었다.

무슬림 철학자들은 피타고라스, 소크라테스, 플라톤, 아리스토텔레스, 스토아학파 에피쿠로스의 업적에 관심을 가졌고, 그리스 학문에는 이슬람에 응용할 수 있는 풍부한 지적 축적물이 있다고 생각했다.

이런 판단은 이슬람 이전 시대부터 아랍과 그리스, 로마제국과의 직·간접적 교역을 통해 그리스 철학이 아랍 인들에게 이미 어느 정도 익숙해져 있었다는 점과도 관련이 있지만, 그리스 철학이 그 이전의 이집트 등의 동양 철학으로부터 자유롭지 않다는 점과도 관련이 있다고 생각한다.

서구인들은 그리스철학을 그리스 인들의 천재성의 결과라고 주장하지만, 그리스 철학사에서 최초의 철학자라는 탈레스가 유년기에 이집트에서 수학한 적이 있고, 그가 그리스 지식인들에게 '학문을 배우려면 이집트로 가라'고 권했다는 일화에서도 탈레스의 학문과 사상이 이집트의 학문과 연관이 있다는 점을 부정할 수 없다. 즉, 그리스의 철학적 성과는 이전의 이집트 문명의 기반 하에 그리스 인들의 노력이 더해져 만들어 졌다고 할 수 있다.

따라서 이슬람 문명의 무슬림 철학자들이 그리스 철학을 보다 쉽게 받아들이고 이해할 수 있었던 것은 그리스 문명의 이러한 성격과도 관련이 있다고 생각한다.

그리스 철학의 대표적인 사상가인 플라톤과 아리스토텔레스의 주개념은 페르시아 인, 이집트 인, 유대인, 기독교인의 특징뿐만 아니라, 플로티노스(Plotinos, 269년 사망)에 의해 세워진 신비적 요소들도 다수 포함하고 있다. 결국 신플라톤주의(neo platonism)라 불린 이 혼성 철학은 대다수의 이슬람 철학자들에게 큰 영향을 끼쳤다.

일부 저명한 무슬림 철학자들은 철학적 사색에 강한 집착을 보임으로써 하나님에 대한 무조건적인 복종을 강조하는 보수적인 무슬림 학자들에게 경계와 의심의 대상이 되기도 했다. 그러나 인간의 사고 능력과 그 중요성을 강조한 이들 철학자는 이슬람 철학에 지대한 공헌을 했음은 분명한 사실이다. 이들 중 대표적인 철학자는 알 킨디, 알 파라비(Abu Nasr Al-Farabi, 950년 사망), 이븐 시나(Ibn Sina, 1037년 사망), 알 가잘리(Al-Ghazali, 1111년 사망), 이븐 루쉬드(Ibn Rushd, 1198년 사망) 등을 들 수 있다.

알 킨디는 아리스토텔레스의 저서 번역을 후원한 최초의 철학자로서 철학뿐만 아니라, 물리학, 자연과학, 수학, 광학, 음악, 천문학에 재능을 갖춘 다재다능한 인물이었다. 합리적 사고의 가치를 확신하고 있었던, 알 킨디는 보수적인 무슬림 신학자들에게는 경계의 대상이기도 했다.

알 파라비는 쿠란과, 아리스토텔레스와 플라톤 철학의 타당성을 수용하면서 양자는 반드시 일치할 것이라 믿어 이를 입증하기 위해 노력했다. 그의 저서 『이상도시(al-madina alfadila)』는 정치를 통해 행복을 얻는 방법을 설명하였으며, 플라톤의 이상 사회와 이슬람 율법 사이의 관계를 보여 주었다.

이븐 시나는 서구 세계에 '아비세나(Avicenna)'로 알려져 있으며, 우주의 본질을 다루면서 플라톤적 개념을 아리스토텔레스적 개념과 조화시키려 노력했다. 그가 죽은 뒤 그의 저서들은 이단으로 간주되어 압바시야왕조의 칼리파들에 의해 불태워졌지만 그의 견해는 이슬람 세계를 넘어 서구에 큰 영향을 끼쳤다. 결국 그의 철학은 서구의 기독교 중세 신학과 철학이 주를 이루었던 스콜라 철학에 영향을 주었다.

가잘리는 이슬람 사상의 중흥에 중추적 역할을 했다. 그의 노력으로 인해 이슬람 사상은 더욱 포괄적이고 조화롭게 발전했으며, 철학적·신학적·신비적 요소들을 더 잘 통합할 수 있게 되었다. 또한 그의 저서는 후대에 기독교 및 유대교 신학자와 철학자들에게 커다란 영향을 끼쳤다.

이븐 루쉬드는 서구에 '아베로에스(Averroës)'란 이름으로 알려 졌으며, 11~12세기 안달루시아의 문화적 전성기에 가장 빛나는 인물이었다. 그는 합리적 근거만으로 신의 존재를 증명할 수 있다고 주장하였으며, 기독교인과 유대교인의 사고에 뚜렷한 흔적을 남겼다(정규영 2004: 45 – 48).

서양 기독교 철학과 신학이 아랍 사상가와 철학가로부터 영향을 받은 증거는 여러 곳에서 발견된다. 이탈리아의 신학자 토마스 아퀴나스(Thomas Aquinas, 1224~74)와 프랑스의 데카르트(Rene Descartes, 1596~1650)는 가장 위대한 이슬람 철학자로 간주되는 이븐 루쉬드의 영향을 많이 받았다.

단테의 『신곡(Divine Comedy)』은 이슬람 신비주의자 이븐 알 아라비(Ibn Al - Arabi, 1165~1240)와 알 마아리(Abu al - Alaʕ al - Maʕarri, 973~1057)의 『용서의 편지(Risalat al - Ghufran)』의 표절에 가깝다. 단테의 천국과 지옥의 개념은 이븐 알 아라비의 사도 무함마드가 예루살렘을 거쳐 천국으로 간 이야기와 아주 유사하다.

4) 과학과 수학

이슬람 문명의 성취 중 가장 두드러진 분야는 수학, 천문학, 의학들을 포함한 과학 분야다. 물론 이슬람 문명의 과학은 아랍 무슬림들이 자체적으로 발전시켰다기보다는 그리스의 전통을 계승한 측면이 강하다. 그러나 그리스의 과학적 성취를 아랍 인들이 단순히 모방한 것이 아니라, 과학과 학문의 발전에 열정을 가졌던 이슬람 왕조의 칼리파들이 그리스의 과학적 전통을 수용하여 크게 발전시켰다. 이슬람 제국의 칼리파들은 쇠퇴해 가던 그리스의 지적인 전통을 억누른 것이 아니라, 고대 그리스 문헌을 추적, 발굴하여 아랍어로 옮겨 놓았고 이를 더욱 발전시킨 것이다. 여기에 페르시아와 이집트, 인도 문명의 성취가 더해져 이슬람 과학으로 구체화되었다.

이슬람 문명의 수학은 아랍 인 자체의 발명품이 아니라 이전의 고대 문명의 학문적 전통을 계승·발전시킨 것으로 정의할 수 있다. 고대 이집트 인들은 피라미드를 건설하며 십진법과 방정식을 사용하였으며, 수메르 인들은 상세한 계산 체계를 알고 있었다. 메소포타미아 인들은 기하학을 알고 있었고, 바빌로니아 인들은 자릿값을 사용했다.

따라서 계산법을 포함한 수학은 이슬람이 출현하기 이전에 이미 국제적 계산 수단으로 활용되고 있었으며, 이를 체계화시킨 것은 그리스 인들의 공헌이다. 그리스 인들이 발전시킨 수학의 원리와 체계는 논리적 사고를 가능하게 만들어 발전된 그리스 철학의 탄생을 가능하게 만들었다. 그러나 비잔틴 제국의 쇠퇴와 함께 그리스의 학문적 전통도 쇠퇴해 갔고, 이후 수학의 계속적인 발전은 아랍 인들의 몫이었다.

일찍부터 이슬람 지역에는 그리스의 기하학과 인도의 산수론 및 대수학이 들어왔는데, 그리스 학문은 바그다드나 군데샤프르 등에서 번역된 과학 필사본을 통해서 아랍에 수입되었고, 인도의 학문은 아마 인도와의 상업 교류를 통해 아랍에 수입된 것으로 추정된다.

수학 분야에서 이슬람 문명의 기여는 현대 수학의 기본 체계를 갖추었다는 점이다. 아랍 무슬림 학자들은 대수학, 삼각법, 십진법, 기하학을 발전시켰으며, 인도에서 받아들인 숫자에 ‘0’을 포함시켜 십진수 체계를 완성한 것은 인류 문명에 대한 아랍 인들의 빼놓을 수 없는 중요한 기여다. 십진수 체계는 인도인들이 발명한 것으로 알려져 있으나, 실제로는 B.C. 500년경 메소포타미아 지역의 신바빌로니아 인들이 만든 체계를 인도인들이 받아들여 발전시킨 것이다(Clifford N. Anderson, 1972: 94). 따라서 인도로부터 아랍 인들이 십진수 체계를 다시 받아들여 ‘0’을 추가해 완성시킨 것은 문명의 회귀 현상으로 볼 수 있다.

아랍 인들이 ‘0’을 발명한 지 약 300년 이후 유럽 인들이 ‘0’을 포함한 아라비아 숫자를 받아들인 것은 유럽 문명에 대한 아랍·이슬람 문명의 기여라 할 수 있다.

아랍 무슬림의 수학자 중 가장 두드러진 인물은 카와르지미(Muhammad al-Khawarizmi, 1048년 사망)와 비루니(Abu Arrayhan al-Biruni, 1274년 사망)를 들 수 있다. 바그다드 출신인 카와르지미는 대수학과 수학 분야에서 두드러진 업적을 보였다. 실제로 연산(algorithm)이란 단어는 카와르지미의 이름에서 파생된 것이고, 아랍어의 'al-jabr'(대수학)란 단어는 그의 주요 저서 *kitāb al-jabr wa al-muqābalah*에서 인용된 것이다. 비루니는 이슬람 문명에서 가장 위대한 과학자로서 수학자, 천문학자, 물리학자, 화학자, 지리학자, 역사학자이기도 하다.

이들 무슬림 학자들은 외부 세계에서 받아들인 수학의 개념과 공식에 익숙했을 뿐 아니라 오류를 지적하고 비판하면서 이를 수정, 계산하여 새로운 결론을 제시했다. 무슬림 수학자들은 수의 성질을 변화시켰고, 수학 원리를 간소화시킨 결과 새로운 수학 원리를 만들어 내었고 이는 현대 수학 이론의 밑거름이 되었다.

이슬람의 천문학은 천문에 대한 아랍 인들의 관심에 그리스와 페르시아 등에서 천문학이 유입되면서 본격적으로 발전했다. 그리스의 천문학은 고대 이집트 인들과 바빌로니아 인들의 천문학에 대한 지식을 확장, 발전시킨 것으로서 그 뿌리는 철학과 수학처럼 아랍 인들에서 찾을 수 있다.

B.C. 4,000년경, 이집트 인들은 일 년 중 특정한 날, 일출 전에 동쪽 하늘의 별이 빛나는 것에 주목했고, 이 시기는 나일 강

의 범람 시기와 대체로 일치했다. 이 별이 연속해서 나타나는 일수를 헤아린 결과, 그 기간이 대략 365일이었고, 그들은 이 기간을 1년으로 정했다. 이집트 인들은 1년을 12개월로 나누고, 1개월은 30일로 정하고 5일을 추가로 둔 달력을 만들어 사용했다.

B.C. 3,500년경 메소포타미아의 수메르 인들은 달이 변하는 모양을 관찰하여 한 달을 28일로 정하고 1년을 13개월로 계산했다.

이처럼 고대 이집트 인들과 수메르 인들의 천문학은 별자리와 달의 관찰에서 시작되었고, 별자리는 인류 최고(最古)의 신호등이자 그림책이었다.

이슬람 문명의 천문학은 이슬람교와 밀접한 관련을 갖고 있다. 이슬람력은 기본적으로 태음력에 기초하고 있으며, 태양과 달의 변화가 이슬람 종교뿐만 아니라, 아랍 인들의 삶과도 밀접한 관련을 맺고 있었다. 이슬람의 기본 의무중의 하나인 하루 다섯 번의 예배 시간을 알리기 위해서 태양의 위치를 관찰해야 했고 이를 위해 수학적 계산법을 이용하고 도구를 만들어 관측에 사용했다. 처음에는 태양이 만들어 내는 그림자 길이를 관찰하여 규칙적인 예배 시간을 정했고, 나중에는 태양의 그림자 길이와 높이를 연관시키고 예배 사이의 시간간격을 알려주는 표들을 계산했다. 따라서 이슬람 문명에서 무와킷트(muwakit)[4]는 단순한 기록원이 아니라 천문학자인 경우가 많았다.

이슬람의 다섯 기둥 중 하나인 이슬람력 9월인 라마단이 초

승달이 보이기 시작할 때 시작됨으로써 달의 관찰 역시 무슬림 천문학자들의 중요한 임무 중의 하나였다.

이슬람사원의 미흐랍

공간적으로 전 세계의 무슬림들이 예배를 보는 방향은 사우디아라비아의 성지인 메카의 카바 사원을 향하기 때문에 광활한 이슬람 제국에서 예배의 방향을 알리는 것 역시 중요한 과제였다. 즉, 이슬람 사원을 건축할 때 미흐랍(mihrab)[5]을 지정하는 것도 무슬림 천문학자들의 중요한 임무였다.

또한 사막을 누비는 대상(隊商)들에게 정확한 위치를 알려주는 것은 생명과 연관된 중요한 일이었기 때문에 이슬람이전 시대부터 아라비아반도에서 천문학은 일찍부터 발달할 수밖에 없었다.

천문학에 대한 아랍 인들의 관심과 노력은 자연스럽게 천문대와 천문학 기구를 발명하게 했다. 현재 이란의 아제르바이잔과 우즈베키스탄에 있는 천문대와 인도의 델리, 자이푸르, 터키의 천문 관측소는 이슬람 문명의 천문학의 수준을 확인할 수 있다. 또한 천문 관측기구인 아스롤라베는 중세 말기에 유럽에 소개된 후 유럽의 천문학자들에 의해 활용되었고, 많은 글의 소재로서 등장하기도 한다. 또한 사분의, 천구의, 혼천의 등은 이슬람 문명의 천문학의 발달 정도를 알 수 있는 좋은 자료이다.

4. 지중해 문명 발달에 대한 해석

21세기의 귀중한 인류 문명은 이 땅에 살아온 모든 사람들의 공로와 기여로 만들어진 것이다. 인류 문명의 주역은 때로는 서

---

5) 이슬람 사원에서 예배 방향을 알려주는 벽감.

구가 때로는 동양이 주도하였지만, 그 주체가 바뀌었을 뿐 발전이 중단되지는 않았다.

그러나 인류 문명의 주역이 바뀌어 가는 과정은 전쟁의 역사와 밀접하게 관련되어 있으며 그 전이 과정이 순조롭지는 않았다. 특히, 전쟁으로 인한 지배와 피지배 관계에서의 주체의 변화는 많은 인명의 살상과 문명의 파괴를 수반하기도 했다.

동서 간 문화적 교류로 표현할 수 있는 문명 주체의 전이 현상은 주체 집단의 성격에 따라 다양하게 나타났다. 외부 문화에 대해 비교적 개방적인 자세를 취하고 있는 아랍 · 이슬람의 경우는 서구 문화를 수용하는 데 비교적 적극적이며 긍정적인 자세를 취한 반면에, 유럽 인들은 외부 문명에 대해 소극적 · 회피적 · 부정적인 자세를 취하는 경향이 있었다. 이는 서구 중심의 문화적 우월주의와 연관이 있다고 생각하며 경계되어야 할 것이다.

위에서 살펴본 것처럼, 인류 문명의 발달 과정은 특정 시대는 특정 민족과 국가에 의해 주도되었지만, 인류 역사 전체를 조망해 보면 상호 간 영향을 주고받으면서 인류 문명의 주체 세력이 동서를 넘나들고 있음을 알 수 있다. 비록 21세기 현재는 서구 세계가 인류 문명을 주도하고 있지만, 어느 날 서구 세계에 제2의 중세 시대가 도래한다면 동양의 한 민족이 인류 문명의 횃불을 밝혀 나갈지는 아무도 알 수 없는 일이다.

그러나 전술한 것처럼 인류 문화와 문명은 인류 전체의 것이며, 함께 공유 · 발전시켜 온 것이다. 인류의 역사를 통해서 동서양의 국가와 세력들은 상호 간 끝없는 대립과 갈등을 빚어 왔지만, 궁극적으로는 상호 간의 협력과 조화를 통해 발전을 이룩해 왔고, 상대에 대한 자극과 격려를 해 온 것이 역사적 사실이다. 서양 르네상스의 기초를 아랍 인들이 제공했다면 아랍 부흥의 계기는 나폴레옹의 이집트 침공이란 점이 이런 사실을 증명해 주고 있다. 따라서 동서 문명에 대한 깊은 이해와 함께 타 문명과 문화에 대한 열린 마음과 자세가 요구된다 하겠다.

참고문헌

김호동(역), 2004, 『이슬람 1400년』, Bernard Lewis, 서울: 까치.

손주영 외(역), 2002, 『케임브리지 이슬람사』, 서울: 시공사.

윤용수, 2004, 아랍의 외래문화 수용에 관한 연구, 『중동연구』, 한국외국어대학교 외국학종합센터.

정규영(역), 2002, 『이슬람의 과학과 문명』, 서울: 르네상스.

조희선, 1999, 『아랍문학의 이해』. 서울: 명지출판사.

Anderson Clifford N., 1972, *The Fertile Crescent: Travels in the Ancient Footsteps of Ancient Science*, Fort Lauderdale. Florida: Sylvester Press.

Gibb H.A.R., 1998, *The History of Arabic Literature*, Cosmo Publication.

Hitti Philip K., 2002, *History, of Syria including Lebanon and Palestine*, Gorgias Press.

Lewis Bernard, 1993, *The Arabs in History*, New York: Oxford University Press.

Mehdi, Mohammad T., 1989, *Islam and Intolerance: A Reply to Salman Rushide*, New York: New World Press.

Philips Wendell, 1986, *The Arabs and Mediaeval Europe,* Singapore: Librairie du Liban Publishers.

Rom Landau, 1958, *Arab Contribution to Civilization*, San Francisco: The American Academy of Asian Studies.

Sindi Abdullah Mohammad, 1999, Arab Civilization and its Impact on the West, *The Arabs and the West: The Contributions and the Inflictions.* Daring Press.

Standard David E., 1992, *American Holocaust: The Conquest of the New World.* New York: Oxford University Press.

고대 지중해 세계 카르타고: 페니키아 인과 그리스 인의 교류와 갈등*

최자영

1. 서언

카르타고/카르케돈6)은 지중해 동부 연안 페니키아 인이 아프리카 서북부 해안에 건설한 도시이다. 기원전 10~8세기경7)에 건설되어 기원전 146년 로마에 패망하기까지, 카르타고는 시켈리아 등을 중심으로 로마와 지중해의 패권을 겨루었으며, 그 이전에도 이미 그리스 인과 각축전을 벌이기도 했다. 로마의 승리로 끝난 카르타고와 로마 간의 지난한 전쟁은 기원전 3~2세기 약 100여년에 걸친 포에니 전쟁으로 잘 알려져 있으나, 그리스 인과 카르타고의 갈등은 상대적으로 관심의 대상이 되지 못하고

---

* 이 글은 서양고대사연구 26집(2010.6)에 영문으로 실린 글을 한글로 번역 및 일부 보완한 것이다.

6) 카르타고는 그리스어로 카르케돈으로 불리며 아프리카 북부 연안에 위치해 있다. 주의할 것은 칼케돈(Kalchedon)이 아니라 카르케돈(Karchedon)이 바른 이름이다. 참고로, 칼케돈은 흑해 입구 보스포루스 해협에 있으며, 비잔티온 맞은편 아시아 대륙 쪽에 위치한 곳이다.

7) 도시 혹은 집락 자체가 형성된 것은 그보다 더 빠른 시기이며, 또 페니키아 인이 중심을 이룬 것은 그보다 더 늦은 것으로 보기도 한다.

[출처 : Sabatino (1977: 14)]

카르타고(Cartagine = Carthage)와 시켈리아를 둘러싼 지중해의 나라들

있다. 카르타고가 로마 인에 의해 마지막으로 불에 타서 사라질 때, 이미 로마의 실제적 지배하에 있던 그리스 펠로폰네소스의 메갈로폴리스 출신이며, 저명한 역사가 폴리비오스가 로마 장군 소(小) 스키피오의 친구로서 그 마지막 장면을 배에서 바라보고 있었다는 것은 의미하는 바가 있다고 하겠다. 그 후 폴리비오스는 포에니 전쟁을 중심으로 하여 로마 및 그리스 인 등에 관한 『역사』를 기술했다. 그 『역사』는 적지 않게 소실되었으나, 그 상당 부분이 남아 전한다.

한편, 고대 그리스는 페르시아와의 전쟁, 알렉산드로스의 페르시아 침공 및 정복 등, 흔히 페르시아와의 관계에서 조명되어 왔다. 그러나 그리스 인은 지중해 동부, 서부에 넓게 확산되어 있었으므로 그 역사는 지중해 전체를 아우르는 포괄적인 입장에서 접근할 필요가 있다고 하겠다. 페르시아가 알렉산드로스에 의해 멸망하던 기원전 4세기 후반, 이미 이탈리아 남부 및 시켈리아를 중심으로 하나의 치열한 각축장이 형성되어 있었으며, 마침내 3세기 이후에는 로마가 그 주인공으로 등장하게 되었다. 카르타고는 로마에 의해 마침내 패망했으므로, 또 그들 자신의 손으로 기록한 역사가 전혀 전하지 않는다는 점에서 더욱 역사의 뒤안길로 밀려나가 큰 관심의 대상이 되지 못 하였다. 그러나 그들 역사의 흔적은 로마가 지중해의 패자로 등장하기 전 시대 지중해의 역동적인 역사를 보여주는 좋은 예가 될 수 있다.

E. J. 월터스에 따르면, 카르타고가 승리하여 유럽의 상당 부분이 그 지배하로 들어갔더라면 불행했을 것이며, 대신 로마가 승리함으로써 의무, 법, 질서가 지중해 세계에 정착되고 기독교가 온 세계에 전파될 수 있는 바탕이 마련될 수 있었던 것이라고 평했다(Wolters, 1952: 191 - 204). 그러나 이 글에서는 의무, 법, 질서, 획일적 기독교 대신 로마가 지중해의 패자가 되기 이전 지중해 세계의 역동성과 다양성에 초점을 맞추고, 그 한 예로 그리스 인과 카르타고 - 페니키아 인 간의 관계를 살펴보려 하는 것이다.

2. 이민족과 그리스 인의 시켈리아 정주의 역사

지중해 한가운데 놓인 시켈리아 섬은 예부터 여러 종족이 혼재했던 대표적 사례이다. 투키디데스(Thucydides, VI 2~5)에 따르면, 시켈리아에는 예부터 사람들이 살았는데 그 종족8)은 모두 다음과 같다. 태곳적부터 섬 한 곳에 '키클로페스'와 '라이스

8) 종족 / 종족성 (ethnic group / ethnicity)은 내적인 것과 외적인 것으로 나누기도 한다. 전자는 역사적 경험에 대한 상상이나 감정과 같이 타인은 식별할 수 없으며 오직 해당 집단의 구성원끼리만 은밀하게 통하고 확인되는 것으로서 내적 정체성 (identity)이다. 외적인 것은 음식, 복장, 주거방식 등과 같이 물질적인 생활에서 드러나는 특징이나 언어와 신앙생활과 같은 문화적 실천의 장르, 신체적 특징 등에서 '보여지는 것'이다. 외적인 종족성 역시 타인이 부여한 것과 스스로를 표현하는 것으로 나누어볼 수 있다. 여기서 중요한 것은 종족/민족의 특징이란 그것이 필요하다고 인식되는 맥락에서 비로소 표현, 강조되는 것이므로 의도적이고 인위적이라고 할 수 있다는 점이다. 그 발명과 생산의 주체에 따라 구분한다면, 관제(官制) 종족성/민족성과 사적(私的) 생산물의 민족성이 있다.
간혹 종족성(ethnicity)이란 지배와 저항의 맥락에서, 국가 건설의 과정에서 시도되는 정치적 목적에 의한 민족 만들기의 산물로 간주되기도 한다(cf. 김광억 외, 2005: 25~26). 또 종족성(ethnicity)과 민족주의(nationalism)을 서로 구분하여, 후자는 전자에 기초하기도 하지만 다른 종류의 사회적 세력인 것이라 한다(cf. Eller, 1999: 9, 21). 종족성이 민족성과 결부되거나 민족성으로 화할 경우 종족성 자체가 변질된다는 것이다. 더구나 개인 간에, 혹은 시대에 따라 개인이나 집단에 있어 종족성의 힘과 의미가 변화한다. Furnival (1944)은 한 집단에 의해 통제되는 국가체제하에서 시장에 의해 통합되면서 종교와 내면적 행동측면에서 다양성을 갖는 다민족 사회를 다루었다. 반면 서남아시아같이 화폐경제가 자못 발달된 가운데 정치적으로 다핵적인 상황도 있다. Barth(1969/1998: 16)는 민족성은 성(sex)과 계급(rank)같이 사회적 위치뿐 아니라 행동을 미리 규정하는 전제가 된다는 것이다. 사회적 정체성이 집단 특유의 가치관에 의해 영향을 받는 가운데, 다른 한편으로는 다양한 민족성의 경계 사이에서 상호작용과 적응이 함께 일어나게 된다. 그리고 이런 상호작용 및 적응은 조건에 따라 여러 가지 형태로 나타나게 된다(cf. Barth(1969/1998: 16~20).
한편, 고대 시켈리아를 중심으로 한 주변 여러 종족 간의 관계는, 근대적 국가/민족의 개념, 근현대적 제국주의적 침략하의 식민지를 중심으로 일어나는 민족 간 교류나 갈등, 또는 중화사상 등에 따른 차별적 하위개념으로서의 '족' 등과는 거리가 있으며, 또 반드시 지배와 저항의 맥락에서 이해되어야 하는 것도 아니다. 고대 지중해 세계의 종족 간 관계는 민족성이 사회적 지위를 결정하거나 행동의 내면적 준거로 작용하는 정도가 훨씬 적었으며, 훨씬 더 개방적이고 평등하고 권력분산적인 상황에서 생물적·사회적인 여러 종족 간 혼합이 더 자연스럽게 이루어질 수 있었던 것으로 생각할 수 있다.

트리고네스'라 불리는 사람들이 살았다고 한다. 그다음으로 오래 거주했던 사람들은 시카니아 인인데 이들이 이 섬의 본토박이로 자처했다고 한다. 사실 이들은 이베리아 인이었는데 리구리아 사람들에게 쫓겨 이베리아의 시카노스 강을 건너왔다. 그전에는 이 섬을 '트리나크리아'로 불렀으나, 이들이 들어와서 살면서부터 시카니아로 불렀다고 한다. 그리고 이들은 섬 서쪽에 기원전 5세기 후반 투키디데스 당시까지 여전히 살고 있었다고 한다.

일리온이 함락되었을 때 트로이아 사람들의 일부가 아카이아 사람(미케네와 그 연합군)들을 피해 배를 타고 시켈리아로 와서는, 시카니아 사람들과 이웃하여 살면서 모두 '엘리모이'라 불렸으며, 그 도시들은 '에릭스'와 '에게스타(＝아이게스타)'로 불렸다. 포키스 사람들 중 약간도 이들과 함께 이주해 들어왔는데, 이들은 트로이아 전쟁에서 돌아오다 겨울폭풍으로 먼저 리비아로 떠내려갔다가 그다음 시켈리아로 왔다.

또 '시켈로이'는 이탈리아에 살다가 시켈리아로 건너왔다. 이들은 오피키아 사람들을 피해 뗏목을 타고 바람이 불기를 기다렸다가 해협을 건넜다고 한다. 그리고 투키디데스 당시까지도 이탈리아에는 이들 시켈로이가 살고 있었다고 한다. 그리고 '이탈로스'라는 이름을 가진 한 시켈로이 왕이 있어 거기서 이탈리아라는 지명이 생겼다고 한다. 많은 '시켈로이' 군인들이 시켈리아로 와서 시카니아 사람들을 정복하고 그들을 섬의 남쪽과 서쪽으로 쫓아버렸으므로 이때부터 이 섬을 시카니아가 아니라 시켈리아라 부르게 되었다는 것이다. 이들은 섬으로 건너와 제일 좋은 지역을 차지하고 살면서 그리스 사람들이 그곳에 건너

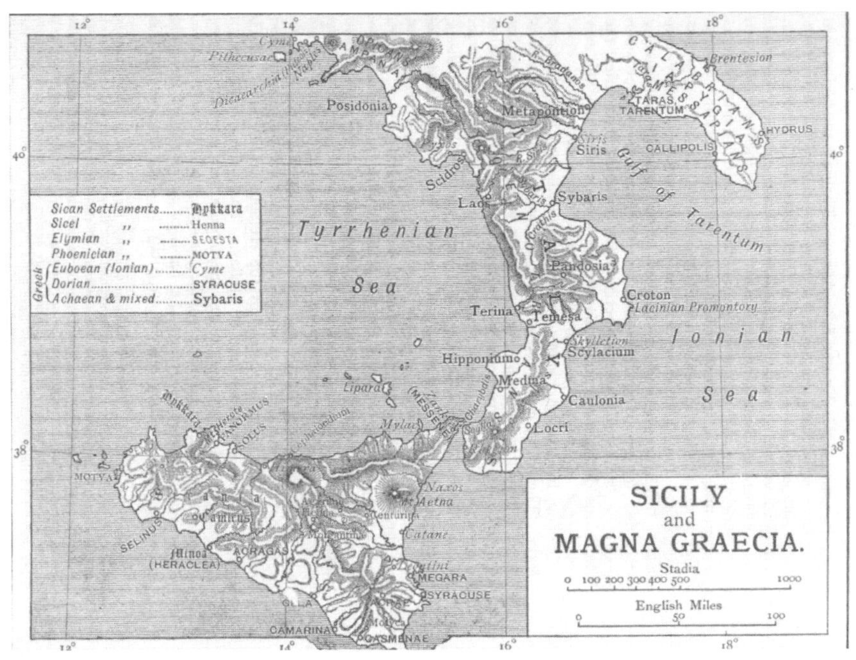

[출처: Bury (1900/1966: 97)]

시켈리아와 마그나그래키아

갈 때까지 거의 **300**년을 살고 있었으며, 투키디데스 생존 당시
에도 섬의 중부와 북부를 그들이 차지하고 있었다고 한다.

또 포이니키아 사람들도 섬의 해안 전역에 퍼져 살았다. 연안
에 난 갑이나 가까운 작은 섬들에서 시켈로이 사람들을 상대로
장사를 하였다. 바다 건너 그리스 사람들이 이곳으로 많이 몰려
왔을 때 그들은 이 중 많은 곳을 버리고 '엘리모이'에 이웃하여
모티아, 솔로에이스, 파노르모스에 살았다. 이들은 엘리모이와
의 동맹에 의지하였는데, 그곳은 시켈리아와 그들의 본거지인
카르타고 간의 바다거리가 멀지 않았기 때문이다. 이민족들이
시켈리아 섬에 거주하게 된 과정으로 투키디데스가 전하는 이

야기는 이와 같다.

한편, 그리스 사람 중에는 제일 먼저 칼키스 사람들이 에우보이아에서 배를 타고 시켈리아의 낙소스9)에 정착했다. 그 창설자는 투클레스였다. 그때 아폴론 아르케게테스를 위한 신전을 지었는데 지금은 이것이 도시 외곽에 위치해 있다. 이곳은 시켈리아에서 배를 타고 나올 때 제사장들이 제일 먼저 제물을 바치는 곳이다. 그 이듬해 코린토스의 헤라클레스 자손(도리에이스 민족)인 아르키아스가 시라쿠사이를 건설하였다. 그는 먼저 그곳의 한 섬에서 시켈로이를 쫓아냈다. 이 섬은 지금 바닷물이 닿지 않고 육지에 연결되어 있으며 현재 도시 중심부가 되어 있다. 그 후 도시 바깥에다 성벽을 둘러 치고 안과 연결하여 그 안에 사람들이 많이 거주하게 되었다. 투클레스와 칼키스 사람들은 시라쿠사이가 건설된 지 5년 후 낙소스를 나와서, 시켈로이 사람들을 쫓아내고 레온티노이를, 그다음엔 카타나를 건설하였다.

그 무렵 라미스가 이주민들을 거느리고 메가라에서 시켈리아로 왔다. 그는 판타키아스 강을 지나 트로틸로스라 불리는 곳에 정착하고 후에 거기서 칼키스 사람들이 있는 레온티노이로 들어가 잠시 같이 살았다. 그러다 얼마 후 쫓겨나 탑소스에 식민시를 건설하고는 죽었다. 그 추종자들은 탑소스에서 쫓겨나 시켈로이의 왕 히블론이 준 땅에 들어가 살았는데 그 땅은 메가라 히블라이아라 불렸다. 그들이 245년 동안 그곳에 살았을 때 시라쿠사이의 참주 겔론이 그곳 도시와 농촌에서 그들을 쫓아냈다. 쫓겨나기 전, 정착한 지 100년이 지난 즈음에 그들은 팜밀

---

9) 에게 해의 낙소스가 아니고 시켈리아의 타우로메니온 가까이 있는 곳으로 그리스에서 오면 상륙하기 제일 좋은 곳이다.

로스를 보내어 셀리누스를 건설하였다. 팜밀로스는 모국 메가라로부터 와서 도시 건설에 동참했던 것이다.

로도스에서 온 안티페모스와 크레테에서 온 엔티모스는 이주민과 함께 와서, 시라쿠사이가 선 지 45년 뒤에 겔라를 창건하였다. 이 도시의 이름은 '겔라'라는 강에서 나왔다. 지금은 아크로폴리스가 있는 곳으로 처음으로 요새가 세워졌던 지역은 린디오이[10]라 불린다. 이들의 제도는 도리스식이다.

겔라가 창건된 지 거의 108년 뒤에 겔라 사람들은 아크라가스를 세웠다. 이것은 아크라가스 강 이름을 딴 것이며 아리스토누스와 피스틸로스를 창건자로 받든다. 제도는 겔라를 따랐다. 장클레는 처음에 오피키아의 칼키스 사람들의 도시인 키메에서 온 해적들이 세웠으나 그 후 칼키스와 또 다른 지역의 에우보이아 사람들이 와서 동거하였다. 창설자는 페리에레스와 크라타이메네스로 각각 키메와 칼키스 사람이었다. 그 이름은 처음에 장클레로, 시켈리아 사람들이 그렇게 불렀는데, 이는 그 지역이 '낫'처럼 생겼기 때문이었다. 시켈로이 사람들은 낫을 장클론이라 불렀다. 그 후 이들은 사모스와 또 다른 이오니아 사람들에 의해 쫓겨났다. 새로 들어온 이들은 메디아(페르시아) 사람들을 피해 시켈리아로 왔던 것이다. 그런 지 얼마되지 않아 레기온의 참주 아낙실라스가 이들을 쫓아내고 여러 종족의 사람들을 정착하게 한 뒤 그가 출신한 모국의 이름을 따라 메세네라 칭하였다.

히메라는 장클레 사람인 에우클레이데스, 시모스, 사콘에 의해 건설되었다. 이주민들 가운데는 칼키스 사람이 많았으나, 내

란으로 쫓겨난 시라쿠사이의 망명객도 있었는데 이들 망명객은 '밀레티다이'라 불렸다. 그들의 언어는 칼키스와 도리스 언어의 중간쯤 되는 것이었으며 제도는 칼키스를 따랐다. 아크라이는 시라쿠사이가 선 지 70년 뒤에, 카스메나이는 아크라이가 선 지 거의 20년 뒤에 생겼다. 카마리나는 처음 시라쿠사이에 의해 창건되었다. 그것은 시라쿠사이가 선지 거의 135년 뒤였다. 그러다 카마리나 사람들은 시라쿠사이로부터 반란을 일으켰다가 쫓겨났는데, 얼마 후 겔라의 참주 히포크라테스는 시라쿠사이 포로들을 석방하는 대가로 카마리나 땅을 장악하여 스스로 창건자가 되어 카마리나에 이주민을 정착시켰다. 다시 겔라가 그곳 사람들을 쫓아내고 겔라의 세 번째 식민시로 만들었다.

3. 그리스 인의 지중해 진출과 카르타고 – 페니키아 인과의 관계 약사

종족 간 상호 접촉은 시켈리아뿐 아니라 지중해 연안 각 지역에서 일어나고 있었다. 한 예로 그리스 인이 지중해로 확산될 때 닿지 못한 지역은 북아프리카의 카르타고(포이니키아 – 카르타고), 남 이스파니아, 이탈리아 북부의 에트루스크, 지중해 동부의 아시리아 인의 영역에 불과하다. 그 가운데서도 특히 이탈리아 남부와 시켈리아에는 그리스 인의 도시가 번창했으며, 시라쿠사이, 아크라가스, 셀리누스, 타라스, 시바리스, 크로톤, 로

크로이, 포세이도니아(페스툼) 등이 있었다. 남부 프랑스 지역에는 이오니아의 포카이아 인이 건설한 마살리아(마르세유), 북부 아프리카에는 테라를 모시로 하는 키레네가 건설한 키레나이케가 있었다.

밀레토스는 프로폰티스와 흑해에 1차, 2차 식민지를 합치면 80개가 넘는 식민시를 건설했다. 시노페와 트라페준다에서 흑해 연안을 포함하며, 오늘날 게오르기아의 포티 근처의 파시스 강을 거쳐 남동부 유럽 및 러시아에 이르기까지에는 이스트로스, 토미스/콘스탄차, 이파니스/Bug 강의 올비아, 드니에스테르 강의 티라스, 드니에스테르 강구의 베레잔 등이 있다. 온화한 기후를 가진 크림 반도에는 테오도시아, 판디카페온/ Kertsch 등이 있다. 도리스 계통의 메가라는 보스포로스 해협에 칼케돈, 비잔티온을 건설했고, 흑해에는 헤라클레이아/ Eregli, 그 외에도 메삼브리아/Vessebar과 케르소니소스/Sewastopo을 세웠는데, 이들은 이오네스 인과 서로 협조를 하기도 했던 것으로 보인다. 러시아의 비옥한 지역에서 나는 곡물은 밀레토스 및 그 식민시들에게 아주 중요한 것이었다.

그때 흑해 북쪽 연안은 스키티아 기마족의 세력이 상당히 강화되었다. 6세기 초 이후 이집트 나일 강 삼각주의 나우크라티스는 이집트의 파라오와 관계를 맺으며 번영했다(Herodotos, II,178ff.). 그러나 소아시아에서는 리디아의 크로이소스와 충돌했으며, 이오니아 식민시들과 밀레토스가 마침내 페르시아의 수중으로 들어갔다. 페르시아의 키로스가 승리하자 모시 포카이아에서는 서부 지중해를 향한 마지막 거대한 이주의 흐름이 이어졌다. 당시 서부 시켈리아, 사르데니아, 남부 이스파니아, 아프리카 북서부에는 가나안-페니키아 인의 티로스, 카르타고 등이 강력한 세력으로 자리 잡고 있었다.

한편, 그리스 인과 카르타고 인 사이의 갈등은 기원전 540년 이오네스의 포카이아 인이 코르시카에 알라리아/Aleria에 자리 잡게 되었을 때 벌어지게 된다. 티레니아(에트루스크) 인은 카르타고와 동맹을 맺고 이들에게 대항했다. 치열한 충돌 끝에 이오니아의 포카이아 인은 코르시카를 떠나 남부 이탈리아의 엘레아/Velia에 정착하게 되었다. 이오니아의 철학이 이어져 발달된 곳도 바로 이곳이다. 이때 시켈리아와 남부 이탈리아의 그리스 인 도시, 아크라가스, 시라쿠사이, 키메 등에서는 기원전 6세기 참주가 들어섰는데, 이들은 민사 행정과 함께 군사적 성격을 띠고 있었다.

그 후 기원전 480년 페르시아가 그리스를 침공했을 때, 모시인 시돈-티로스와 가까웠던 카르타고도 함께 동조했던 것으로 보인다. 이때 카르타고는 대군으로 시켈리아의 시라쿠사이, 겔라, 아크라가스를 공격했다.[11] 크게 방어력이 없던 본토의 그리스 인은 테살리아, 보이오티아 연맹이 페르시아에 항복한 상태에서, 동서로 완전히 포위된 상태에 놓이게 되었다.

그리스본토에서 스파르타 인이 테르모필레 전투에서 전멸하는 한편, 테미스토클레스가 살라미스 해전에서 승리하고, 소아시아 이오니아 근해 미칼레에서 그리스 인이 페르시아 해군을 격침하는 등 치열한 공방전이 벌어질 즈음, 시켈리아에서는 시라쿠사이와 켈라의 참주 겔론과 아크라가스의 참주 테론이 연

---

11) Cf. Diodoros, XI 20,1 ; Herodotos, VII 157~167.

합하여 기원전 480년 여름에 히메라 근처에서 카르타고 인을
물리쳤다. 그 후 카르타고는 시켈리아에서 약간의 기지를 가졌
을 뿐 70년 이상 그리스 인을 공격하지 않았다. 겔론의 후계자
히에론(B.C. 478~ 466)에 이르러 시라쿠사이 참주의 세력이 절
정에 달하고 시켈리아에서 그리스 인의 문화가 번성했다. 474
년 히에론은 시라쿠사이의 함대를 동원하여 키메를 정복하고
티레니아 인의 세력을 꺾었다.

펠로폰네소스 전쟁 중 아테네에 의한 시켈리아 원정이 기원전
413년에 실패로 끝나고 이 전투에서 승리한 시켈리아 인도 그
후유증에 시달릴 때, 카르타고 인은 다시 시켈리아의 그리스 인
도시들을 공격해 들어왔다. 셀리누스, 아크라가스, 겔라, 히메라
등은 카르타고의 공격을 받아 무참하게 파괴되었다. 시라쿠사이
에서는 아테네의 침공을 받을 때 무기력했던 민주정치를 일소하
고, 그 대신 디오니시오스가 장군 - 독재자(참주)가 되어 반민주
적 세력을 규합한 다음, 카르타고의 세력에 대처했는데, 이것은
기원전 397년 이후의 일이다. 디오니시오스는 스파르타의 신임
을 얻고 있었으며, 상당히 관대한 처신으로 인기를 얻고 있었다.

디오니시오스는 용병과 함대를 마련하여 중부와 동부 시켈리
아를 사수했다. 카르타고에 대해 여러 차례 공격했으나(B.C.
397~392, 382~375, 368~367), 카르타고의 위협은 사라지지 않
았다. 그 아들 디오니시오스 2세(367~357, 347~344 B.C.)는 시
라쿠사이를 손아귀에 넣지 못했다. 그를 이어 그 숙부였으며 플
라톤의 친구였던 디온이 플라톤의 이상에 따라 귀족정을 실현
하려고 하다가 반감을 사서 같은 일당에 의해 354년 암살되었
다. 도시는 분열되었으며, 기원전 344~343년 모시 코린토스에

서 파견된 티몰레온이 분열된 사태를 다소간 수습했다. 카르타고는 기원전 341년 크리미소스 강에서 패배한 후 다시 시켈리아 서쪽 전체 섬의 약 1/3 정도의 영역으로 한정되고, 그리스인은 티몰레온 휘하에 다시 시켈리아 식민시 건설에 나섰다.

기원전 306~305년 시라쿠사이에서는 아가토클레스가 왕으로 들어섰다. 그는 기원전 310~307년에 걸쳐 카르타고를 공략하기 위해 아프리카로 원정을 했으나 실패했지만, 시켈리아 사태를 해결하는 데 기여한 공을 인정받았다. 그는 민주정치 지지자들과 협조하에 이미 317년 이후부터 중부 및 동부 시켈리아의 장군 – 독재자(strategos – autokrator)의 지위를 가지고 있었다. 그것은 티몰레온 사후 과두정 지지자와 민주정 지지자들이 서로 반목하면서 내란이 벌어졌기 때문인데 이런 혼란은 카르타고의 사주를 받은 것으로 추측되기도 한다. 아가토클레스는 남부 이탈리아를 원정했고, 295년 이후에는 그리스 서부 해안의 계승자들(알렉산드로스의 후계자들)과의 갈등 관계에 놓이게 되었으며, 289년 그의 왕정은 혼란한 사태로 인해 갑자기 끝났다.

한편, 기원전 3세기 말 그리스 본토 마케도니아의 필리포스 5세는 트라시메노 호수에서 로마가 한니발에게 패배한 것을 보고 자못 용기를 얻어 카르타고와 동맹을 맺었다. 나우팍토스 협약(Polybios, V 104)에서 이미 언급되는 것으로, 서쪽에서 그리스를 위협하던 로마의 세력은, 필리포스 5세가 이른바 제1차 마케도니아 전쟁 끝에 페니키아 인과 평화를 체결함으로써 일리아에서 영토를 얻고 그리스에서 일시적인 패권을 장악했을 때, 이미 가시화되었다. 폴리비오스에 따르면, 217년은 동서 융합의 시작으로 간주된다(Polybios, IV 28.1).

4. 그리스 인과 카르타고 - 페니키아 인의 교류와
   갈등의 양상

엑스타인은 카르타고가 처음 시켈리아에 관여하게 된 계기는 그리스 인들로부터의 군사적 압력을 받고 있던 시켈리아의 모티아(Motya) 같은 페니키아 인 도시들이 청하는 원조를 제공하게 되면서 부터라고 한다.12) 그리고 기원전 500년 이후 카르타고는 그리스 인 거주 시켈리아 땅을 정복하려했으며 5번의 대규모 시도가 있었다고 한다.13) 사실 고대 그리스 인과 카르케돈 - 페니키아 인의 교류와 갈등의 역사가 구체적으로 전하는 사료는 그리 많지 않다. 그러나 다음의 몇 가지 예를 통해 볼 때, 그리스 인이 카르케돈 - 페니키아 인과 싸웠다는 말은 할 수 없을 정도로 그리스 인 서로 간의 갈등이 더 많았음을 보게 된다 (Cf. Krings, 1998).

1) 리파라 인은 펜타틀로스 휘하에 크니도스에서 온 이주민으로 전한다.14) 이들이 시켈리아의 파키논에 시를 건설했다가, 엘

---

12) Arthur M. Eckstein, *Mediterranean Anrchy, Interstate War and the Rise of Rome*, p.159ff. 모티아에 관련한 후대의 예로는 cf. Diodoros, XIV 53.4. *시켈리아에는 그리스 인이나 카르타고 인이 아닌 다른 종족도 양측 중 한 편에 가세했다. 한 예로 시라쿠사이와 카르타고 간 싸움에서, 5개 도시(Halyciae, Solus, Aegesta, Panormos, Entella)만 제외하고 시켈리아 내 Sicanoi를 포함한 모든 종족이 시라쿠사이 측에 가담했다* (cf.Diodoros, XIV 48.1ff.).

13) Cf. Arthur M. Eckstein, *Mediterranean Anrchy, Interstate War and the Rise of Rome*, p.160. ① 480 B.C. ② 410-392 B.C. ③ 360 B.C. ④ 311-310 B.C. ⑤ 278 B.C.

14) Pausanias X 11,3~4 ; cf. Diodoros V 9.

리모이 인과 페니키아(포이니케) 인과 싸우다가 쫓겨나와 아이올로스 섬에 정착했다고 한다. 한편, 리파라에 도시를 건설하여 살던 이들은 배를 타고 히에라, 스트롱길레, 디디마 등을 경작했다고 한다. 한편, 디오도로스(V 9)에 따르면, 펜타틀로스가 이끄는 크니도스 인은 릴리바이온(Lilybaion)을 정복한 다음, 에게스타(＝아이게스타)와 셀리누스와 오랜 싸움을 하였으며, 그런 가운데 펜타틀로스 자신도 전사했다. 이렇게 크니도스에서 시켈리아로 온 이주민은 여러 도시의 사람들과 싸웠으며, 페니키아 인은 이들이 싸운 많은 대상 가운데 하나에 불과할 뿐이다.

2) 소아시아 이오네스의 포카이아 인의 예가 있다(Herodotos I 165~167). 포카이아 인은 키오스 인으로부터 오이누사이 섬(키오스와 소아시아 본토 사이에 있는 섬)을 사려했으나 키오스 인은 상업을 하는 데 불이익을 당할까 봐 그것을 팔지 않았다. 그래서 포카이아 인은 키르노스(코르시카)로 건너갔는데, 그곳은 이미 20년 전에 신탁에 따라 포카이아인이 알랄리아 시를 건설해 놓았던 곳이었다. 이들은 먼저 포카이아로 가서 하르파고스가 그곳을 지키기 위해 끌어들였던 페르시아 수비대를 없애버렸다. 그런 다음 뒤에 남은 사람에게 저주를 퍼붓고는 항해 길에 올랐다. 그들은 바다에 쇳덩어리를 빠뜨리면서 그것이 다시 떠오르기까지 영원히 포카이아로 돌아오지 않겠다고 맹서했다. 출발할 즈음, 반 이상의 사람들이 향수에 못 이겨 포카이아로 돌아갔으며, 맹서를 지킨 이들은 오이누사이에서 바다로 나왔다.

이들은 키르노스로 온 다음, 그전에 온 이들과 한 공동체로 5년을 살았다. 그런데 이들이 이웃을 약탈하자, 퇴르세노이(티레노이) 인과 카르타고 인이 합세하여 각각 60척의 배로 공격해 들어왔다. 포카이아 인도 60척의 배로 사르도니온이라 불리는 바다에서 이들에게 대적했다. 포카이아 인은 승리했으나 피해가 커서 40척의 배가 파괴되고 20척의 배는 망가졌다. 그래서 그들은 알랄리아로 가서 처자식과 가능한 대로 재물을 실은 다음 키르노스를 떠나 레기온으로 왔다. 파괴된 배에 남은 포카이아 인은 추첨을 통해 티르세니아 인 가운데 아길라이오이 인에게 맡겨졌는데, 이들은 포카이아 인을 다 돌로 쳐서 죽여 버렸다. 그런데 아길라의 양이나 짐실이 짐승이나 사람이거나 간에 모두 포카이아 인이 죽은 곳을 지날 때마다 사지가 비틀어지고 절름발이가 되고 마비되었다. 이들은 델포이에 신탁을 구하여, 죽은 사람들을 위한 제사를 지내고 경기와 전차경주 등을 하여 죽은 사람들을 위로했으며, 헤로도토스 당시까지도 그런 관습이 이어졌다고 권한다.

레기온으로 피해온 사람들은 근처 오이노트리아 지역에 히엘레라고 불리는 도시를 세웠다. 그들은 델포이의 피티아가 예언한 키르노스가 섬이 아니라 영웅을 가리키는 것이라고 생각했기 때문이라고 한다.

이들 포카이아 인의 이야기에서도 갈등은 티레니아 인과 페니키아 인들을 대상으로 해서만 벌어지는 것이 아님을 볼 수 있다. 일부 포카이아 인이 포카이아를 떠난 이유는 페르시아의 지배에 복종하지 않으려는 것이었으며, 이때 포카이아 인의 의견은 분열되었다. 한편, 키르노스에서 패배한 포카이아 인을 죽인 티레니아 인은 델포이의 신탁을 받들어 살해한 자의 넋을 위로하는 제를 올리는 관습을 갖게 된다. 이런 사실은 종족의 차이를 넘어 문화의 공통분모를 가지고 있었음을 보여주는 것이라고 하겠다.

3) 라케다이몬 에우리스테네스 왕가의 아낙산드리데스 왕의 아들 도리에우스가 시켈리아로 오게 된 이야기가 전한다.15) 그는 왕의 첫째 부인의 아들이었으나 둘째 부인의 아들보다 늦게 나서 스파르타의 왕위를 잇지 못한 데 화가 나, 리비아로 가서 키닙스 강가에 이주했다. 그러나 3년째 그곳 마케오이 인, 리비오이 인, 카르타고 인들에게 쫓겨나 스파르타로 돌아왔다. 그 후 안티카레스의 조언과 델포이의 신탁을 얻어서, 시켈리아의 헤라클레이아로 가려 했다. 그곳은 헤라클레스가 에릭스에게서 빼앗은 땅으로 에리키네라고 불렸다. 그때 이탈리아에서는 시바리스의 왕 텔리스가 크로톤을 공격해오려 했으므로, 크로톤 인은 도리에우스에게 도움을 청했고 도리에우스는 크로톤을 돕게 되었다고 한다.16)

도리에우스와 함께 테살로스, 파라이바테스, 켈레에스, 에우릴레온 등 다른 스파르타 인도 함께 시켈리아로 건너갔으나 에우릴레온만 제외하고 나머지는 다 페니키아 인과 에게스타 인에게 죽었다. 에우릴레온은 나머지 군대를 끌고 셀리누스의 식민시인 미노아에 정착한 다음, 셀리누스의 군주 피타고라스의 지배로부터 사람들을 해방시켰다. 그 후 스스로 참주가 되려 하자 셀리누스 인은 시장의 제우스 신전 앞에서 그를 죽였다.

---

15) Herodotos, V 39~48 ; cf. Pausanias, III 16,4~5 ; Diodoros, IV 23,3 ; Justinos, XIX,9.

16) 도리에우스의 도움을 받았다는 사실은 시바리스 인이 말하는 것이고, 크로톤 인 자신은 그런 것이 아니고 다만 **이아미데오이** 인인 엘레아의 예언자 칼리아스의 도움만 받았다고 말한다. 그래서 크로톤 인은 칼리아스의 후손에게는 토지를 많이 배당하고 도리에우스에게는 하지 않았다. Cf. Herodotos, V 39~48.

이와 같은 도리에우스의 행정에서는 일정한 종족간의 대립보다는 전역이나 영토의 확보 등 이해관계의 대립이 주요화두가 되고 있음을 볼 수 있다.

4) 페르시아 전쟁이 일어났을 때, 카르타고의 아밀카스(=하밀카르[라틴어식 표기])가 시켈리아의 그리스 인을 공격해 들어왔는데, 이때도 그리스 인 간의 분규가 개재된다(Herodotos, VII 165~167). 페르시아가 그리스를 침공했을 때 겔론은 그리스 인을 도우려 했으나, 그러지 못하고 델포이로 돈만 보냈던 것으로 전한다. 당시 30만 명의 페니키아 인, 리비아 인, 이베리아 인, 리기아 인, 엘리시코이 인, 사르디니아 인, 키르니아(코르시카) 인 등이 카르타고 왕 안논의 아들 아밀카스를 앞세우고 겔론에 대항하여 쳐들어왔던 것으로 전한다.

그 배경은 히메라의 참주, 크리니포스의 아들 테릴로스가 아크라가스의 지배자인 아이네시데모스의 아들 테론에 의해 히메라에서 쫓겨났다. 그런데 레기온의 참주, 크레티네스의 아들 아낙실라오스는 테릴로스의 딸 키디페와 결혼했으므로, 그 장인을 돕기 위해 자신의 아이들을 아밀카스에게 인질로 주고 아밀카스로 하여금 시켈리아로 쳐들어가도록 했다는 것이다.

그리스 인이 살라미스에서 페르시아 인을 격퇴할 때, 겔론과 테론은 시켈리아에서 카르타고 인 아밀카스를 이겼다. 그런데 아밀카스는 아버지는 카르타고 인, 어머니는 시라쿠사이 인이었으며, 그 유능함으로 인해 카르타고의 왕이 되었다. 아밀카스가 패배했을 때, 겔론은 그를 찾았으나 죽었는지 살았는지 그는 끝내 보이지 않았다고 한다.[17] 여기서 헤로도토스는 페니키아

인이 말하는 것과 카르타고 인과 시라쿠사이 인이 말하는 것 중
그 어느 것이거나 상관없이, 모든 식민시에 아밀카스를 위한 제
사가 거행되고 기념비가 세워졌으며, 카르타고에 있는 것이 제
일 컸다고 한다.

5) 기원전 415~413년 아테네의 시켈리아 원정으로 시켈리아
에서는 아테네와 스파르타 군대 간의 전투가 치열하게 벌어졌
다. 투키디데스에 따르면, 알키비아데스 등은 시켈리아를 얻고
그 다음 카르타고를 정복하며, 개인의 부와 명예를 얻으려는 꿈
을 가졌다.18) 한면, 아테네와 대적했던 시라쿠사이에서는 라케
다이몬과 코린토스로는 물론, 카르타고로도 사람을 보내어 아
테네의 침공에 대비하려 했다(Thucydides, VI 34). 시켈리아에
온 아테네 군대도 도움을 받을 수 있을까하여 카르타고로 삼단
노선을 파견했다고 한다. 또 티레니아로도 배를 보내어 몇몇 도
시는 함께 참전하도록 권유했다. 시켈로이와 에게스타로도 사자
를 보내어 가능한 한 많은 말, 축성에 필요한 또 다른 물건들, 벽돌,
철, 그 외 필요한 것들을 마련하였다. 봄이 나면 다시 벌어질 전투
에 대비하려 했기 때문이다.

6) 기원전 410년경 시켈리아의 셀리누스와 아이게스타 사이
에 영토분쟁이 일었을 때, 셀리누스는 시라쿠사이의 지지를 받
은 반면, 아이게스타는 카르타고에 원조를 요청했다(Diodoros,

---

17) 그러나 카르타고 인의 말에 따르면, 아밀카스는 새벽녘에 희생제를 지내고 있던 중
　　에 아군이 패배하는 것을 보고는 그 불 속에 뛰어들어 죽었으므로 자취를 찾을 수
　　가 없었다고 한다. Cf. Herodotos, VII 165~167.
18) Thucydides, VI 15 : cf. ibid. VI 90.

XIII 43; cf. Anello, 2006: 81). 아이게스타는 바로 직전 아테네가 시켈리아로 원정 와서 시라쿠사이에 대항했을 때 아테네 측을 원조했으므로 시라쿠사이에 적대적이었다. 카르타고는 시라쿠사이가 아테네에 대승을 거둔 것을 목도했으므로 주저했으나, 한니발[19) 장군의 영향으로 아이게스타를 돕기로 하고 군대를 파견했다. 이때 카르타고 인이 고용하여 아이게스타에 파견한 용병 중에는 리비아 인이 5000명, 캄파니아 인이 800명이었는데, 이들은 아테네의 시켈리아 원정에서 칼키디케 인에게 고용되어 아테네 인을 도왔으나 아테네가 패배한 다음 실직상태에 있던 사람들이었다고 한다(Diodoros, XIII 44).

이상 열거한 예를 통해 볼 때, 갈등은 단순히 그리스인과 카르타고 - 페니키아 인 간에 벌어진 것이라기보다, 오히려 그리스 인 간의 싸움에 카르타고가 이용되고 있음을 보게 된다. 더구나 한 도시가 단일 종족에 의해 구성되고 있다고 말하기 어려울 정도로 식민의 역사는 복잡다단하다. 카르타고의 왕이었던 아밀카스는 카르타고 인 아버지와 시라쿠사이 인 어머니를 두고 있었으므로, 종족적으로 혼혈인 셈이다. 아밀카르를 위한 기념비는 카르타고는 물론 시켈리아 모든 식민시에 세워졌던 것으로 전하며, 그 가운데서도 카르타고에 있는 것이 가장 컸다고 하는 사실 등은 종족의 차이를 넘어 시켈리아를 중심으로 한 그 주변 지역의 공동체적 문화 및 감정을 보여주는 것이라고 하겠다.

---

19) 이 한니발은 5세기 전반 히메라에서 싸우다 죽은 하밀카르(아밀카스)[cf. Diodoros, XI 21~22]의 손자이다.

5. 카르타고의 정치체제

엑스타인(A.M. Eckstein)은 로마가 제국으로 성장하기 전의 지중해 세계는 다수 국가들이 서로 경쟁하던 다핵적인 사회였던 것으로 규정한다(Eckstein, 2006: 1ff.). 알렉산드로스가 이루었던 제국조차 그 사후 곧 분열되었고 아무도 지속적인 패권을 달성하지 못했다. 그리고 남부 이탈리아의 타렌툼(Eckstein, 2006: 147ff.)이나 아프리카 연안의 카르타고(Eckstein, 2006: 156ff.), 그 외 그리스 폴리스 등 많은 소국들이 패권을 추구하여 만행을 자행했으므로, 로마만 예외적으로 군국적·공격적 나라인 것으로 볼 수 없으며(Eckstein, 2006: 164), 또 로마가 지속적 패권을 달성하는 과정에서 행한 만행도 다른 국가가 행한 것과 다르지 않았던 것이라고 한다. 그래서 엑스타인은 특별히 카르타고나 로마를 비난할 필요는 없으며(Eckstein, 2006: 158ff.), 심지어 카르타고가 로마보다 훨씬 더 잔인했던 것으로 규정한다(Eckstein, 2006: 204). 한 예로 그는 카르타고 인이 시켈리아의 히메라를 공격할 때 많은 사람들을 고문하고 3000명의 포로를 처형한 사실을 든다.[20]

이런 엑스타인의 견해와 달리, 필자는 카르타고와 로마 사이에는 커다란 차이점이 있다고 생각한다. 카르타고는 당시 그리

---

20) Diodoros, XIII 62. 그 외에도 카르타고 인의 잔인성에 관한 예는 Eckstein, 2006:204 및 주 81 등(Diodoros, XII 10.1 ; XIV 4.2 ; Polybios, I 11.5 ; 86.10~11 ; III 100.4 ; Appianos, *Karchedonike Historia*, 24 ; Plutarchos, *Ethika*, 799D ; Zonaras, VIII 11: 17) 참조. 이런 카르타고의 잔인성에 관한 기록들을 로마 인에 의해 과장된 것으로 보는 견해와 반대로 사실로 받아들이는 상반된 견해가 있다.

스 인 도시국가들과 같은 독립된 도시국가 체제를 선호했다는
점이다. 그러나 로마는 군국적 제국주의에 기초한 거대국가의
정치체제를 지향했다. 전쟁의 예외적 상황에서 일시적으로 잔
혹한 행위를 하는 것은 지중해 세계 모든 구성원들에게 예외를
둘 수 없는 것이라고 할 수도 있겠으나, 자유의 도시(폴리스) 체
제와 군국적 지배체제의 로마제국은 다를 수밖에 없다.

폴리비오스에 따르면, 로마와 카르타고는 이미 다른 도시보
다 더 강력했다. 양자는 이미 기원전 509년[21] 및 348년에 조약
을 맺어 당사국과 그 동맹국들의 지리적 활동범위를 분명히 구
분했다.[22]

아리스토텔레스보다 200년 뒤에 살면서, 카르타고의 패망을
직접 목격했던 폴리비오스는 카르타고에서 공공연히 뇌물이 횡
행하는 현상을 로마의 엄격한 공공 도덕성과 대조한다.[23] 그리
고 카르타고 인 자신은 이윤을 추구하면서 다른 사람을 고용하
여 싸우도록 했다고 하고 이것이 시민으로 구성된 로마의 군대
보다 열등한 것으로 이해하기도 한다.

그러나 아리스토텔레스에 따르면, 카르타고 인은 호전적이었
다(Aristoteles, 1324b: 12). 그는 라케다이몬과 크레타에 있어서
는 교육과 대부분 법률이 전쟁을 대비하여 이루어져 있다고 한
다. 또 스키티아, 페르시아, 트라키아, 켈트 인들은 무력을 존중

---

21) 로마가 에트루스크의 세력에서 일단 벗어나던 기원전 6세기 후반 카르타고는 로마
인과 동맹을 체결한다. Cf. Moscati,1977: 19.

22) Polybios, Ⅲ 22.10~11: 24.9.

23) Cf. Scullard, 1955: 104. 로마의 적국에 대한 이와 같은 도덕적 폄하는 훗날 북
아프리카 누미디아에서 로마에 반기를 든 유구르타에 대한 살루스투스의 평가에서
도 찾아볼 수 있다 (cf. Laroui, 1977: 30).

했다고 한다. 그에 이어 카르타고의 호전성을 다음과 같이 묘사한다.

> 스파르타와 크레타에서는 교육과 많은 법률들이 전쟁에 맞도록 만들어져 있다. 비(非) 그리스 인 가운데서 상대를 꺾고 확장할 수 있는 모든 나라에서 군사력이 존중되었다. 예를 들면, 스키티아, 페르시아, 트라키아, 켈트 인들이 그러하다. 실로 어떤 집단에서는 군사적 용맹을 자극하는 법도 있다. 예를 들면, 카르타고가 그러한데, 전사들은 전쟁에 출정한 수만큼의 팔찌를 끼는 명예를 얻도록 했다고 한다. 또 마케도니아에서는 적을 한 사람도 죽여 보지 않은 사람은 혁대 대신 어깨걸이를 하고 다녀야했다. 스키티아 부족들은 어떤 축제에서 잔을 돌리는데, 적을 죽여 보지 않은 사람은 마시지 못한다(Aristoteles, 1324b 7~20).

한편, 카르타고 인은 한편으로 용병을 고용했다고는 하나, 다른 한편으로 용감했고, 기술과 결단성이 있으며 유능한 장군들을 가지고 있었다(Scullard, 1955: 104). 이것은 로마와의 마지막 결전에서 카르타고 인이 증명한 사실이다.

카르타고에는 시시티아(sissitia)로 불리는 공동식사제도가 있었는데, 이것은 스파르타의 피디티아(phiditia 혹은 시시티아)와 같다. 스파르타의 군사조직이 시시티아와 밀접하게 관련이 있으므로, 카르타고의 시민병 체제도 스파르타에 준한 것으로 생각할 수 있겠다.

더구나 아리스토텔레스에 따르면, 카르타고는 훌륭한 정치체제(politeia)를 가지고 있으며 라케다이몬과 크레타의 것과 유사하다고 한다.24) 카르타고는 많은 인구를 가지고 있으나, 동일한 정치체제를 유지한 사실은 질서가 잘 잡혀 있었음을 보여준다.

---

24) Aristoteles, 1272b 25ff. : cf. 1293b 1ff.

거곳에는 내란도 없고 참주 수립의 시도도 없었다고 한다. 카르타고는 일종의 혼합정치체제를 가지고 있었다. 왕·의회·민회가 있었으며, 그 외에 104인 정무관, 장로(30인) 의회, 5인 위원회 등이 있었다. 아리스토텔레스의 카르타고 정치체제에 대한 찬사는 이들 기구가 서로 견제와 균형을 이루고 있는 데 기인하는 것이라고 하겠다(Scullard, 1955: 104).

그러나 카르타고와 스파르타의 정치체제는 차이점이 있다. 후자의 경우 에포로스 등의 공직자는 다른 특별한 조건 없이 덕에 의해 선출된다고 하겠으나, 카르타고의 관리는 공적에 준하여 선출된다고 한다. 또 카르타고의 왕과 장로의회는 스파르타의 그것과 같다. 왕들도 스파르타에서는 동일 가문에서 나오나, 카르타고에서는 어떤 가문에서나 나올 수 있고, 나이순이 아니라 선출에 의하며, 상당한 권한을 가지고 있다. 5명 위원회가 중요한 사안을 관장하며, 이들이 다시 100명의 관리를 선출한다. 이들은 보수를 받지 않고 추첨되지 않는다. 동시에 5인 위원회는 모든 사안의 재판권을 갖는다. 이것은 스파르타에서 사안에 따라 재판소가 달라지는 것과 다른 점이라고 하겠다.

카르타고의 정치체제는 귀족정에 기초한 일종의 혼합정(politeia)이라고 할 수 있으나, 한편으로 데모스(민주정 혹은 중우정), 다른 한편으로 과두정의 편향을 가진 것으로 규정되기도 한다. 과두정의 특징으로는 왕과 장로들이 민회에 사안을 상정할 것인가 아닌가를 만장일치로 결정하면 그대로 하고, 그렇지 않으면 민회에 상정한다. 민회에서는 찬반 결정뿐 아니라 자유롭게 토론할 수 있다. 이런 민회의 권한은 스파르타에서는 없는 것이다.

카르타고에서는 관직을 선출할 때 능력이나 덕뿐 아니라 돈을 기준으로 했다.[25] 전자는 귀족적인 것이고 후자는 과두적인 것이다. 아리스토텔레스는 이렇게 관직에 돈을 개재하는 것이 입법자의 잘못이라고 하고, 관직을 돈으로 파는 것은 잘못된 것이라고 비판한다. 나아가 아리스토텔레스는 한 사람이 여러 가지 직책을 갖는 것이 카르타고의 결점이라고 한다. 그러므로 사람을 잘못 뽑아서는 안 된다. 아리스토텔레스는 나라가 큰 곳에서는 관직을 많은 사람에게 배분하는 것이 더 정치적·대중적인데 그것은 더 공정하며 더 능률적이고 신속하게 일을 수행할 수 있기 때문이라는 의견이다.

카르타고에는 두 가지 대조적 측면이 동시에 발달했다. 시민과 용병이 병존했으며, 상업과 농업이 함께 발달했다. 카르타고는 해상 상업에 밝아서 헤라클레스 기둥(지브롤터 해협)을 넘어 스페인의 은은 물론 브리타니아와 코놀(Carnwall)의 주석, 카메룬에 이르는 서아프리카의 금 등을 거래했다. 뿐만 아니라 카르타고 인은 농업에서도 고도의 기술을 습득하여, 로마 원로원에서는 카르타고의 마고의 농업 관련 저서를 라틴어로 번역하도록 했다(Scullard, 1955: 104). 카르타고는 아프리카 북안을 따라 비옥한 농경지를 가지고 있었다. 한니발의 집안도 카르타고 남동쪽 60마일 지점에 거대한 올리브 농장을 가지고 있었다.[26]

카르타고에는 시민병과 용병이 병존했다(Hours‒Miédan, 1949: 63). 용병의 고용은 카르타고인 자신의 침략적 호전성에서 비롯한다기보다 상업에 종사하여 이윤을 추구하기 위한 안

---

25) Aristoteles, 1273a 25ff.: cf. 1293b 1ff.

26) Lyvius, XXXIII 48.1; Plinius, XVII 93

전망이었던 것으로 생각할 수 있다. 반면 시민병은 농업에 종사한 사람이 주를 이루었을 것이라는 사실이다. 상인은 카르타고를 떠나 외지를 다니며 무역을 하나, 농업에 종사하는 사람은 그렇지 않고 카르타고 지역에 정주한다. 카르타고 인이 용병을 고용한다는 사실은 반드시 카르타고 인 자신의 호전성을 의미하는 것이 아니라, 이동하는 상인들의 신변과 재산을 보호할 필요가 있었던 반면, 토지를 가지고 농업에 종사하는 사람들은 여느 다른 도시민과 마찬가지로 자신의 가족, 토지 및 기타 재산 등을 스스로 지켜야만 했던 것이다. 상업국가 카르타고의 용병은 본질적으로 타 지역의 정복에 이용되는 군국주의, 제국주의적 성격의 군대와는 다르다고 하겠다.[27]

또 앞에서 소개한 것으로, 카르타고가 로마 사회보다 더 부패했다는 폴리비오의 전언은 그만큼 카르타고의 사회조직이 이완되고 융통성이 있음을 뜻하며, 반면 로마에서 공공의 도덕성이 엄격하다는 것은 사회의 통제 장치가 더 철저하다는 뜻으로 해석될 수도 있겠다. 아리스토텔레스에 따르면, 카르타고는 민주정치의 성격도 가지고 있어서 관직자가 상업에 종사하는 것을 금지하지 않았으나, 혁명이 발생한 적이 없었다고 한다(Aristoteles, 1316b 5ff.). 중요한 것은, 카르타고는 그 자체로서 시민들의 합의를 전제로 한 도시국가의 체제를 견지했으며, 나아가 인구의 분산을 통해 또 다른 도시국가의 건설을 촉진했던 것으로 전한다(Aristoteles, 1320b 5ff.). 아리스토텔

---

27) 한 예를 들자면, 기원전 370년경 전염병이 돌아 카르타고 인이 상당수 사망했을 때 리비아와 사르디니아가 카르타고에 반기를 들었다. 그리고 치열한 살육전 끝에 카르타고는 이들을 다시 복속시켰다고 전한다.[1] 그런데 카르타고가 행한 무자비한 살육은 로마의 경우와 같은 군사 지배권(imperium)을 확대하기 위한 것이라기보다, 근본적으로 자체 방어를 위한 것이며, 그다음은 상업권 확보를 위한 안전망의 확보 등으로 해석할 수 있겠다.

레스가 전하는 카르타고의 정치체제(Aristoteles, 1272b 25ff.)는 그리스의 폴리스와 유사성을 가지고 있는 것이다.

실제로 포에니 전쟁의 두 주역인 로마와 카르타고는 정치체제 및 군사조직 면에서 이미 상당한 차이점을 노정한다. 기원전 264년 포에니 전쟁이 발발하던 당시, 로마는 군인들로 구성된 민회인 병사회를 중심으로 하여, 군사적인 사회조직을 갖추고 있었다. 그리고 이미 기원전 400년경 이후부터 로마 북쪽의 에트루리아(티레니아) 인, 남쪽의 라틴 인, 이탈리아 중부 산악지역의 삼니트 인, 그리고 이탈리아 반도 남단(마그나 그래키아)의 그리스 인에 이르기까지 이탈리아 반도에서 패권을 장악하고 있었다.

6. 결언

기원전 5세기 페르시아 전쟁, 펠로폰네소스 전쟁 등을 기회로 하여 지중해 세계에는 군사조직의 비중이 증가하게 되었다. 군국주의의 팽배는 다음 차례 로마의 패권의 성장에 기여하게 된다. 포에니 전쟁에서 로마가 카르타고를 제압한 것이 그 결정적 계기가 되었으며, 지중해는 로마의 패권에 기초하여 의무, 법, 질서, 나아가서는 획일적 기독교가 지배적인 사회로 발돋움하게 된다.

로마가 지중해의 패권을 장악하기 전, 지중해의 상권을 장악한 것으로 알려진 카르타고 – 페니키아 인과 그리스 인의 이해

관계는 획일적인 민족성으로 구분 대립한 것이 아니었다. 오히려 소규모 도시(폴리스)로 나뉘어 있던 이들은 구체적인 경제적 이해관계 혹은 정치체제 및 이념으로 대립했다. 그런 가운데 그리스 인과 카르타고 ― 페니키아 인들은 복잡한 이합집산의 양상을 연출하였다. 한 지역의 도시 공동체가 언제나 하나의 단일한 종족으로만 구성되었다고 규정하기도 어려우며, 서로 간에 자연스럽게 혼혈이 이루어졌다. 이런 현상이 가장 명백하게 노정되는 것이 로마의 패권이 성립되기 전의 시켈리아와 그 주변 지역이다.

로마 패권의 성장은 종족적으로 로마 인의 지중해 팽창을 의미하는 것이 아니라, 로마가 주도하는 군국주의(imperium)의 사회적 확산, 또 그에 기초한 사회적 불평등의 확산을 뜻하는 것이라면, 그전의 지중해 사회는 군사적 조직이 사회에서 갖는 비중이 상대적으로 적은 만큼 덜 획일적이었던 것으로 규정할 수 있겠다. 이런 사회에서는 소규모의 갈등이 개진된 것이 사실이나, 그 대신 교류와 평화가 차지하는 비중이 상대적으로 더 크다는 점도 간과할 수 없겠다. 다시 말하면, 포에니 전쟁(B.C. 264~146)으로 로마가 지중해의 패자로 등장하기 전의 지중해는 여러 종족과 도시들이 서로 교류하고 갈등하는 장이 되었으며, 다핵성, 다양성, 자유의 가치관이 후대보다 더 강했던 것이라 하겠다.

군사조직에 기초한 로마의 지중해 통일은 현실화되었으나, 그것을 필연적인 역사의 흐름으로 보기 어렵다. 카르타고와 로마의 패권 다툼에서 로마가 아니라 카르타고가 승리했더라면, 로마 대신 카르타고의 패권이 지중해에 등장하게 되는 것이 아

니다. 오히려 카르타고가 가지고 있었던 소규모 도시국가, 시
민이 갖는 자유의 원리가 여전히 획일적 군국주의, 의무, 법, 질
서를 대신하여 지중해 세계에 존속했을 것이라고 생각할 수 있
겠다.

참고문헌

1차 사료

Appianos, *Karchedonike Historia* (*Punica*)

Aristoteles, *Politika.*

Diodoros

Ephoros

Herodotos

Justinos

Livius

Pausanias

Plutarchos, *Ethika* (*Moralia*)

Polybios

Thucydides

Zonaras

2차 참고문헌

김광억 외, 2005, 『종족과 민족 - 그 단일과 보편의 신화를 넘어서』, 아
　　카넷.

Anello, Pietrina, 2007, Punici e Greci dal 405/4 a.C. all' età
　　timoleontea, in Congiu, Marina & Miccichè, Calogero &
　　Modeo, Simon, etc. ed. (2007), *Greci e Punici in Sicilia tra V
　　e IV secolo a.C.* Roma.

Barth, F., 1969/1998, *Ethnic groups and Boundaries : the Social
　　Organizations of Culture Difference.* Long Grove, Illinois.

Bury, J.B., 1900/1966, *A History of Greece*, p.97.

Congiu, Marina & Miccichè, Calogero & Modeo, Simon, etc. ed.,
　　2007, *Greci e Punici in Sicilia tra V e IV secolo a.C.* Roma.

Dunbabin, T.J., 1968, *The Western Greeks*, Oxford.

Eckstein, Arthur M., 2006, *Mediterranean Anrachy, Interstate War and the Rise of Rome*, Berkeley/L.A./London.

Eller, Jack D., 1999, *From Culture to Ethnicity to Conflict: an Anthropological pespective on International Ethnic Conflict*, Michigan.

Furnival, J. S., 1944, *Netherlands India L A study of Plural Economy*, Cambridge,

Hobson, John A., 1902, *Imperialism : A Study*, London,

Hours – Miédan, 1949, Madeleine, *Carthage*, Paris.

Krings, Véronique, 1998, *Carthage et les Grecs c.580~480 av.J. – C.* Leiden/ Boston/Köln.

Laroui, Abdallah, 1977, *The History of the Maghrib: An Interpretive Essay*, New Jersey.

Moscati, Sabatino, 1977, *I Cartaginesi in Italia*, Milano.

Scullard, H.H., 1955, Carthage, *Greece & Rome*, Ser. II, no.3, pp.98 – 107.

Wolters, E.J., 1952, Carthage and Its People, *The Classical Journal* 47, pp.191 – 204.

동부 지중해지역의
기독교 소수 종파

황의갑

1. 서론

지중해를 내해로 하고 있는 지중해지역은 북쪽의 남부유럽과 남쪽의 북부아프리카 그리고 소아시아를 중심으로 하는 동부 지중해 지역으로 나눌 수 있다. 이 중에서 동부 지중해 지역은 찬란한 고대 문명인 나일 강을 중심으로 한 이집트 문명과 유프라테스와 티그리스 강을 중심으로 한 메소포타미아 문명이 연결된 지역이다. 오늘날 이 지역은 터키, 시리아, 레바논, 요르단, 이스라엘, 팔레스타인 등의 국가가 들어서 있지만 근대국가의 성립 이전에는 '빌라드 샴'(동방 국가들) 또는 레반트 지역이라 불렀다. 그리고 두 개의 문명이 교차하고, 아시아와 유럽 그리고 아프리카를 연결해 주는 다리 역할을 하며 근대 오리엔트 문명의 시발지로, 또한 강을 중심으로 한 비옥한 농경지 등으로 이곳을 '비옥한 초승달 지역'이라 부른다.

원래 이 땅은 비옥하면서 뛰어난 문명을 소유하고 있었기 때문에 항상 강대국들의 목표가 되었다. 수많은 강대국들이 이곳을 차지하면서 그들의 흔적을 남겨 놓았기 때문에 지금은 찬란한 인류문화의 보고가 되었다. 그리스와 로마, 비잔틴 그리고 이슬람의 제국들이 이 지역을 거쳐 갔으며 오늘날에는 이슬람을 주류로 하는 아랍 국가들과 터키 그리고 유대교의 이스라엘이 이 지역을 차지하고 있다.

종교적으로는 볼 때, 이 지역은 고대에는 다신교 사상이 주류를 이루었으나, 예수에 의해 만들어진 기독교가 로마의 국교가 되면서 일신교인 유대교, 기독교, 이슬람교의 중심지가 되는 데 커다란 기여를 하였다.

특히 7세기 이후 이슬람이 이 지역의 주류 종교로 자리매김함으로써 일신교의 유대교와 기독교의 세력이 약화되기도 했지만, 이슬람 이전의 주류였던 기독교의 소수종파들이 아직도 이 지역에 많이 산재하고 있다. 이들 기독교의 소수종파들은 이집트의 콥트교, 시리아어 정교 그리고 기타 동방교회 등의 형태로 남아 있다.

이들 기독교 소수종파들은 로마제국의 치하에서 예수 그리스도의 신성과 인성에 대한 새로운 해석방식에 대한 이견으로 발생하였다. 이슬람교가 주류 종교인 이 지역에서 이슬람에 동화되지 않고 자기들만의 고유의 정체성을 유지하면서 현재까지 유지되고 있는 그들이 믿고 지키는 신조가 어떠한 것인지를 살펴보도록 하자.

2. 기독교 소수 종파들의 분리

예수 그리스도로 말미암아 탄생된 기독교는 로마제국의 치하에서 국교로 지정되기 전까지 하층민의 삶을 대변해주는 종교였다. 제국을 다스리던 황제들은 기독교를 믿는 세력이 점차 많아지자 불안해하면서 많은 박해와 압박을 가했다. 그럼에도 불구하고 기독교는 막강한 정치적 힘을 발휘하는 종교로 부상하였다.

4세기 초, 로마의 콘스탄티누스 황제 시절에 이르러 기독교는 신앙의 자유를 얻으면서 역대 제왕들의 동상 철거, 법령 정비 등을 갖추었고 교구제가 도입되기 시작했다. 점차 신자들이 늘어나면서 기본적 교리를 형성해 나갔다. 특히 종교회의를 통해 그들의 핵심교리를 결정하였다.

1차 종교회의부터 5차 종교회의까지 결정되었던 주요 내용은 다음과 같다.

제1차 종교회의(니케아): 하나님(신)이 되어 버린 예수

제2차 종교회의(콘스탄티노플): 삼위일체를 결의

제3차 종교회의(에페소스): 마리아를 하나님(신)의 어머니로
　　　숭배할 것을 결의

제4차 종교회의(칼케돈): 예수의 이중성에 대한 신조 도입

제5차 종교회의(콘스탄티노플): 인류의 타락 누구의 죄인가?
　　　(황의갑, 2008:7 3)

325년 니케아 공의회가 열릴 무렵에 로마제국의 가장 대표적인 대도시이자 기독교의 역사적 중요성을 고려하여 로마, 콘스

탄티노플, 알렉산드리아, 안디옥, 예루살렘 총대주교구가 5대 관구로 정해졌다(남정우, 2003: 19).

이 5개의 관구는 상하관계가 아닌 수평적인 대등한 관계로 시작되었지만 강력한 로마제국의 치하에서 로마가 최상위권을 주장하였다. 이러한 이유로 인해 5대 관구의 총대주교 간 갈등이 생겨났고, 결국 1054년 로마가 5대 관구에서 이탈하여 로마 가톨릭교회(서방교회)로 독립하였으며, 남은 4개의 관구는 동방 정교로 우리에게 알려져 오고 있다.

서방교회는 로마 총대주교의 영향 아래 모두 일치되어 있었지만 동방교회는 안디옥의 총대주교가 시리아와 팔레스티나 지역을 총괄했고, 알렉산드리아 총대주교가 동북 아프리카 지역을 총괄하였다. 그러다가 4세기 후반에 동로마 제국의 수도인 콘스탄티노플 교회가 총대주교좌로 승격되자, 과거 안디옥 총대주교좌의 영향력 안에 놓이게 되었다. 언어적으로 볼 때 서방교회에서는 라틴어가, 동방교회에서는 일반적으로 희랍어가 사용되었다(노성기, 2006: 26).

사실 초기 로마가 기독교를 국교로 공인하기 이전부터 이 지역들에서는 예수 그리스도에 대한 신성과 인성에 대한 새로운 해석들이 등장하면서 나타난 해석이 바로 콘스탄티노플 신조와 아다나우스 신조이다. 콘스탄티노플 신조와 아다나시우스 신조의 공통점은 예수 그리스도가 성부와 동일한 신성을 가진 분이라는 것이다. 반면 일부 신학자들은 예수 그리스도가 신성과 인성을 동시에 가지는 문제에 대해서는 서로 다른 의견을 표출하였다. 특히 인간의 형상으로 세상에 온 예수의 존재 안에서 신성과 인성을 어떻게 결합시킬지는 매우 어려운 문제로 부각될 수밖에 없었다. 신학자들의 개인적 판단에 따라 신성을 강조하기도, 또한 인성을 강조하기도 하여 기독교계 내부는 항상 논쟁의 한마당에 있었다.

이에 대한 해결을 위해 로마의 교황이었던 레오가 449년 6월 황제 데오도시우스에게 이 논쟁의 해결을 요청하였다. 이에 따라 황제는 451년 칼케돈에서 예수의 신성과 인성에 대한 결론을 내는 제4차 세계교회 에큐메니칼 회의를 소집하였고, 의견 조율을 시도했으나 일치를 보지 못하고 결국 콘스탄티누스 때에 이르러 로마 전 제국에 걸쳐 아리우스설에 관용을 베푸는 결정을 내림으로써 예수의 단성설이 부정되고 신성과 인성의 완전 결합을 주장하는 파가 승리를 하였다. 결국은 양성론을 정통 교리로, 단성론은 이단으로 규정하게 되었다.

Louis Berkhof는 칼케돈 신조는 "양극단의 견해를 전부 정죄하고, 위(인격)의 단일성(unity)과 양성을 함께 주장했다"는 데에 큰 의의를 두지만 아쉬운 점에 대해서는 다음과 같이 말한다. "니케아 회의가 삼위일체 논쟁을 끝마치지 못한 것처럼 칼케돈 회의도 기독론 논쟁의 종결을 짓지 못하였다"고 주장하였다. 그렇지만 칼케돈 회의28)에서 에우티케스를 이단으로 단죄함과 아울러 예수의 단성설이 부정되고 신성과 인성의 완전 결합을 주장하는 파가 승리하게 됨에 따라 동방교회도 양성론자

---

28) 칼케돈 공의회는 첫 에페소스 공의회는 인정했지만 두 번째 공의회의 권위는 부인하고, 이 공의회를 주재했던 알렉산드리아 주교 디오스코루스를 해임했다. 칼케돈에 모인 주교들은 예수 그리스도는 두 개의 속성, 즉 신성과 인성을 지니고 있지만 한 위격 속에서 함께 작용한다고 선언했다. 극단적인 그리스도 단성론과는 양립하지 않았지만 이 교리는 결국은 예수 그리스도의 단 하나의 속성은 온전히 신적이기도 하고 온전히 인간적이기도 하다는 온건한 단성론의 입장과 똑같은 것이었다(워렌 트레드골드, 2003: 60).

와 단성론자로 갈라지게 되는 계기가 되었다.(황의갑, 2008: 75)

이러한 분리 속에 양성론을 주장하는 무리들이 로마제국의 주류로 자리를 잡으면서 단성론자들은 이단 혹은 소수로 전락하였고, 동부 지중해지역에 이들 단성론자들이 오늘날까지 살아남아 이집트 콥트교, 시리아어 정교, 아르메니안 정교 그리고 기타 동방 정교 등의 형태로 정체성을 유지하고 있다.

3. 이집트 콥트교

이집트의 콥트교도들은 기독교 역사 이전부터 고대문명의 하나인 이집트문명을 만들었던 고대 이집트 원주민의 혈통으로 이집트의 토착민이라는 것에 대단한 자부심을 가지고 있었다. 그리스 · 로마의 지배를 받으면서도 자신들의 정체성을 확립해 왔고 성 마가의 전도로 초기 기독교를 받아들였다.

이집트의 희랍어 명칭은 '아이깁티오스(Aigyptios)'였다. 콥트라는 명칭은 7세기 아랍 사람들이 애굽을 정복하면서 '아이깁티오스(Aigyptios)'의 첫 이중모음을 삭제하여 그냥 '쿠브트'(qubt)라고 부른 데서 기원한 것이다. 즉, 아이깁티오스→ 애굽부트→ 쿠브트→ 콥트로 와전되어 간 것이다. '아이깁티오스(Aigyptios)'는 파라오 시대의 단어인 'Het - Ka - Ptah'(멤피스에 있는 고대 사당인 Ptah의 영혼의 집이라는 뜻을 그리스 언어로 표현한 것이다(김성경, 1992: 269).

이렇게 그리스어가 사용되었던 것은 초기 이집트의 기독교인들이 찬란한 문화를 형성했었던 그리스인들의 다양하고 풍부한 어휘들을 빌려다 썼기 때문이고, 이것을 통해 이집트 토착어를 그리스 문자로 표기하는 방법을 고안하였으며, 이것이 바로 콥트어이다.

아랍 사람들은 이집트를 정복하기 전까지만 하더라도 이집트를 콥트 국가라고 명명했으며, 거기에 살고 있던 사람들, 즉 이집트 국민들을 콥트 인이라 불렀다. 즉, 이집트 인들이 기독교인이었을 때 아랍 인들이 이집트의 원주민들을 지칭할 경우에는 콥트 인 또는 기독교인이라는 두 단어를 번갈아 가며 사용했다(M. Kamel, 1968: 21).

이집트에서 콥트교회의 역사는 19세기 이상 되었는데, 구약에 나오는 많은 예언자들의 이야기에 이집트가 많이 언급되고 있다. 예언자 이사야는 19장 19절 말씀에 "그날이 오면 이집트 땅 한복판에 야훼를 섬기는 제단이 서겠고 그 국경선 가까이에는 야훼의 주권을 표시하는 돌기둥이 서리라."(김호용, 1998: 1136)

기독교 성경에도 언급되고 있는 것처럼 역사상 이집트는 초기 기독교 역사에서 예수 가족의 피난처였다. 마태복음에서는 "그가 일어났을 때 그는 어린애와 그의 어머니를 동반했으며, 밤에 이집트를 향해 출발했다. 거기서 헤롯왕이 죽을 때까지 있었다. 이집트로 나와 나의 아들을 불러라"(마태 2: 12~23)

콥트의 전통에 따르면 예수의 가르침을 전파하던 성 마가가 1세기 중엽 네로 시절에 복음을 전하기 위해 알렉산드리아로 와서 그의 첫 번째 개종자를 만들었고 그곳에서 순교했다고 전해진다(Jill Kamil, 2005: 60). 마가에 의해 기독교가 전파되었기에 이집트 콥트교회는 마가를 초대 교황으로 여기고 있으며,

알렉산드리아 교회에는 그의 머리 무덤이 안치되어 있기도 하다.

이러한 마가의 활동에 힘입어 이집트에서 기독교의 전파가 활발히 이루어졌다. 도올이 전하는 내용에서 그 내용을 유추해 볼 수 있다. '그가 라코티스라는 지방의 돌길을 걷는데 그의 샌들 끈이 끊어졌다. 그때 구두 수선공 아니아누스(Anianus)가 마가의 구두를 꿰매다가 송곳으로 자신의 손을 찔렀다. 그때 피가 솟구치자 그는 무의식적으로 외쳤다: "아이쿠! 하나님!" 그러자 마가는 그에게 말했다: "당신은 하나님을 믿으시는군요." 그 순간 피가 멈추었다: "사랑을 전파하는 예수님의 말씀을 받으시오." 아니아누스는 최초의 수세자(受洗者)가 되었고 그의 집은 최초의 교회가 되었다. 마가는 인간평등을 외쳤고 그의 교회 신도는 급격히 불어났다. 그러자 이집트의 세라피스 신도들과 로마병정은 마가를 잡아 밧줄로 목을 매어 길거리에서 질질 끌고 다녔다(A.D. 68년 부활절사건으로 기술되고 있음). 그리고 그것도 모자라 그의 시신을 태우려 했다. 그러자 하늘에서 천둥번개가 치며 폭우가 쏟아졌고, 그의 시신은 온전히 보존되었다. 그의 시신은 미소를 띠고 있었는데, 아니아누스 집으로 모셔져 봉헌되었다. 이 마가의 시신을 A.D. 828년, 이슬람이 이집트를 지배하고 있던 시절에 베니스사람들이 훔쳐갔다. 이슬람사람들의 시선을 피하기 위해 돼지고기로 그 유해를 덮어 갔다고 한다. 이 마가의 유해를 봉헌한 성당이 바로 베니스에 있는 마르코 성당(Basilica di San Marco)이다. 마르코에 있던 마가의 유해는 1968년 6월 22일 116대 콥트 교황 키릴로스(Pope Kyrillos Ⅵ of Alexandria)의 끈질긴 노력으로 로마 교황 바오로 6세에 의하여 원위치로 봉환되었다(도올 김용옥, 2007: 20~21).

이러한 초기 역사 이후에 이집트의 기독교 역사는 괄목할 만한 성장을 이루었는데 아마도 이것은 고대 이집트 사상과 하나님을 위한 정열이 이집트 인들 사이에 퍼지면서 다신교와 기독교는 함께 존재하였다.

4세기에 이르러 테오도시우스 황제의 파라오(다신교도) 종교의식과 숭배 등의 금지, 그리고 유스티니안(527~565) 시대에는 남부 아스완에 위치한 이시스 여신이 있는 필레의 그레코 - 로마 사원이 공식적으로 폐쇄되면서 이집트의 다신교 사상은 기독교의 일신교 사상으로 대체되었다. 이집트인들이 가장 사랑했던 여신은 성모 마리아와 매우 밀접하게 연계되었다.

지도자의 단일성을 표현하며 이시스(Isis)신의 숭배와 관련된 파라오의 인간 신성에 대한 개념은 그들에게 신격화한 인간으로서 예수에 대한 믿음을 갖게 한 원인으로 작용했으며, 부활의 개념 또한 고대 이집트인의 믿음에 존재하고 있어 이집트 특히 알렉산드리아에 집중된 기독교의 교세는 급속히 발전하였다. 그 결과 우상숭배의 사원은 교회로 바뀌었으며 기독교인의 소외된 삶에 정신적 토양을 제공하였던 이전 수도원의 생활체제는 이집트 콥트교회의 생활 체제를 만드는 데 많은 기여를 하게 되었다(이원삼, 1997: 193).

콥트인들은 철학적 논쟁보다는 단순한 믿음을 선호하였고 수도원 생활을 통한 성자배출에 힘을 쏟게 되었다. 특히 451년의 칼케돈 공의회 결정으로 그들이 믿는 단성론이 이단으로 취급되면서 점점 사막 등 외지고 멀리 떨어진 장소 등으로 숨어들어 갔다. 그들은 토착적 이집트 인들을 위해 콥트주교가 관장하는 관구의 형태로 행정관습 및 사회제도를 만들어 갔다.

콥트교도들은 예수의 양성론과 단성론으로 로마와 이집트가 종교적으로 분리가 되자 로마제국으로부터 많은 종교적·경제적 핍박을 받아 점차 어려워졌다. 콥트교도들은 하나님을 위한 열정에 그들의 목숨을 아까워하지 않았지만 로마제국의 그리스도교를 믿는 자들에 대한 반감은 더욱 커지게 되었다. 이러한 것이 결국 이교도의 침입을 환영하게 만드는 계기가 되었다.

619년에서 629년 사이에 있었던 페르시아에 의한 이집트 정복은 이집트의 단성론을 주장하는 기독교인들에게는 오히려 다행스러운 일이었다. 그것은 양성론을 주장하는 로마의 지배에 대한 압제를 벗어나는 길이었기 때문이다. 또한 이슬람을 새로운 종교로 내세운 아랍 인들이 641년에 이집트 지역을 정복하게 되는데 이때에도 이집트의 콥트교도들은 아랍인들을 환영하였다. 아마도 이것은 당시 비잔틴의 수탈과 압제 속에서 신음했던 콥트교도들이 비록 이교도이긴 하지만 신의 유일성을 강조하는 이슬람과 종교적 믿음 측면에서 서로 많이 동질감을 느꼈던 것 같다(황의갑, 2008: 75).

이집트의 콥트교도들은 비잔틴 제국의 지배로부터 벗어나기 위해 독립운동을 활발히 전개하였으나 결국 실패로 끝나게 되었고, 헤르쿨리우스(610~641) 황제 시대에는 폭력적 방법의 사용으로 많은 어려움을 겪게 되었다. 이 기간 콥트의 교황이었던 벤저민(623~662)은 그의 자리를 포기토록 강요받았고, 많은 사제와 주교들이 뿔뿔이 흩어졌으며, 많은 시민들도 그들의 신앙을 포기하도록 강요되었다. 한편, 이집트인들은 이미 경제적·사회적 문제로 고통을 겪고 있었으며 이런 이유로 인해 무슬림 학자들이 강조하기를 이집트 콥트인들이 더 나은 삶을 위해 아랍무슬림들을 환영했다고 주장한다(Saad Eddin Ibrahim, op. cit. pp.7 - 8).

그러나 이슬람 세력의 이집트 정복은 결국 이슬람의 전파로 이어졌다. 기독교의 단성론자들의 주장하는 사상과 비슷한 유일신 사상은 결국 콥트교인들의 이슬람교로의 개종을 활발하게 전개하였다.

그 결과 600년에 이집트의 콥트교에는 100명의 주교가 있었으나 700년에는 70명 그리고 1300년에는 단지 40명만이 남아 있게 되었다.(Eric Brodin, 1978: 75 - 76)

이집트의 콥트인들은 위쪽의 부분에 둥근 고리가 있는 십자가의 사용에 더 익숙해 있다. 사실상 이런 형태의 십자가는 예수가 이 땅에 온 이후 십자가에 못 박혀 돌아가셨다고 믿는 기독교들이 사용하는 십자가와는 달리 이집트의 파라오나 고대 신들의 조각에서 나온 것으로 생명의 상징, 즉 '나일 강의 열쇠'를 뜻하는 것이었다.

십자가의 형태를 띠고 있는 모습에서 길게 되어 있는 부분은 나일 강이고 좌측부분은 신전, 우측부분은 장제전 그리고 위쪽의 둥근 부분의 나일 강의 삼각주 부분을 뜻하는 것이었다. 콥트교인들은 이것을 이교도의 신들까지도 그리스도가 오심을 예언했었다는 뜻으로 해석하고, 둥근 고리의 십자가를 변화시키지 않고 사용하였다. 이 십자가의 여러 가지 형태가 어떤 때는 원 테두리 속에, 어떤 때는 비둘기나 물고기와 같이 장식되어 콥트 예술역사 전반을 통하여 꾸준히 등장하였다(김성경, 1992: 278).

콥트교회는 기독교계에 많은 기여를 했다. 초기부터 콥트교회는 기독교 교리를 만들면서 신비적 이교주의를 예방하는 데 많은 노력을

기울였다. 그래서 콥트교회가 2세기에 번역한 성서와 이론적인 연구
는 고고학에 중요한 자료로 여겨지고 있다(http://www.coptic.net).
　콥트교인들은 비록 전 세계 기독교 교회에 의해 파문당한 역사와
1000년 이상 지속된 이슬람의 체제하에서 비주류로서의 슬픔과 고
통을 감수해 왔지만 매우 끈질긴 생명력으로 자립의 역사를 써가고
있다.

4. 시리아어 정교

　예수의 본성에 관한 논쟁이 심화되면서 예수의 단성을 주장
하던 이들이 이단 취급을 받게 되었고, 지역에 따라 이집트의
콥트교, 아르메니안 정교, 시리아어 정교 등의 단성론의 교회들
이 나타났다. 시리아어 정교는 동방 정교회의 한 일원으로 간주
되지만 사도 베드로와 매우 밀접한 관계를 가지고 있다.
　초기 기독교를 전파했던 사도 베드로는 시리아어 정교회의 첫
번째 주교로 간주되고 있으며, 베드로가 바울과 함께 예수의 복음
을 전하기 위해 안디옥을 떠난 후 에보디오스가 그의 자리를 대신
하였고, 네로 황제의 치하에서 순교하였다. 그 다음에 이그나티우
스가 황제 트라얀의 치하에서 그 자리를 대신하다가 순교하였다.
그는 역사상 가장 보편적 교회라는 뜻의 '가톨릭 교회'라는 용어를
사용하였는데, 그를 통해서 비로소 '기독교'라는 말이 등장했다(주
도홍, 2007: 67).
　이단으로 몰리게 된 단성론자들이 비잔틴 제국의 치하에서의

어려운 정치적 역경에도 불구하고 살아남을 수 있었던 배경에게 몇 가지가 있다. 첫째는 분리 성직과 정교회 관구 내에서의 교파 분리를 허락한 세버러스의 내키지 않는 결정이었다. 둘째는 콘스탄티노플에 있는 황후 테오도라의 적극적인 후원이었다. 세 번째는 하나의 심오하고도 명백히 드러나는 박해받는 집단들을 위한 대중적인 종교적 지원이 가져오는 여파였다. 넷째는 조직과 선교의 천재인 야곱 바라대우스의 덕이었다(사무엘, 2004: 395).

아라비아에서 탄생한 신흥 종교인 이슬람이 비옥한 초승달 지역으로 세력을 확장할 때 이곳에 살던 사람들은 비록 비잔틴 제국의 지배 속에 억압된 생활을 하고 있었지만 그들의 다수가 아랍인으로 그리고 아랍인들과 섞인 핏줄로 자신들의 정체성을 유지하고 있었다.

그래서 많은 시리아 사람들에게 그리스와 로마인들은 낯선 외국인이라는 생각을 가지게 한 반면, 아랍 인들과는 형제적인 우호적인 면을 보였다. 종교 뿐만 아니라 인종적으로, 시리아 야곱파 기독교인들에게는 아랍·이슬람이 비잔틴 정통주의보다는 친근하였다. 저들이 기억하기를, 무슬림 침략 이전 시기인 7세기 초 펠라 제왕들과 페르시아 왕들(603~627)의 치열한 전쟁 시기에 이교도 페르시아 사람들은 점령되어진 다마스쿠스, 안디옥, 예루살렘에 있는 단성론자들에게 호의를 베풀었고, 더욱이 기독교도 제왕인 헤라클리우스의 승리는 이교도로서 다시금 박해를 의미하였다(사무엘, 2004: 536).

이렇듯 이슬람과의 우호 속에서 시리아어 정교는 나름대로 운신의 폭을 넓혀 나갔다. 정통 칼리파 시대 이후 다마스쿠스를

수도로 하는 우마위야 왕조가 들어서면서 국가의 틀을 잡는데
시리아 출신 기독교도들의 도움이 필요했다. 그래서 시리아의
기독교도들은 우마위야 왕조의 행정관료, 예술 장인, 기독교 사
제들 등 자신들의 역할을 찾아 우마위야 왕조의 기틀을 다지는
데 일조했다.

정통주의 사제들은 교회 사무에 대해서 비잔틴 제왕들의 지나친
간섭으로부터 자유로울 수가 있었고, 단성론은 정통주의에 의한 괴
롭힘으로부터 구출되었고, 페르시아 네스토리안은 그들의 전 시대
지배자였던 페르시안 조로아스터교도보다는 아랍 무슬림에 의해서
좀 더 높게 취급되어지는 것을 발견할 수 있었다(사무엘, 2004:
537).

이러한 역사를 가진 시리아의 기독교도은 예수 그리스도의
본성에 따른 논란에서 단성론을 주장하게 되었고, 이들의 교회
를 시리안 정교회라고 부르게 되었다.

시리아어 정교회는 원래 단성론을 크게 발전시킨 사제 '야코
부스 바라데스'의 이름을 따서 흔히 '야코부스 교회(jacobite
Church)'라고 불렸지만 지금은 이 명칭을 사용치 않고 있다(위
키 백과).

그래서 시리안 정교회(Syrian Orthdox Church)라는 명칭으로
불리어지고 있었지만, 2000년 개최된 교회회의에서 그들의 공
식적 영어 명칭을 시리아어 정교회(Syriac Orthodox Church)로 해
야 한다고 규칙을 정했었다(www.syrianorthdox.net).

아마도 이렇게 명칭을 정한 것은 다른 단성론파 정교들 중
일부인 에티오피아, 아르메니안 정교회들만이 국가를 형성하여
국교로 정하고 있는 반면, 시리아어 정교회는 국가를 형성하지

못하고 마치 국교의 형태로 비추어진 데서 비롯되었으며, 다종교 사회인 시리아에서 자신들의 종교적 정체성을 확립하기 위한 것이라 볼 수도 있다.

시리아어 정교는 예수의 제자 중 베드르가 안디옥에서 비유대인들을 대상으로 예수가 전했던 복음을 전파한 역사를 시발로 하고 있다. 사도 베드로가 안디옥에서 사역한 내용은 "예수를 따르는 무리들이 이 지역에서 비로소 그리스도인이라는 명칭을 얻게 됐다"(사도행전 11;26절)에 기록되어 있다. 당시 기독교가 전파되던 안디옥 지역의 도시와 해안지역에서는 그리스어가 주로 사용되었으며, 안디옥, 예루살렘, 메소포타미아의 시골지역에서는 시리아어가 사용되었다. 그 이후 이 지역은 시리아어 정교의 요람이 되었다.

시리아어 정교회의 신자들이 많이 거주했던 비옥한 초승달 지역은 예로부터 동서 문명의 교류가 활발했던 지역으로 찬란했던 과거의 문명들을 자연스럽게 전승받을 수 있었다. 그래서 그리스 문명의 시와 문학, 예술, 그리고 철학 등이 시리아어 정교에 많은 영향을 끼치게 되었고, 그 결과로 예배의 형식 등에서는 성찬 예배와 찬송을 중요하게 여기게 되었다.

저명한 사제인 교부 타프트에 따르면 3개의 주요 예배 중심지(예루살렘, 안디옥, 에데사)가 시리아어 정교회 의식의 출처에 상당한 역할을 했다고 한다. 시리아어 정교의 의식은 시리아어의 종합 결정체이고 특히 찬송은 안디옥과 예루살렘의 그리스 예배의식으로부터 번역된 중요한 것이다(Christine Chaillot, 1998: 92).

시리아어 정교의 전례의식에는 고대 시리아어가 사용된다. 고대 시리아어는 예수 그리스도가 사용했던 아람어의 방언중 하나로 셈어 계통인 히브리어 및 아랍어와의 관련성이 매우 깊다고 할 수 있다. 고대 시리아어는 예수 사후 베드로에 의한 기독교의 복음이 초승달 지역에서 시작되면서 기록의 언어로 사용되기 시작했고, 이것은 13세기 말까지 사용되었다. 그러나 7세기에 아라비아반도에서 시작된 이슬람교의 전파가 이 지역에까지 확산되면서 쿠란의 언어인 아랍어가 고대 시리아 어를 대체하게 되었고, 고대 시리아어는 단지 시리아어 정교의 정체성을 확인해주는 언어로 바뀌게 되었다. 즉, 시리아어는 당시의 시리안 정교도들의 믿음을 확인해 주는 언어로만 한정이 되었다.

이슬람 이전인 서기 5~6세기경까지만 해도 성경의 많은 필사본들이 고대 시리아어로 쓰였다. 당시 약 50여 개가 만들어졌으며, 이 중 411년 에데사에서 복사된 시리아어의 고대 필사본 성경이 영국 대영박물관에 보관되어 오고 있다. 그리고 시리아어는 문학적 작품 이외에도 비문과 미술과 고고학에도 상당한 영향을 끼쳤다. 4~6세기경 시리아어 정교는 건축, 회화, 성찬 의식 등의 부문에서 훌륭한 예술적인 표현을 만들어낸 중심역할을 하였다(Christine Challot, 1998: 91).

이들 시리아어 정교회에 몸담고 있는 사제들도 초기 기독교 역사에서 나타난 것처럼 이집트의 콥트교의 사제들이 자시들의 신앙을 지켰던 것과 마찬가지로 수도원 생활에서 기도와 명상, 육체노동, 모범적인 생활, 교육 등을 통해 자신들의 정체성을 확립하였다.

전통적인 시리아어 정교회는 성소와 본당 그리고 합창단 및 부제를 위한 두 개의 성서대가 있는 곳 등 3개의 부분으로 나뉘며, 교회 내부에는 많은 성상들이 존재한다. 그리고 찬송가는 시리아어 정교의 전통에서 가장 중요한 전례요소이며 모든 전례서에서 사용되고 있고, 주님의 부활과 현현을 매우 중요하게 여기고 있다.

시리아-동방 교회의 신학교와 수도원에서 수도자들이 번역한 의학 작품들 덕분에, 서구의 의학이 크게 발전할 수 있었다. 시리아-동방교회의 과학자들과 의사들과 번역가들은 이슬람 지배하에서도 과학과 의학과 문학사에서 아주 중요한 역할을 수행하였다. 따라서 이슬람 치하에서 시리아-동방 교회의 수도자들은 이슬람문화를 발전시킨 주역들이었다. 왜냐하면 시리아-동방 교회의 수도원은 종교생활과 지적 생활의 중심지로서 그리스 작품들을 시리아로 번역하여 보급시키는 데 크게 기여하였기 때문이다(노성기, 2008: 186).

시리아어 정교회는 오스만 터키가 이슬람세계의 지배자가 되기 전까지만 해도 어려움 없이 그들의 정체성을 유지했다. 12~13세기가 시리아어 정교의 르네상스 시대였고 디오니시우스 바르 살리비(1171년 사망)와 미카엘(1199년 사망) 그리고 13세기의 백과사전이라 불리는 마프리안 바르 헤브라우스(1286년 사망) 등과 같은 위대한 인물들이 나타났다.

보통 이슬람세계가 공식적으로 인정하는 종교단체인 밀레트가 오스만 제국에 이르러서는 인정을 받지 못했지만 법 테두리 내의 종교공동체로 시리아어 정교는 콘스탄티노플에 있던 아르메니안 총대주교구를 통해 오스만 제국과 접촉을 하였다. 오스만 제국 말기에 접어들면서 시리아어 정교도들에 많은 박해가 가해졌고, 그 결과로 1915년에 대학살이 발생했다.

　1차 세계대전 중 당시 시리아어 정교도의 1/3이나 되는 약 10만 명이 터키의 동남부 지역에서 살해당했다. 그 결과 다수가 시리아, 레바논, 이라크, 또는 세계 각지로 디아스포라를 했다. 약 26만 명에 달하는 시리아어 정교도들이 중동지역에, 약 15만 명이 유럽과 미국 호주 등지에 살고 있다. 그리고 약 1백만 명이 인도에 거주하고 있다(Christine Chaillot, 1998: 17).

　게다가 1차 세계대전 이후 프랑스가 시리아 지역을 위임통치하면서 프랑스인들은 이곳의 기독교인들과 긴밀한 협조를 취했었다. 이런 연고로 해서 시리아어 정교가 제국주의에 협조한 전력으로 인해 시리아내에서의 입지도 많이 약화되어 있는 실정이다.

　사실 시리아어 정교인들은 유대인, 아르메니아인, 그리스인들처럼 자신들의 영토를 지니지 못하고 있기 때문에 그들 자신의 국가를 건설하지 못했다. 왜냐하면 유대 인, 아르메니아 인, 그리스 인들은 그들의 고향이 종교적 구심점이었고, 명백한 지형적 공간으로 정의되기 때문이다(Sato Noriko, 2006: 243).

　오늘날 많은 수의 시리아어 정교도들이 유럽과 북미, 남미 등지에 디아스포라로 살고 있다. 19세기 말, 로잔 조약 체결(1923년) 후 중동지역과 투르 아브딘으로부터 이주가 시작되었다. 70년대에는 레바논 전쟁의 영향으로 또 다른 것은 터키에서의 생활의 어려움 그리고 중동지역의 다른 지역으로 디아스포라가 있었다. 이러한 이주는 그들이 가졌던 전례의식과 교부 전통 그리고 그들의 역사와 신앙, 예수 그리스도에 대한 증언 등 그들의 정체성을 약화시킬 수 있는 것이었다(Christine Chaillot, 1998: 71).

5. 아르메니안 정교

아르메니아는 기원 후 300년경에 기독교화한 후 몇 차례 조로아스터교를 국교로 했던 사산조 페르시아의 박해와 이슬람을 신봉했던 아랍 제국의 제약을 받으면서도 현재까지 약 1700여 년에 걸친 배타적인 악조건 속에서도 기독교 민족으로서의 정체성을 가지고 있다. (이용규, 2008: 79)

아르메니안 정교는 아르메니아 인들이 믿는 정교를 칭하며, 아르메니아라는 용어는 원래 헬라어에서 파생되어 나왔다. 아르메니아 사람들은 자신들을 하이크족이라 칭한다. 그들의 혈통은 인도 아리안 족에 속한다.

아리아인이란 용어는 카스피 해와 흑해 사이의 카프카스 북쪽 평원에서 발원하여 기원전 1800년경 인도 대륙으로 들어온 유목민 집단을 지칭하는 데 사용한다(마이라 안젤릴로, 2009: 42)

이들의 원거주지인 카프카스 지역은 에덴동산이 있었던 곳으로 추정되며, 노아의 방주가 정박했을 것으로 추정되는 아라릿산이 위치한 곳이다. 기독교 역사에서 아르메니아인들은 국왕과 백성들 모두가 동시에 기독교를 받아들였다는 것을 기독교 역사에서 매우 자랑스러워하고 있다. 이에 대한 설로 다음과 같이 전해지는 이야기가 있다.

기원 후 300년경에 그레고리라는 성자가 감옥 생활을 하던 중 미친 왕이었던 티리다테스를 치료하였고, 그를 기독교로 개종시키고 난 뒤 감옥에서 풀려났다. 이것이 계기가 되어 아르메니아에 기독교가 확산되기 시작했다. 아르메니아의 왕 티리다테스는 사산조 페르시아의 영향을 벗어나기 위한 방책으로 평화적인 방법보다는 무력으로 아르메니아인들에게 기독교를 강요했다. 이에 다수의 반대세력이 티리다테스에게 무력으로 저항했으나 결국 티리테스가 승리하였고, 아르메니아에 기독교의 역사가 쓰이기 시작했다는 것이다(이용규, 2008: 80).

이러한 믿음을 가진 아르메니아인들에게도 시련은 있었다. 가장 큰 위기는 기원 후 450~486년 시기에 사산조의 야즈드가르드가 사산조 내의 기독교도들을 살해하고 아르메니아까지 기독교 박해를 가해서 아르메니아의 기독교는 거의 사라진 것처럼 보였다.

그러나 481년 아르메니아의 기독교인들은 혁명을 일으키고 야즈드가르드의 탄압정책을 철회시킴으로써 다시 기독교를 국교의 위치로 돌려놓는 데 성공하였고, 동로마제국의 인정과 함께 니케아 신조를 전적으로 수용하였다(이용규, 2008: 81).

아르메니아는 동로마제국과 사산조 사이에서 독립성을 유지하려는 정책을 폈고, 칼케돈 회의의 결정을 수용하기보다는 단성론에 더 무게를 두는 정책을 폄으로 해서 동로마제국으로 압박을 받았다. 동로마제국과 사산조 사이에서 양쪽의 핍박을 받던 아르메니아인들은 자신들의 믿음을 지키기 위해 많은 피를 흘려야 했다. 이러한 어려운 상황 속에서도 자신들의 언어와 종교를 굳건히 지켜 민족 정체성을 유지해 자신들의 신앙을 오늘날까지도 굳게 지켜 오고 있다. 물론 일부는 다른 종교나 종파로 개종을 했지만 대다수의 아르메니아인들은 단성론을 믿는 고대 동방 교회의 전통을 고수하고 있다. 근대에 이르기까지 페르시아, 그리스, 아랍, 몽골, 이집트와 오스만 터키 등 주변의 강대국들로부터 많은 박해와 괴로움을 당해왔다. 결국 20세기 초반에 이르러 아르메니아 국가는 멸망하고, 그 영토는 터키와 러시아에 의해 양분되고 그 민족들은 세계 각지로 흩어지게 되었다.

아르메니아 교회는 복음화의 시초에 예수의 제자였던 다대오와 바돌로매에 기원을 두고 있다. 다대오는 서기 43~66년경에 아르메니아에서 복음을 전하고 교회를 세웠으며, 바돌로매는 서기 60년경에 아르메니아, 페르시아, 메소포타미아 지역에서 예수가 전한 복음을 전파했다. 그래서 아르메니아인들은 다대오를 아르메니아 교회의 초대 총대주교로 추앙하고 있다.

카이사리아의 교회학자 에우세비오(A.D. 260~340)의 저서인 교회사와 토툴리아누스의 기록에 의하면 서기 110년 이전에 이미 그리스도교가 아르메니아에 전해져 사람들이 받아들였다고 한다. 하지만 페르시아 황제가 아르메니아에서 그리스도교를 없애고 마즈다이즘을 전파하려 했으므로 그리스도교 신자들은 그의 박해를 받고 있었다고 한다. 동방의 조로아스터교 등이 번성할 때 세력이 약한 아르메니아 교회에서는 계몽가라는 별명을 가진 성 그레고리가 교리적인 체계를 세우고 교회의 위치를 확고히 했다(3세기 말~4세기 초). 그래서 그를 아르메니아 교회의 역사적인 실제 설립자로 보고 있다.[29]

아르메니아인들은 긴 수난의 역사와 디아스포라의 속에서도 그들 특유의 근면함과 상업적 재능 그리고 기술과 공업 부문에서 뛰어남을 무기로 부를 이루어 살고 있기 때문에 주변의 질시를 많이 받고 있다. 비록 국가를 형성하지 못하고 기독교 세계에서의 그들

---

29) http://blog.daum.net/bbcatholic/20

의 위치가 소수이지만, 기독교 성지인 예루살렘의 무덤교회의 한
구획을 담당하는 등 자신들의 정체성을 유지시키기 위한 노력을 계
속하고 있다.

6. 동방정교회

동방정교회[30]는 고대 에큐메니칼 7개의 공의회들[31]에서 정
의된 신조와 예배의식을 지켜 오는 기독교회를 지칭하는 말이
며, 로마를 중심으로 한 서방교회에 대립되는 단어로 사용이 되
기도 한다. 동쪽에 위치해 있었기에 역사적인 부침 속에서 중세
의 이슬람, 몽골, 그리고 근대에 이르러 공산주의로 인해 많은
고난을 겪어왔다.

원래 기독교는 로마, 콘스탄티노플, 알렉산드리아, 안디옥, 예
루살렘 등 5대 관구를 중심으로 발전하였지만, 시간이 지나면
서 로마관구가 교세와 영향력을 확대하면서 다른 4대 관구와 문화
적·정치적·신학적인 갈등을 겪다가 결국 1054년 동서로 나누
어졌고, 로마를 중심으로 한 서방교회는 교황을 정점으로 하였
다. 이렇게 기독교회가 동서로 나뉜 데에는 여러 가지 이유가
있지만 정치적인 사건뿐만 아니라 언어적 차이와 문화적 차이

---

30) 동로마제국 및 비잔티움과 맺고 있는 역사적 관계로 해서 영어로는 동방교회
(Eastern Church), 혹은 희랍문화유산과 맺고 있는 관계로 해서 희랍정교회
(Greek Orthodox Church)라고도 부름(기독교백과사전, 1980, 기독교문사, 609)

31) 7개 고대 에큐메니칼 공의회: 325년 1차 니케아 공의회, 381년 1차 콘스탄티노플
공의회, 431년 에페소스 공의회, 451년 칼케돈 공의회, 553년 2차 콘스탄티노플
공의회, 681년 3차 콘스탄티노플 공의회, 787년 2차 니케아 공의회

도 한 요인이 되었다.

4세기부터 11세기에 이르기까지 콘스탄티노플은 동방 기독교의 중심지였을 뿐만이 아니라, 동로마제국 또는 비잔틴제국의 수도이기도 하였다. 반면에 로마는 야만족의 침입 이후에, 비잔티움의 정치적 라이벌이었던 서방의 신성-로마제국의 영향력 아래 놓이게 되었다. 1054년 로마와 콘스탄티노플 간의 분열이 일어나던 당시, 동방 정교회 세력은 '신로마'로 불리며, 기독교 문명세계의 수도로 인정받던 콘스탄티노플을 중심으로 하여 중동, 발칸반도 및 러시아에 분포되어 있었다(이형기, 1994: 485, pp.621 - 622).

이렇게 분리된 동방정교는 서방교회와는 신앙을 표시하는데 있어 약간의 차이를 나타내고 있다.

정교회 신학은 한마디로 거룩한 전승에 기초한 신학이다. 여기서 정교회가 말하는 거룩한 전승이란, 성경, 신조, 에큐메니칼 공의회 결정사항들, 교부들의 저작물, 교회 규범, 예식서 그리고 성화를 등 7가지를 의미하는 것이다(Timorthy Ware, 1993: 196).

여기서 언급한 전승은 문자로 기록된 성경과 교리서 그리고 예식서 및 단순히 문자로 기록되지 않은 구두전승까지도 포함하여 교회가 보존해온 신앙생활에 관한 모든 것을 말한다. 성경, 고대 에큐메니칼 공의회의 결정사항들, 그리고 신조들은 다른 사항보다 우월하고 변할 수 없는 절대적인 것이다.

동방정교회 신학적인 특징에 대해 페트로 바실리데스가 기술한 것을 요약해 보면, 첫 번째는 예배 중심적 교회 중심적 신학이다. 두 번째는 삼위일체론적 신학이다. 정교회의 모든 신학적 기술들은 사실 삼위일체 하나님의 내적인 역동성에서 모두 나온 것이다. 세 번째는 종말론적 성격이 강한 신학이다. 교회의 미래의 모습, 즉 종말로부터 교회의 본질과 정체성을 끄집어낸다는 데 그 특징이 있다. 네 번째는 성령론이 일반교회 신앙생활을 통해서 강조된다는 점이다. 마지막 다섯 번째로 정교회 신학은 우주적이며, 보편적인 성격을 강하게 지니고 있다. 보편적이라는 말은 복음과 예수 그리스도를 신앙하며, 삼위일체 하나님에 대한 신앙을 핵심으로 하는 보편적 교회전승 위에 서 있다는 뜻이며, 우주적이라는 말은 정교회 신학이 온 우주 피조물과 인간의 친교와 조화를 추구하는 총체적 신학이라는 뜻이다(Petros Vassiliadis, 1990, vol 35: pp.139 - 153 요약)

세계교회 협의회 운동에 적극 참여하고 있는 정교회 신학자 브리아는 현재 전 세계에 존재하는 동방정교회를 크게 3 개 지역으로 나누어서 그 특징들을 기술하였다. 브리아에 따르면, 첫째 고대 총대주교구에 속하는 정교회와 오리엔탈 교회들을 중심으로 한 중동지역의 정교회 지역, 둘째는 중부 동부 유럽을 중심으로 한 정교회 지역, 셋째는 정교회 디아스포라들로 구성된 새로운 지역 교회들로 나눌 수 있다.

첫째, 중동 지역의 정교회들로 ①고대 총대주교들의 교구에 속했던 교회들로 콘스탄티노플 총대주교구(이스탄불), 알렉산드리아 총대주교구(이집트), 안디옥 총대주교구(다마스쿠스), 예루살렘 총대주교구가 중동지역에 위치하고 있다. ②하나님의 작은 포도원들 - 오리엔탈 교회들이라고 불리는 정교회로서, 콥틱 교회(이집트), 아르메니안 사도 교회, 아르메니안 교회, 에티오피아 교회(아디스 아바바), 안디옥의 시리안 총대주교(다마스쿠스), 말란카라 시리아 정교회(인디아)가 오리엔탈 동방 정교회에 속한다. 이

오리엔탈 교회는 교회사적으로 주후 451년 칼세돈 공의회에서 단성론파라고 정죄당한 교회들이다.

둘째는 중·동부유럽 지역의 정교회들(비잔틴 제국 이후의 비잔틴)인데, 최근 구소련이 몰락하기 전까지 주로 공산주의 이념에 의하여 지배받던 지역의 교회들이다.

세번째는 새로운 지역 정교회들로, 주로 중동지역과 중·동부 유럽의 정교회 신자들이 서유럽과 북·남미 지역 등으로 이주하여 새롭게 시작한 정교회 지역이다. 현재 서방교회와 가장 활발하게 접촉하고 있는 정교회이다(Ion Bria, 1991: 5 - 23 요약).

이렇게 넓은 세계의 각 지역에 분포하고 있는 정교회는 예로부터 전래되어 온 교회 전승에 기초하여 예배 공동체를 중심으로 한 교회의 기본교리를 고수하는 동시에 신비적인 요소를 강조하는 특징을 보인다 하겠다. 서방교회와 개신교에 비해 상당히 보수적인 색채를 고수하고 있다고 할 수 있다.

7. 결론

예수의 복음 전파로 시작된 기독교의 역사가 오랜 세월 동안 다양한 형태로 강인한 생명력을 유지하고 있다는 것을 느낄 수 있었다. 사실 기독교의 많은 종파들이 존재하고 있지만 특히 한국에서는 이들 소수 기독교 종파와 동방 종교들에 대한 관심이 국내에서 너무나 부족하다.

이것에 대한 이유로 우선은 로마 가톨릭교회의 괄목할 만한 성장을 들 수 있다. 15세기 이후로는 유럽의 국가들에 의하여 활발하게 이루어진 새로운 지역에 대한 제국주의적 식민지 정책에 편승하여 범세계적으로 교세를 확장할 수 있었던 반면, 동방교회가 속한 지역이 정치적으로 쇠퇴의 길을 걸었다는 것도 서구 유럽의 상황과 대조를 이루는 일이다. 또 다른 이유는 개신교의 등장을 가능하게 하였던 16세기의 종교개혁이 로마가톨릭에 대항하여 나왔다는 사실이다. 20세기에 이르기까지 전 세계적으로 괄목할 만한 성장을 이룬 개신교는 시작부터 그들 역사의 많은 부분을 가톨릭교회와 공유하고 있었기 때문이다(남병두, 2007: 20).

또한 동방교회는 항상 외적의 침입에 대항하는 입장을 취하다 보니 새로운 변혁보다는 자신들의 정체성 유지가 필요했고, 전래된 신학 이외의 것은 교회를 분열시키는 요소로 간주하였다. 그리고 동방교회가 국가에 종속되어 있던 점과 서방교회와 비교할 때 내부의 창조적 개혁운동 자체가 미흡했던 점도 이유가 될 수 있겠다.

오늘날까지 사라지지 않고 앞으로도 계속 존재할 이들 기독교 소수종파는 특히 예수의 인성과 신성 논쟁에 있어 단성론을 주장했던 파들이다. 이들 기독교 소수종파는 초기 기독교 사상의 특징을 보여주고 강한 생명력으로 자신들의 존재를 이어 나갈 것이며 기존의 거대한 세력을 형성하고 있는 로마 가톨릭과 협력관계를 구축할 것으로 보인다.

서방교회와 동방정교회의 차이점은 간단히 언급해 보면, 서방교회가 은혜의 수단으로서의 십자가에 초점을 둔 반면, 동방정교회는 주님의 부활과 현현을 중요하게 여겨 강조하며, 은혜의 궁극인 영생에 관심을 둔다고 할 수 있다(남정우, 2003: 31).

참고문헌

김성경, 1992, 콥틱직물 고찰, 『경희대학교 대학원 고황논집』 제10집.
김호용, 1998, 『*공동번역 성서(가톨릭용)*』. 대한성서공회.
김용옥, 2007, 『기독교 성서의 이해』, 통나무.
_____, 2008, 『도올의 도마복음 이야기』, 통나무.
김호동, 2009, 『동방 기독교와 동서문명』, 까치글방.
남병두, 2007, 『기독교의 교파 그 형성과 분열의 역사』, 살림.
남정우, 2003, 『동방정교회 이야기』, 쿰란출판사.
노성기, 2006, '시리아 – 동방' 교회의 기원, 『신학전망』 152호.
노성기, 2008, 페르시아에 정착한 시리아 – 동방 교회의 역사(484 – 651), 『신학과 사상』 제61호.
마리아 안젤릴로 지음, 이민 옮김, 2009, 『인도/고대문명의 역사와 보물』, 생각의 나무.
사무엘 H. 마펫, 김인수 옮김, 2004, 『아시아 기독교회사』, 장신대학교출판부.
이원삼, 1997, 이집트 소수집단 콥트연구, 『한국이슬람학회논총』 제7집.
이용규, 2008, 이란교회의 기둥, 아르메니아의 기독교, 『플러스인생』 8월호
이형기, 1994, 『세계교회사』, 한국장로교출판사.
주도홍, 2007, 『세계교회사』, 개혁주의신행협회.
황의갑, 2008, 이슬람 이전 시대의 이집트 콥트교의 유래와 발전과정 연구, 『중동연구』 제27권 2호.

Eric Brodin, 1978, The Christian in Egypt, *Plural Societies* 9 – 1(Spring)
Ibrahim, Saad Eddin, 1996, assisted by Mohammad Anwar El – Fiki, and Soliman Shafik Soliman, *The Copts of Egypt, Minority Rights Group International*.
Ion Bria, 1991, *The Sense Of Ecumenical Tradition; The ecumenical witness and vision of the Orthodox*, WCC Publications, Geneva.
Jill Kamil, 2005, *Christianity in the land of the pharaohs*, The

American University in Cairo Press, Cairo.

Kamel, Mourad, 1968, Hadaarah Misr fi Al－qubti Al－qaahrah, Al－
　　　alam Al－arabi:Cairo.

Petros Vassiliadis, 1990, The Greek Orthodox Theological Review, the
　　　Holy Cross Orthodox Press for the Holy Cross Greek
　　　Orthodox School of Theology.

Sato, Noriko, 2006, Reconstruction of History and Formation of
　　　Group Identity among Syrian Orthodox Christians in the
　　　Jazirah, 『한국문화인류학』 39－2.

Timorthy Ware, 1992, *The Orthodox Church*, Penguin Books, WCC
　　　Publications. Geneva.

위키백과

http://www.coptic.net

www.syrianorthdox.net

레바논 분쟁과 정치발전*

최재훈

1. 서론

레바논은 2008년 기준 인구 410만 명으로서 우리의 경기도 면적 정도인 10,425㎢의 작은 나라이다. 정식 국명은 The Republic of Lebanon이고 주민은 대부분 아랍족이며 기타 유럽 등 혼혈계 인종으로 구성되어 있다. 정부 형태는 대통령중심제(임기 6년, 단임제)이나, 내전 이후 TAIF 협약에 의거, 대통령·총리·국회의장이 권력을 균점하는 TROIKA체제로 운영되고 있다.[32]

레바논은 제2차 세계대전이 한창인 1943년 11월 다른 중동 국가들보다 일찍 독립하였는데, 평온했던 것은 독립 후 불과 5년 뿐인 것으로 알려질 만큼 혼란이 반복되는 역사를 가지고 있다.

레바논 내전은 1943년 레바논 독립 이래 기독교 세력과 이슬람 세력이 주도권을 놓고 갈등을 빚은 것이 분쟁의 배경이 되었

---

* 이 글은 2009년도 21세기 정치학회 연례공동학술회의에서 발표한 내용을 정리한 것이다.

32) 외교통상부, http://lbn.mofat.go.kr/kor/af/lbn/affair/opening/index.jsp

다. 1958년 기독교 세력 정부의 친 서방정책에 이슬람 세력이 반대를 함으로써 무력충돌이 발생하였다. 이후 1970년 9월 요르단에서 추방당한 팔레스타인 게릴라들이 레바논 남부지역에 난민촌을 형성하면서, 대이스라엘 무장활동을 시작하였다. 1975년 기독교 우파 Phalange 민병대의 팔레스타인 게릴라 습격으로, 기독교도 대 무슬림 간의 전면전 양상으로 발전하였다. 이 과정에서 시리아가 1976년 4월 사태 수습을 명분으로 정규군을 투입하였고, 이스라엘도 1978년부터 수차례에 걸쳐 레바논을 침공하여 레바논 분쟁은 국제적인 양상을 띠게 되었다.

2000년 5월 이스라엘이 남부 레바논에서 철수함으로써 레바논 내에서의 무력 충돌은 약화되는 듯하였으나 2006년 이후 국경 부근에서 이스라엘과 헤즈볼라 간의 충돌은 재개되었고 현재 소강상태에 있다.

레바논은 1992년 7월 크리스천과 무슬림 간 50:50의 동수 배분에 기초한 새 선거법을 채택하여 새 선거법에 의한 전후 제1차 국회의원 총선거를 실시하는 등 정치발전을 이루어내었고 Rafic Hariri 총리 취임 이후 경제 발전에도 노력을 경주하였으나, 시리아와 방위 안보협정 체결, 남부지역에서의 계속되는 이스라엘과 헤즈볼라 간의 교전과 이에 대한 통제권의 상실 등으로 주권 국가로서의 면모를 완전히 갖추지 못하고 있다.

이스라엘의 공세가 지속되고 정파 간 무력충돌이 계속되는 가운데도 레바논은 정치 발전을 위한 노력을 잃지 않았다. 수많은 정파 간 이익에 둘러싸인 레바논 국민들은 선거 메커니즘을 통해 국민의 권리를 행사하였으나 빈번한 내분과 외침으로 레바논 국민의 정치적 열망은 빛을 발하지 못하고 있는 현실이다.

2005년 라피크 하리리 총리 암살에 뒤이은 이른바 백향목 혁명으로 레바논은 시리아의 영향력하에서 벗어나려는 노력을 보인 바 있다. 그러나 헤즈볼라와 이스라엘 간 각축으로 레바논 정국은 또다시 혼미에 빠지고 만다. 2009년 6월 총선 이후에도 여전히 불안한 국내 정국과 외압에 시달리는 것이 오늘날 레바논의 현실이다. 본 연구에서는 레바논 분쟁의 배경과 복잡한 정치상황 속에서도 끊임없는 정치발전을 요구하는 레바논 국민의 정치적 노력을 살펴보기로 한다.

2. 분쟁의 배경

1) 역사와 정체성

과거 30여 년 동안 레바논은 '끊임없는 분투 상황'을 지속해 왔다. 이 기간 레바논에서의 여러 가지 정치 이슈들은 세계의 관심을 끌었고, 중동의 정치발전에 대한 시금석이 되곤 하였다. 그러나 또한 이 시기는 레바논이 자멸하는 시기로, 국경의 범위를 넘어 많은 사건들이 발생하였다. 1975~1976년의 팔레스타인 - 레바논에서의 분쟁의 발발과 시리아의 개입은 레바논 자멸의 절정에 달했다. 1982년 이스라엘의 침공과 베이루트에서 팔레스타인해방기구를 철수시킨 다국적 군대들의 도래, 1983년 10월 베이루트에서의 미해병 영내에서의 폭탄테러사건, 1990년 10월 레바논의 기독교 지역의 시리아 군대의 점령 등 레바논은 세계 정치의 주변에서 고통을 겪어왔다. 1991년 걸프전 종전 이후 개최된 마드리드 평화 협상에서도 레바논은 외견상의 참여자일 뿐이었다. 이 시기의 시리아는 비록 이스라엘과 레바논 사이의 평화 조약에서 간접적 관계를 가지고 있었지만, 베이루트 정부를 효과적인 관리하에 두고 있어, 실제 관계는 이스라엘-시리아 협상 구조를 이루고 있었다.

이 지역에서의 현실적·항구적 평화는 발전하는 국가를 꿈꾸는 레바논 문제 처리를 무한적 연기시킬 수는 없게 만들었다. 게다가 계속된 내전과 외국의 점령에 의한 피해를 회복하려는 레바논 국민의 희망은 평화 진행의 성과에 깊이 내재해 있다. 그러므로 이 쟁점은 레바논 특이성의 근원인 정치적 독립, 영토의 주권과 적어지는 개인과 사회의 자유를 어떻게 다시 얻느냐에 있다고 볼 수 있다. 이와 더불어 이스라엘과 시리아 양측의 안보 요구와 지역의 평화를 위한 전반적인 요구들도 레바논이 조정해야 할 난제가 되고 있다.

레바논 내의 현 상황을 분석하기 위해서는 이스라엘-시리아 관계의 가능한 다양한 시나리오에서 레바논의 위치를 평가하고, 레바논의 이웃 강대국들의 평화 후에 미국은 레바논에 자유와 독립 정립을 위한 구체적 정책을 제시하고, 전폭적인 지지를 해야 한다. 정의된 레바논의 특색 중 일부는 레바논 주체성의 다양한 개념들과 함께 고려되어야 한다.

"작고, 연약함"은 레바논을 총괄적으로 묘사할 때 주로 사용되는 많은 수식어 중에서도 으뜸이며, 레바논은 언제나 이러한 두 가지 특징을 나타내왔다. 그러나 어떤 이는 이 국가의 구성 요소를 더 이상 단순화시킬 수 없다고 할 수 있다. 왜냐하면 레바논은 본질적으로 연속적으로 잦은, 폭풍우 같은 역사적 기간

을 거치는 동안 뛰어난 회복력과 항구성을 증명해 온 17개[33]의
이질적인 종교 집단들의 집단체이기 때문이다. 이러한 공동체
들은 바둑판 같은 역사를 경험했고, 최근에는 그들의 특수성과
자주적인 공동 사회의 특징들을 절충 없이, 집단의 동일성을 위
해 조화하며 노력해왔다. 독특하게도 전성기의 레바논은 중동
에서는 드문 '민주 연합 버전'을 나타냈고, 이는 나머지 지역으
로부터 레바논을 자연스럽게 분리시켰다.

레바논은 사회 구조의 복잡성과 한계적, 지역적, 국제적 중
요성을 지닌 국가이다. 레바논은 이스라엘과 시리아 사이에 위
치하고 있기 때문에, 두 강대국의 이익충돌지역이라는 환경을
가지고 있다. 2000년 이스라엘의 남부 레바논에서의 철군과
2005년 라피크 하리리 총리의 암살 이후 시작된 백향목 혁명으
로 레바논에서의 시리아의 영향력은 크게 감소되었다. 레바논
을 구성하는 이익집단 간의 상호 인정과 레바논이라는 모자이
크 사회를 인정하는 정체성이 태동한 것이다. 중동 지역, 특히
아랍·이슬람 지역에서의 레바논이 지닌 가장 큰 다양성과 이
질성은 기독교의 존재였다. 초기 기독교와 다양한 기독교 분파
의 존재 그리고 이슬람 사회와의 공존은 레바논의 독특함을 생
성시킨 동시에 유일한 약점으로 작용해 왔다.

---

33) 레바논의 종교분포는 크게 이슬람(59.7%)과 기독교(39%)로 나눌 수 있고 각각의
분파는 다음과 같다. ─ 기독교: 마로나이트 가톨릭, 그리스정교, 멜카이트 가톨릭,
아르메니안 정교, 시리아 가톨릭, 아르메니아 가톨릭, 시리아정교, 로마가톨릭, 칼데
안, 아시리안, 콥트, 신교 등 약 12개 분파가 존재하며 마론파 기독교가 가장 큰 세
력임 ─ 이슬람 : 쉬아, 순니, 드루즈, 알라위, 이스마일, 무사이리 등 약 5개분파이
며, 쉬아파와 순니파가 비슷한 규모 유지하였으나 헤즈볼라의 활동으로 쉬아 무슬림
의 분포가 높아지고 있음.

2) 공동 사회의 협력

레바논의 역사는 외부 힘에 의한 사회 간의 상호 관계뿐만
아니라 공동 협력과 갈등의 예를 보여주었다. 레바논의 험난한
지형은 박해받았던 소수 민족과 소수 종교 분파 등 중심지역으
로부터의 추방자 집단에 철벽같은 자연 피난처로 제공되어 왔
다. 레바논의 산들은 많은 집단들의 피신처가 되어왔고, 특히
드루즈파(이슬람교 쉬아파의 한 분파)와 마론파(주로 레바논에
거주하며 동방 의식을 채용하고 있는 로만 가톨릭 교회의 일파)
는 이 지역에서 자치적이며 강한 전통을 전개해 나갈 수 있었
다. 그 시기에 이러한 공동 집단들은 종교적이고, 봉건적인 가
족 상호 관계를 지닌 이질적인 집단의 집합체로 나타나게 되었
고, 이 집단들의 총체가 오늘날 알려진 레바논이 되었다.[34]

16세기 말부터 19세기 중반까지, 마론파와 드루즈파의 봉건
적 연합은 총괄적으로 레바논 산을 관리해 왔다. 마론파와 드루
즈는 역사적으로 레바논 산과 관련된 레바논의 공동체로서 위
치를 점해왔다.

1590년에서 1842년 동안에는 레바논은 전통에 의한 자발적
분리로, 정치적 자주 독립체로서 특색을 지니게 되었다.[35] 상호
집단 간의 대학살과 강대국의 개입 급증에 따라 또 다른 자치
시대가 1861년에 시작되었고, 이는 제1차 세계대전이 종결될

---

34) Habib G. Malik, 2000, *Between Damascus and Jerusalem*, Washington,
The Washington Institute for Near East Policy, p.3.

35) Meir Zamir, 1985, *The Formation of Modern Lebanon*, Ithaca, New York,
Cornell University Press, p.5.

때까지 계속되었다. 이후 유럽의 강국들의 동의로 오토만 제국은 레바논 산에 행정 의회를 창설했다. 이에 대한 자문회의는 마을의 장로들에 의해 선출된 12명의 대표들로 구성되었고, 산악회의 모든 분야별로 비례 참여를 반영하였다: 4석 마론파, 3석 드루즈, 2석 그리스 정교회, 1석 그리스 가톨릭, 1석 쉬아와 1석 순니 무슬림.

비록 오스만 제국의 통치 아래에서 의회의 힘은 제한되었었지만, 이는 지역의 사회에 큰 영향을 미치게 되었고, 공동 사회에서 합의로 권력 분배에 성공한 초기의 예로 대표적이다. 선출된 구성원들은 봉건가문 출신 이외에도, 상인, 재무관, 사업가들이 있었다. 정치적 특권을 유지하고, 개인사회의 이익을 최대화하기 위하여 레바논 정치의 특징이 된 정치적 타협 기술인 '정상에서 협정과 동맹의 진행'이 이 기간에 태동하였고, 조정되었다.36)

제1차 세계대전의 종결로 프랑스는 레바논, 시리아 등의 지역을 다른 유럽 강대국들과 분할 통치하게 되었다. 가톨릭 국가인 프랑스의 영향으로 기독교인들, 특히 마론파는 꾸준히 그 수가 증가하여, 중·북부 산에서 남부로 확장시키며, 막강한 경제력과 자신감을 획득했다. 마론 교회와 부권 사회는 전통적 봉건가문을 견제하는 제도를 확고하게 정착시켰고, 이러한 보이지 않는 제도는 교육받은 성직자들에 의해 운영되었다. 마론 사회의 유럽 가톨릭에 대한 결속은 강했고, 그들의 민족적 염원을 구체화할 수 있었던 보다 큰 레바논 자주 독립체 창설을 위해

---

36) Habib G. Malik, *op.cit.* p.4.

교회 지도자들이 강요한 민족적 정체성은 마론파의 생각과 결부되었다. 마론파 신도들이 베이루트, 파리와 바티칸 등지에서 많은 운동을 펼친 후 1920년에는 프랑스가 레바논 산을 중심으로 북부, 남부, 동부 지역들을 덧붙임으로써 대(大)레바논 안을 주창하였다.37)

대(大)레바논 안에 찬성하였던 마론파는 비록 산악회의 주체성이 희박해지더라도, 새로 통합된 사회가 유럽에 의해 분리된 기독교의 특색을 유지할 수 있다고 확신했다. 더 광대하고, 튼튼한 국가를 향한 그들의 욕구는 제1차 세계대전 동안 그들이 겪은 고통, 특히 자급자족을 강화하기 위해 산중에 농업 영토를 마련해야 했던, 기근 등의 정황에서 이해될 수 있다. 그러나 잠재적으로는 인구적, 이데올로기적 경향의 불안정이 간과되거나, 적어도 확고한 낙관주의 아래 치명적으로 가려졌을지도 모른다. "그들의 확신은 너무 강해서 자주 독립체 안에 분포한 많은 무슬림 인구를 아예 무시했다."38)

대(大)레바논 안은 프랑스의 통치를 받던 상황 하에서 비교적 잘 진척해나갔다. 프랑스 위임 통치는 1926년에 시작되었고, 레바논에 종파별 비례 대표제를 통한 공동체에 그리스정교를 수용하게 하는 의회정치제를 승인했다. 레바논 관료 정치의 연속된 조직이란, 사회 노선에 따라 정부를 구별한 1930년대 설립된 합법화되지 않은 업무분장까지 의미한다 - 마론파 의장, 순니파 총리와 쉬아파 의회 의장.39)

---

37) Albert Hourani, 1981, Lebanon: The Development of a Political Society, in *Emergence of the Modern Middle East*, Ca., Berkeley, University of California Press, p.172.

38) Ibid., p.6.

1943년 레바논은 정계 및 종교지도자 간에 국민협약(National Pact)을 채택하여, 독립국 정부의 각 종파 간 권력 배분에 대한 합의를 도출해 냈다. 여기서 무슬림들은 시리아와의 통일 요구를 포기하게 되었고, 기독교 측은 프랑스에 대한 보호 요구를 포기하기로 하였다. 독립국가를 이루기 위해 집단 간 이익의 조율과 타협이 이루어졌던 것이다. 이에 따라 대통령은 마론파 기독교 측에서, 총리는 순니 무슬림, 국회의장은 쉬아 무슬림 측에서 배출하도록 합의되었다. 국회의원 의석은 1932년의 인구조사에 의거, 기독교 대 이슬람교의 비율을 6:4로 배분하였다. 이와 같은 종파 간 배분은 내각, 사법부, 행정기관에도 적용되었다.

레바논은 1943년 9월, Bishara Khoury가 초대 대통령으로 당선되었고 1943년 11월 22일 프랑스로부터 공식적으로 독립하였다. 1948년 5월, 이스라엘의 독립선언으로 발발한 아랍 - 이스라엘 전쟁 참전하였고 1949년 3월 이스라엘과 휴전협정을 체결하였다.

그러나 레바논 독립 후, 외부적 동요는 연약한 정치 구조를 불안정하게 하고, 종파 간의 잠재된 불화의 씨를 부추기게 된

---

39) 1920년의 종파분포, Francois, Massoulie, 1999, *Middle East conflicts*, NY, Interlinks Books, p.13.

1920년의 종파구분					
마론파 기독교	176,000	31%	순니무슬림	122,000	22%
그리스 정교	78,000	14%	쉬아무슬림	100,000	18%
그리스 가톨릭	40,000	7%	드루즈 무슬림	40,000	7%
기 타	4,000	1%			
계	298,000	53%	계	262,000	47%

다. 예를 들어, 1950년대와 1960년대, 가말 압둘 나세르의 범아랍 이데올로기는 레바논의 순니 무슬림에게 호소되어, 이스라엘과의 휴전협정은 혹독한 시험에 놓이게 되었다. 1950년대 중반 아랍 민족주의 영향에도 불구하고 Chamoun 대통령은 친 서방 정책을 폈으며 이에 대한 무슬림들의 반발이 뒤따랐다.

팔레스타인해방기구(PLO)는 1970년 요르단에서 쫓겨난 이후 베이루트로 본부를 옮겼고, 레바논 내에 거주하는 팔레스타인 난민의 불만과 레바논의 무슬림의 동정과 지지를 정치적으로 이용하고자 하였다. 1980년대와 1990년대에는 급진적이고 투쟁적인 이슬람 근본주의운동이 1979년 이란의 이슬람 혁명에 의해 고무되어 헤즈볼라를 통해 레바논에 유입되었고 레바논의 쉬아파 무슬림을 선동하게 되었다.

한편, 레바논의 국내 사회 경제와 인구의 불균형은 서서히 증가되어 무슬림 사회 내부의 양극화를 증가시키게 된다. 기독교도의 감소와 순니와 쉬아로 구분되는 무슬림 사회의 분열은 1943년에 채택된 레바논의 정치구조를 위협하는 요소로 작용하게 되었다.

3. 레바논의 양대 교파

1) 기독교

레바논은 전 중동과 아시아 전체에서 자유롭고, 토착적인 그리고 광범위한 기독교 사회가 존재하는 유일한 장소가 되어왔다. 레바논의 기독교 사회는 집단의 엄격한 원칙을 고수하며 초기부터 정착했고, 이어져왔다.

레바논의 기독교는 되풀이되는 박해를 겪어왔으며 이는 자유의 방어 거점으로 기독교 주민들이 신앙에 근접할 수 있는 환경을 만들었다. 이슬람시대에 이슬람은 소수 非무슬림에 대한 관용으로서 'dhimmi' 제도를 두었다. 무슬림은 압도적인 수로 정치적 통제를 가했고 하위 2번째 계급까지 "이슬람의 거주"에 현존하는 "규범의 민족"으로 포함시켰다. 수세기를 거쳐 하나 또는 다른 형태의 이슬람의 정복은 레바논 산에서 거주하는 이들을 제외하고는 중동의 기독교 인구를 점차적으로 감소시켜 왔다. 비록 이슬람의 관용은 'dhimmi'들에게 집단 내에서의 개인, 사회적 자기 달성을 어느 정도까지 허락했지만, 정치, 법, 재정 면에서는 특히 한계를 두었다. 'dhimmi'들은 힘을 버리고, 그들을 무력하게 하는 규제들을 수락하고, 어느 정도의 세금을 지불함으로써 무슬림의 우월성을 승인하고, 그들의 항복을 보여주도록 요구되었다. 게다가 그들에 대한 박해도 산재했다. 남부 수단의 이집트 콥트교도와 기독교인들은 이러한 비참한 삶의 예이다. 그러나 레바논의 기독교는 'dhimmi'의 어떤 요소도 허락하지 않았다. 더불어, 레바논 산의 울퉁불퉁한 정상과 좁은 계곡들은 "영적 소산을 위한 자유 지대"의 일종인 자치 단체의 상당수를 가까스로 유지할 수 있게 하였다. 마론파 신도와 수도사는 수세기 동안 기독교의 자유를 지지하고, 기독교 정신을 강화시키는 중심적 역할을 해왔다. 레바논에서 마론파의 지위는 북유럽의 루터파 교회, 러시아의 그리스 정교회, 폴란드와 아일랜드에서의 가톨릭과 비슷하다. 또는 이란에서의 쉬아파나 터키에서의 순니 이슬람과 같을 위치로 이해될 수 있다.

마론파 기독교도들은 19세기 후반부터 레바논 해변을 따라 도심에 이르기까지 꾸준한 상업적·인구적 확장을 펼쳐왔다. 그러나 레바논의 기독교인들은 1943년 이후 그리고 레바논 전쟁 후와 전쟁 중에 기독교 지도자들의 개인적인 욕심으로 많은 기회들을 잃었으며, 끊임없는 내분과 타락을 경험하게 된다.

순니 무슬림은 1943년에 기독교도에게 국가적 협약을 위한 필수 조건으로 "아랍 얼굴을 가진 레바논"이란 점을 공식화하도록 요구했다. 이는 마론파들의 시각에서 레바논이 다른 모습도 가진다는 것을 암시하였으나 그 당시에는 합리적인 타협처럼 보였다. 1950년대와 60년대에 나세르의 범아랍주의는 레바논의 순니 무슬림들을 고무시켰고, 그들은 보다 단도직입적으로, 더욱 위협적으로 레바논이 아랍이라는 주장을 하기 시작했다. '아랍'이 '무슬림'과 동의어로 되었던 이러한 주장은 기독교도들의 저항을 불러일으켰으며, 독립 이후 최초의 종파 간 갈등 위기를 이끌게 되었다.

'아랍 레바논'이라는 주제는 레바논 무슬림의 PLO에 대한 지지상황에서 고무되었다. 1975년 레바논 내전의 발발은 레바논이 무슬림 국가라는 사실을 무슬림들로 하여금 노골적으로 요구하도록 했다. 또한 1979년 이란에서의 이슬람 혁명은 레바논 쉬아 무슬림들에게 불을 붙였고, 이는 이미 가난과 무시 아래 살아왔던 쉬아 무슬림들을 과격하게 만드는 원인이 되었다.

레바논 기독교인은 Taif 협정과 이스라엘의 남부 점령, 레바논 북부에 대한 시리아의 점유 등의 사건을 이슬람과 시리아의 사악한 힘이 자신들을 표적으로 삼은 것으로 인식하게 되었다. 수년간에 걸친 분리와 갈등, 상호 간의 불화를 타개하기 위한 기독교와 무슬림 사이의 노력이 계속되었으나 권태와 혼란, 포기와 위협 등이 기독교도들 사이에 만연하게 되었다. 그들의 정치적·종교적 지도자들은 그들의 고통을 타개하기에는 충분치 못했던 것이다. 한편 이주를 통한 기독교인구 감소는 과거 레바논 사회에서 그들이 누렸던 이권의 상실을 포함한 많은 손해를 가져왔다. 레바논에는 무슬림과의 실용적 공존을 추구하는 기독교인들이 이들의 최소한의 경제적 이익을 요구 조건으로 타협하고 있다.[40]

2) 이슬람

레바논 정치의 두 가지 본질적 구성 요소 사이에 근심과 위협 인식의 부조화는 레바논 딜레마의 결정적 요소이다. 기독교인들의 궁극적인 근심이 구별된 사회·문화적 주체성을 유지하고, 하위 계급으로의 종속을 반대하는 것과 관계가 있다면, 무

---

40) Habib G. Malik, *op. cit.*, pp.7 - 13.

슬림의 염려는 사회적 · 경제적 · 정치적 범위를 넘지 않고, 운명과 생존의 문제는 아닌 것이다.

1920년, 트리폴리, 베이루트, 시돈의 해안 도시들의 순니 무슬림 거주자들은 시리아와의 연합을 지지하면서 大레바논 창설에 격렬한 반대를 표해왔다. 순니 무슬림들에게 있어 오스만 붕괴 직후, 프랑스 - 마론파의 大레바논 건립안은 순니파에 대한 모욕으로 비쳐졌다.

무슬림들은 외부의 기독교 세력과 가까이 교류하는 레바논 기독교도들을 의심쩍게 여겼다. 긴장과 대립의 시기 동안 그들은 신문 칼럼에서 기독교인들을 신(新)십자군과 제국주의의 대리인으로 묘사했다. 한편으로는 아랍의 명예를 훼손하는 서구 문화를 받아들이는 몇몇 기독교도들의 지나친 열정은 무슬림들의 심기를 자극하였다. 무슬림은 이것을 분리주의와 배타주의의 위험한 형태로 간주하였다. 레바논 무슬림의 눈에 비치는 이들의 가장 큰 죄는 미니 국가로 나라를 가르고, 종교적 성향을 배제하려는 분할이었다.

‘1943 정계 및 종교지도자간의 국민협약(National Pact)’은 무슬림에게는 기독교의 특권과 정치적 탁월함을 영속시키고, 유지하는 역할일 뿐이었다. 정치 종파를 거부하며, 오랜 기간에 걸쳐 수적으로 우세했던 무슬림의 자신감과 레바논 전쟁의 의지는 결국 레바논에서의 승자를 만들고, 레바논을 정복하는 것이 되고 말았다.

레바논에 있는 두 주요 무슬림 사회는 그들의 정치권력과 사회, 경제적 설립을 위해 각기 고유한 방법을 전개해 왔던 순니 무슬림과 쉬아 무슬림이었다. 1943년 이후, 순니 무슬림들은 그들의 미래와 현재 상태에 대한 자신감을 갖게 된다. 수적 우위였다. 순니 무슬림들은 Taif 협약을 그들의 정치적 지위를 되찾기 위한 첫 번째 단계로 생각했다. 그 기대는 Sidon 출신의 부유한 사업가인 순니 무슬림 라피끄 하리리가 사우디와의 강한 유대와 함께 수상이 되었을 때 더욱 커졌다. 수상이 되기 전부터, 하리리는 사회적, 경제적 영역에서 순니 무슬림사회의 중역이 되어 왔다. 순니 무슬림 학생들을 위해 그가 기부한 장학금과 사회 전반의 복지를 향상시키기 위해 그가 설립한 재단의 존재들은 그의 지지를 광범위하게 했고, 레바논 정치계에 뛰어들기 수월하게 만들었다. 비록 하리리의 급속한 부각은 전통적 순니 무슬림의 정치적 특색을 무색하게 했지만, 기반을 굳히게 된 순니 무슬림 사회는 서서히 레바논 사회를 주도하기 시작했고, 그들은 레바논과 레바논인 이라는 사실에 자부심을 갖게 되었다. 이렇게 새롭게 생겨난 순니 무슬림의 애국주의는 부유층에게만 한정하지 않고, 통일된 레바논을 위한 절대적 지지와 Taif 협정을 야기한 기독교도들의 더욱 종속적 승인, 정치 종파의 이론 거부와 과격한 이슬람 투쟁의 경계까지 영향을 미치게 되었다.

이와 대조적으로 쉬아 무슬림들은 종교적 투쟁에 다소 소홀했다. 1970년대 초와 레바논 전쟁의 긴 세월 동안 쉬아 무슬림들은 완전한 소외감을 느꼈다. 그러나 이란 태생의 쉬아파 물라흐는 1959년에 레바논으로 이주했고, 억압받고, 소외받는 쉬아 무슬림들의 지위를 급격하게 신장시켰다. '아말(희망) 운동'은 다른 종파의 무장단체에 대한 쉬아 무슬림들의 보복운동으로 나타났으며 후에는 무사 알 사드르로부터 내려진 정당의 통합과정을 거쳐, 레바논 내전 중에는 의회 조직을 시작하기도 하였다.

1978년 8월, 알 사드르는 리비아 여행 중에 행방불명되었다. 그러나 이 사건이 발생하기 전부터 이미 레바논 쉬아 무슬림들의 분노는 타오르기 시작했다. **Foud Ajami**는 그 상황의 비극적인 매서움을 포착했다; "사이드 무사는 폭풍을 부추겼고, 폭풍이 닥쳤을 때 그것의 희생자 중의 하나가 되었다."41) 그 후, 일련의 사건들은 급격히 레바논 쉬아파를 과격화시켰다. 다음 해에 아야톨라 호메이니는 이란의 샤왕조를 전복시키고, 강력한 영적 영감을 제공하는 이슬람 국가를 건설했다. 팔레스타인 무장단체의 공격에 대한 보복으로 이스라엘은 남부 레바논에 있는 쉬아 마을에 대한 포격을 감행했다. 이는 쉬아 무슬림들을 더욱 분노하게 하였다.

1982년, 이스라엘의 레바논 침공 이후, 쉬아의 정치적 활동은 헤즈볼라 민병대의 탄생과 더불어 전투적으로 변모한다. 쉬아 무슬림들은 이슬람근본주의와 반(反)서구적인 성향을 보이게 되었으며, 주로 미국과 이스라엘을 표적으로 하였다. 1960년대 이후, 호메이니는 이슬람의 모든 문제들은 미국과 이스라엘에서 기원한다고 간주하였다. 그에게 있어 레바논, 특히 베이루트는 "이슬람이 중동에서 침략의 선봉인 미국과 이스라엘을 비롯한 서부의 침략과 맞서는 훌륭한 전쟁터" 였으며, 서구 미국 문화가 중동에 유포되었을 때 주요 무대가 된 이슬람의 부패지도 베이루트였다.

쉬아 무슬림에 대한 헤즈볼라의 호소는 이스라엘과의 대립을 가능하게 했을 뿐만 아니라, 헤즈볼라는 불공평한 레바논의 쉬

---

41) Fouad Ajami, The Vanished Imam: Musa al-Sadr and the Shia of Lebanon, New York, Cornell University Press. p.219.

아 무슬림들에 대한 대우에 역점을 두어 사회, 교육, 의학 서비스 등 각종 구체적인 사안에 대한 발전을 도모하였다. 레바논이 순니 – 마론파의 공동 관리국으로 간주되는 것에 대한 불만이 깊이 내재된 쉬아 무슬림들은 헤즈볼라와 테헤란으로부터의 자금 지원으로 훈련받고, 발전되었다. 커가는 이슬람화의 외양적인 모습으로 '차도르'라 불리는 여성들의 베일 착용이 증가하고 있다. 이것들은 쉬아 무슬림지역에서 더 널리 사용되고 있다. 하루에 5번의 예배와 라마단 기간의 단식, 지역 사원 금요일 예배에 정기적으로 참석해야 하는 강제로 전도되는 급진적인 결과였다.

'드루즈파'는 이슬람의 이교(異敎)적인 분파로 11세기를 그 기원으로 본다. 신(新)플라톤파 철학을 특징으로 하고, '타끼야'를 비롯하여 비의(秘儀)적인 요소들을 지니고 있다. 드루즈파는 박해를 피할 피난처를 구하던 중 레바논 산을 획득하기 위해 역사적으로 마론파와 경쟁하였다. 그들 최고의 관심은 생존이 되었으며, 그들의 전략은 지배나 강한 당, 사회와 연합하는 것이었다. 마론파와의 끊임없는 경쟁은 때로는 유혈 사태까지 이르기도 하였다. 그들은 전형적으로 크게 두 가지 성향으로 나뉘었다. 하나는 비타협적 태도와 대항이고, 나머지 하나는 융통성과 회유성을 들 수 있다. 전자는 현재 Jumblat 부족이며, 후자는 Arslans 부족이 대표적이다. 레바논 내전의 종결로 드루즈파는 Suuf 산과 레바논 중심에 인접해 있는 지역에 있는 그들 소유의 작은 구획들을 효과적으로 지배하고 있다.

4. 레바논 분쟁의 전개과정

레바논은 마론파 기독교, 그리스정교, 그리스 가톨릭, 아르메니아공동체, 순니 무슬림, 쉬아 무슬림, 드루즈 무슬림 등 다양한 집단들로 구성되어 태생적인 분쟁의 가능성을 안고 있다. 이러한 집단들은 각각 고유의 특성과 정체성을 가지고 있으나 크게 기독교 세력과 이슬람 세력으로 구분된다. 이 두 세력은 레바논이 프랑스로부터 독립한 이후 상충된 정치관으로 대립하였다. 기독교 세력은 레바논주의(Lebanism)를 주창하면서 완전한 독립국가로서의 레바논을 건설하려 하였고, 이슬람 세력은 아랍주의(Arabism)를 주창하면서 레바논을 아랍세계의 일부로 편입시키려고 하였다. 그러나 이 두 세력은 1943년 국민협정(National Pact)에 합의함으로써 일단 갈등과 대립을 종식시키기에 이르렀다. 이 협정에 따라 대통령은 기독교 마론파, 수상은 이슬람 순니 무슬림, 국회의장은 쉬아 무슬림 측에서 맡는 정부를 구성함으로써 레바논은 분열과 갈등의 가능성을 안고 출범하였다.

최초의 본격적인 내전은 1958년 발생되었다. 이 내전은 기독교 세력의 샤문 대통령이 서방에 접근하는 것에 대해 이슬람 세력이 반발하면서 촉발되었다. 당시 중동지역에서는 1952년의 이집트 나세르 혁명과 1956년의 수에즈 전쟁 등에 자극 받아 아랍민족주의운동이 고조되었는데, 바로 이러한 상황에서 샤문 대통령이 자신의 입지 확보를 위해 서방에 접근하자 이슬람 민족주의 세력이 이에 반발한 것이었다. 샤문 대통령은 1957년 미국 아이젠하워 대통령이 추진한 지역방위 계획에 적극적으로 참여할 자세를 견지하였고, 이러한 친서방 정책은 불가피하게 아랍 민족주의 세력들의 반감을 불러일으키게 되었다. 더욱이 그는 1957년의 의회선거에서 기독교 진영의 확대를 노리며 재선을 시도하였다. 이에 이슬람 세력은 국민통일전선을 결성하고 1958년 5월 전국에서 반란을 일으켰다. 그 반란은 1개월 후 수도 베이루트까지 파급되어 정부 지지파와 반대파간의 시가전으로 확대되었다.[42]

내전 상황이 악화되자 샤문 대통령은 1958년 7월 15일 미국에 개입을 요청하였고, 미국은 영국과 터키 주둔 병력 15,000명을 베이루트에 상륙시켰다. 미국의 개입은 사태를 수습할 수 있었으나 아랍 여러 국가들의 반발을 사게 되었다. 당시 아랍연맹에 가입하고 있던 10개 국가는 유엔에 '중동평화결의안'을 제출하고 미군의 철수를 요구하였다. 미국은 각 종파 간의 화해와 새로운 연립정권의 출범으로 내전이 진정된 후 1958년 10월 중순부터 병력을 철수시키기 시작하였다. 3개월간 계속된 내전의 사망자는 2,700명이고, 미군도 240명의 사상자를 내었다.

레바논의 정치·사회적 불안정은 팔레스타인 게릴라들이 유입해 들어와 베이루트와 남부지역에 난민캠프를 설치하면서 새로운 국면을 맞게 되었다. 요르단의 후세인 국왕은 1970년 9월 자국의 정치·사회적 불안을 가중시키고 있던 팔레스타인 게릴라들을 추방하는 군사작전을 전개하였는데, 그때 팔레스타인 게릴라들이 인접 레바논으로 피난하여 그곳에서 대 이스라엘

---

42) http://kida.re.kr/woww/update/me-conf-main.htm

무장활동을 벌이게 된 것이다.

1967년, Fatah(팔레스타인 민족해방운동 정치·군사기구) 설립 이후 베이루트 주위 팔레스타인 난민촌[43]은 팔레스타인 게릴라의 훈련기지가 되었다. 1968년 이후 팔레스타인 게릴라는 남부 레바논에 기지를 설치하고 북부 이스라엘을 공격하였고 이스라엘의 남부 레바논 팔레스타인 기지 보복공격과 관련하여, 레바논은 기독교계의 팔레스타인 기지 분쇄지지, 대다수 무슬림계의 팔레스타인 지지로 국론이 양분되었다. 1970년 10월 PLO 일파는 요르단으로부터 추방되어 레바논으로 들어와, 레바논 국내 팔레스타인 난민 수는 30만 명으로 증가하여, 팔레스타인 난민촌 일대 및 Arqub 지역은 작은 팔레스타인이 되었다.

레바논의 집권 세력과 기독교 세력들에게는 팔레스타인 게릴라들의 존재가 눈엣가시로 보일 수밖에 없었다. 이에 기독교 우파 팔랑헤당 민병들이 1975년 4월 베이루트 교외에서 팔레스타인 게릴라들이 탄 버스를 습격하여 27명을 사망케 하였다. 이로 인하여 레바논은 1976년 11월까지 내전에 휘말리게 되었다.

레바논에서의 폭력은 일반화되었지만 팔랑헤 소속대원이 Ain al-Rummaneh 교외에서 팔레스타인 인이 탄 버스를 공격하여 27명을 학살한 1975년 4월 13일에 레바논 내전이 시작되었다고 보는 것이 일반적인 시각이다.[44] 하지만 레바논 내전의 양상과 배경은 이미 레바논이라는 국가가 태동할 때부터 내재되어 있다고 보아야 할 것이다. 공격에 대한 보복의 소용돌이가

---

43) 1948년 아랍-이스라엘의 전쟁결과 15만여 명의 난민들이 베이루트 주변의 난민촌에 거주하게 되었다.

44) Habib C. Malik, 2000, *Between Damascus and Jerusalem*, Washington: The Washington Institute for Near East Policy, p.1.

뒤따랐고 12월, 'Black Saturday'라고 불리는 하루 동안 300여 명이 목숨을 잃었다. 한 달 후 팔랑헤는 다른 민병대 조직을 규합하여 Qarantina와 Tell al-Zaatar의 팔레스타인 난민촌을 포위, 난민들을 학살하였다. 이에 팔레스타인 인들도 베이루트 남부의 Damour를 공격하여 기독교계 주민들을 보복 학살하였다. 전투가 계속되었고 베이루트는 'Green Line'으로 서부의 무슬림 지역과 동부의 기독교 지역으로 나뉘게 되었고 이러한 국면은 17년간이나 계속되었다.

내전이 진행되는 동안 시리아 정규군이 사태 수습 명분으로 국경을 넘어 개입함으로써 상황은 제3국이 개입되는 양상으로 확대되었다. 1976년 시리아가 레바논 분열에 대한 가능성과 이스라엘의 점령에 대한 우려를 표명하며 전쟁을 종식시키려 레바논 사태에 개입하였던 것이다. 5월까지 약 40,000명의 시리아군이 레바논으로 진주해 왔다.

시리아는 초기에는 팔레스타인 문제에 호의적이었지만, 민족주의 진영의 리더인 Kemal Jumlatt와 이견을 보이게 되자, 입장을 바꾸어 팔레스타인 게릴라 단체를 몰아내고 친시리아 정부를 세우려 하였다. 그러나 아랍 민족주의자들의 세력이 대단하였기에 시리아의 마론파와의 연합은 다른 아랍 국가들의 비난을 받게 되었다. 아랍 평화유지군(Arab Deterrent Force; ADF)이 창설되었으나 대부분의 병력은 시리아군으로, 이는 레바논의 평화에 효과적이지 못했다. 폭력은 계속되었고 1977년 Kemal Jumlatt는 암살되었다. 이에 대해 Chouf 산악지역의 드루즈파 병사들은 기독교 마을에 대한 보복학살을 단행하였다.

이러한 시리아의 군사개입은 이스라엘의 개입을 야기했다.

시리아의 개입에 불안을 느낀 이스라엘은 팔레스타인 게릴라의 텔아비브 습격에 대한 보복을 명분으로 1978년 3월 레바논을 침공하였다.

1978년 이스라엘에 대한 빈번한 팔레스타인 인들의 공격은 이스라엘로 하여금 남부 레바논에 대한 공격과 레바논에 거점을 둔 PLO에 대한 공격을 단행하는 구실을 제공하게 되었다. 안보리의 철군 요구에 따라 UN은 레바논에 UN잠정군(United Nations Interim Force in Lebanon; Unifil)을 파견해 이스라엘의 철군 감시와 '국제적 평화 회복'을 도모하려 하였다(Unfil은 이후 22년간 더 '잠정적'으로 주둔하게 되었다).

이스라엘군은 철군하였으나 Saad Haddad를 리더로 남부 레바논군(South Lebanon Army; SLA)이라는 친이스라엘 무장단체를 구성하였고, SLA는 Litani 강 남부 지역을 '자유 레바논'이라고 선포하였다. 그동안 시리아의 ADF군과 기독교계 민병대 간의 교전이 베이루트 등지에서 기세를 더해갔다.

시리아는 1981년에 이르러 팔레스타인 인들과 연합하여 베카에 위치한, 팔랑헤 영향하의 Zahlé를 포위하였다. 팔랑헤의 이스라엘과 연합 가능성을 우려해서였다. 팔레스타인의 빈번한 기습을 막는 과정에서 이스라엘군이 시리아의 헬기를 격추하자 긴장은 고조되었다. 시리아는 베카 계곡에 대공미사일을 배치하였고 전면전의 조짐이 나타나기도 하였다.[45]

레바논으로의 팔레스타인 난민 수가 증가하자 이스라엘 극우 정부는 PLO를 레바논에서 완전히 철수시키기로 결정하였다.

---

45) Francois, Massoulie, *op.cit.*, p.148.

레바논에서의 팔레스타인 난민의 존재는 West bank, Gaza 등 점령지 내의 팔레스타인 인들을 고무시키는 형국이라는 것이 이스라엘의 일반적인 견해였던 것이다. 이에 1982년 6월 6일 이스라엘군은 '갈릴리의 평화'라는 작전명으로 레바논으로 진격하였다. 이스라엘군의 목표는 베카 계곡의 시리아군을 밀어내는 것이고 또 다른 하나는 베이루트 남부까지의 진격이었다. 티레, 시돈, 다무르, 나바티에 등지에도 이스라엘군의 맹렬한 폭격이 가해졌다.

이스라엘군은 레바논 침공 일주일 후에 PLO 본부가 위치한 서부 베이루트를 포위했고 이 후 두 달간 각종 포화를 집중 운용하였다. 서부 레바논은 폐허가 되었고 18,000명의 사망자와 30,000명의 부상자가 속출하였다.

결국 PLO는 미국의 중재로 8월 21일, 다국적군의 감시 아래 베이루트에서 철수하였고 이틀 후 팔랑헤의 지도자, Bashir Gamayel은 이스라엘의 후원하에 대통령으로 선출되었다. Bashir Gamayel은 3주 만에 60여 명의 지지자들과 함께 폭탄테러로 사망하였다. 이스라엘과 팔랑헤는 암살에 대한 복수로 베이루트 외곽에 위치한 Sabra와 Chatila의 팔레스타인 난민촌을 습격하여 '테러리스트'를 색출하려 하였다. 이 과정에서 2,000여 명이 넘는 사상자가 발생하였는데 대부분이 여자와 아동들이었다. 이후 이에 대한 이스라엘의 조사가 이루어졌다. 당시 국방장관이었던 Ariel Sharon의 부인에도 불구하고, 대부분의 이스라엘군은 팔랑헤 연합의 소행이라는 것을 인지하였으며, 희생자 매장을 위한 불도저 대여와 팔랑헤 무장군이 표적을 찾기 용이하도록 조명탄을 투하하는 등 병참 지원을 아끼지 않았다.

난민촌 학살 소식에 전 세계는 충격을 금치 못했고 국제적인 비난이 뒤따랐다. 이에 프랑스, 영국, 미국과 이탈리아로 구성된 다국적 평화유지군이 결성되어 베이루트로 진주하여 평화를 유지하려 하였다.

평화 유지를 달성하기 위해 Bashir Gamayel의 동생 Amin이 대통령으로 선출되어 베이루트와 레바논 산 일부를 통제하였다. 이스라엘군은 베이루트 수마일 남부로 퇴각하여 주둔한 반면, 레바논 북부는 시리아의 영향하에 놓이게 되었다. 트리폴리에서는 소규모 무장그룹과 함께 레바논으로 되돌아온 Yassir Arafat가 시리아의 후원을 받는 레바논 측과 조직에서 이탈한 팔레스타인들을 상대로 맹렬한 전투를 벌이고 있었다. 팔레스타인 난민촌은 다시금 정치적 패권의 각축장이 되었다.

Choup 산에서도 전투는 번져나갔다. 이 지역의 주민들인 드루즈파 무슬림들과 기독교도들은 전쟁 중에도 비교적 평화를 유지하고 있었지만 이스라엘이 이곳을 점령하자 1982년 팔랑헤 무장군이 침투하게 되었다. 팔랑헤의 드루즈 무슬림에 대한 박해는 보복을 가져왔고, 점차 종파 간의 분쟁으로 확대되었다. 이 전투로 베이루트 만이 위협받게 되었고 드루즈 지도자 Walid Jumblatt가 베이루트 공항과 베이루트의 레바논군을 공격하자 이스라엘군은 Choup Mountain 지역에서 철군하였다.

쉬아계 무장단체인 Amal의 후원 하에 드루즈 무슬림들은 시리아와 연합했고, 당시 냉전 분위기를 이용해 모스크바 측과도 관계를 유지했다. 미국 함정은 이에 드루즈 지역을 폭격하기도 하였다. 미국은 점차 전쟁의 소용돌이에 휘말리게 되었다.

베이루트에 다국적평화유지군이 진주하였을 당시에는 평화

가 유지되는 듯하였으나 곧 무력해지고 말았다.

1983년 4월, 강력한 폭탄테러로 미국대사관이 폭파당해 60명의 사상자와 100여명의 부상자가 발생하자 더 이상 다국적군이 평화를 가져다준다는 환상은 사라지고 말았다. 자살테러의 수법과 같은 계속되는 공격으로 1983년 10월 미국과 프랑스군은 각기 265명의 해병과 56명의 전사자를 내었다.

이스라엘은 쉬아 무슬림과 팔레스타인들에 대한 박해로 게릴라나 자살특공대의 표적이 되곤 하였다. 이에 이스라엘은 레바논 남부에서 철수하고 이 지역을 Haddad의 SLA의 통제하에 두게 하였다. 이스라엘의 철수가 있자 드루즈와 쉬아 게릴라들은 남부 Sidon 등지에서 분규를 일으켰다. 한편 서부 베이루트에서는 순니무슬림, 쉬아 무슬림과 드루즈파 무장 세력들은 교전을 시작했다. 이 혼란의 와중에 PLO는 레바논으로 잠입하여 난민촌을 전전하며 전투를 이끌었다.

공격은 쉬아파 아말 무장 세력이 주도했는데 이는, 팔레스타인 게릴라들의 귀환은 이스라엘의 간섭을 일으킬 것이고 이는 남부의 주민들에게 감내하기 힘들 것이라는 이유에서였다. 1985년과 1986년 동안 팔레스타인 난민촌에서의 전투는 천여 명의 사상자를 냈다. 1986년 시리아군은 서부 베이루트로 재진입하였고 그 수를 증가시켰다. 시리아는 레바논의 가장 영향력 있는 외부세력임에도 전투를 중지시킬 수 없었다. 남부 레바논의 팔레스타인 난민촌은 1988년 초까지 Amal의 영향에 놓이게 되었다.46)

---

46) Beverley Milton-Edwards & Peter Hinchcliffe, 2001, *Conflicts in the Middle East*, New York, Routledge Press, pp.61-63.

한편, 미국이 이스라엘과 기독교 우파를 지원하고 소련이 시리아와 이슬람 좌파를 지원함으로써 레바논 내전은 국제화의 양상을 띠게 되었다. 이처럼 레바논 내전은 기독교 민병대, 이슬람 민병대, 레바논 정부군, 시리아군, 이스라엘군이 접전을 벌이는 복잡한 국면을 맞게 되었다.

실질적인 권력이 무장 세력에게 있음에도 불구하고 정부는 그 명맥을 유지하고 있었다. 1988년 9월 Amin Gemayel 대통령의 임기가 끝나게 되어있으나 무장 세력들로 인하여 선거가 실시될 수 없게 되었다. 임기만료 몇 시간을 남기고 Amin Gemayel 대통령은 참모장 Aoun 장군을 임시군사정부의 수반으로 지목하였다. 이에 전직 수상이었던 Selim al‑Hoss는 서부 베이루트에 대항 정부를 구성하였다. 1988년 말까지 레바논은 무슬림‑기독교도로 구성된 정부로 양분되었다. 다시금 'Green Line'을 사이에 두고 격전이 피할 수 없게 되었다.

1989년 가을, 레바논의 평화정착을 위한 외교적 노력이 이루어졌다. 모로코의 핫산 국왕, 사우디 아라비아의 파흐드 국왕, 그리고 알제리의 챠들리 대통령은 포괄적인 정전과 '국민화해헌장(Charter of National Reconciliation)' 논의를 위한 의회구성을 제안했다.

9월 23일 정전이 이루어졌고 국민의회는 사우디아라비아의 Taif에서 회합을 가졌다. 1989년 11월 5일 Taif협정이라고 알려진 조약이 정식으로 비준되어 René Mouawad가 대통령으로 선출되었다. René Mouawad는 17일 만에 암살당하여 정국은 일촉즉발의 위기로 흐르는 듯했으나 Elias Hwrawi는 대통령직을 승계하였다.

Aoun 장군 측은 계속해서 협정에 반대하였고, 그와 입장을 달리하는 기독교 무장단체와의 교전이 벌어졌다. 또한 헤즈볼라와 Amal계 민병대와의 교전이 베이루트와 남부지역에서 벌어졌다.

1990년 의회는 Taif협정의 개정을 채택하는 헌법을 제정하였다. 당시 시리아는 미국 주도의 다국적군 작전에 참여하고 있었고, 미국의 이해 아래 시리아군은 레바논군과 연합하여 Aoun을 제거하였다. 이로써 레바논은 비록 남부지역이 점령당한 상태이지만 15년 만의 평화를 맞이하게 되었다.

시리아는 형제, 협력, 조정 조약으로 레바논의 제반문제에 걸친 지배를 구상하였고 1992년에는 방위조약을 체결하였다. 시리아는 Taif협정에 의거 1992년 3월 레바논으로부터 철수하게 되어 있으나, 시리아 - 레바논 방위조약으로 시리아군은 현재까지 레바논에 주둔하고 있는 것이다.47)

가까스로 평화가 회복되었지만 많은 무장단체들이 무장을 해제하지 않고 있었다. 1991년도에 무장 해제와 정부의 주권을 확대시키는 움직임이 시작되었다. 시리아군과 레바논군은 SLA에 의한 이스라엘의 남부지역 점령지를 제외한 레바논의 대부분의 지역을 장악하였다. 팔레스타인 기지는 시돈 주위에 잔존하였고, 헤즈볼라의 전사들은 점령지에서의 전투를 위해 무장이 허용되었다.

남부 국경을 따라 화염과 폭력이 계속되었고 1991년과 1992년 이스라엘의 공세에 따른 대응공격이 계속되었다. 1992년의

---

47) Francois, Massoulie, *op.cit.*, p.149.

이스라엘군의 공격은 팔레스타인과 헤즈볼라 기지를 파괴하기 위한 공격으로 300,000명의 레바논 인들이 강제 퇴거되었다.

1992년 7월, 크리스천과 무슬림 간 50:50의 동수 배분에 기초한 새 선거법이 채택(의석 128석)되었고, 8월에서 9월 사이 새 선거법에 의한 전후 제1차 국회의원 총선거가 실시되었다. 10월, 많은 기독교 사회의 반대에도 불구하고 레바논 태생의 사우디아라비아의 사업가인 Rafiq Hariri가 레바논의 새 수상으로 당선되었다. 그는 재정부 장관을 역임했으며 피폐한 레바논의 재건을 계획해 왔었다. 그는 선거에서 기독교 사회의 참가 거부에 따른 불균형을 교정하고자 하였고 1994년에는 보다 많은 기독교도들을 정부로 영입하였다. 그는 시리아와 Hrawi 대통령에 의해 견제를 받자 사임하였고 시리아의 중재로 재 선출되었으나 1995년 9월 국회가 Hrawi 대통령의 임기를 3년 연장시키자 똑같은 상황이 반복되었다.

베이루트와 북부지역이 재건되는 동안 남부는 헤즈볼라와 이스라엘의 격전지가 되었다. 1995년 3월, 헤즈볼라의 고위관리가 티레 근처에서 암살되자, 헤즈볼라의 보복공격이 뒤따랐다. 이에 이스라엘은 1996년 4월, '분노의 포도' 작전을 감행하였다. 이 작전은 육지 - 해상 - 공중에 걸친 입체작전으로, 표면상으로는 헤즈볼라의 거점을 공격하는 것이었지만, 레바논이 공들여 재건한 산업시설과 베이루트의 발전소를 파괴하였으며, 항만 또한 봉쇄하였다. 이러한 공격은 헤즈볼라에 대한 레바논 정부의 입장에 압력을 가하는 것이었다.

한편, 1996년 5월에는 남부 레바논 지역 교전 감시 5개국 위원회가 구성(이스라엘, 시리아, 레바논, 프랑스, 미국 대표로 구성된 Monitoring Committee)되었고, 1998년 10월 국회는 제11대 대통령으로 Emile Lahoud 군총사령관을 선출하였다. 11월 Emile Lahoud는 대통령으로 취임하였고, 12월 Hoss 내각이 출범하였다.

레바논의 정치상황이 안정되려 하는 1999년 이스라엘은 다시금 베이루트의 발전시설을 공격했으며 헤즈볼라는 SLA과 이스라엘 북부국경지역에 대한 게릴라전을 수행했다. 남부 레바논에서의 많은 피해는 이스라엘의 철군을 이끌게 되어 2000년 5월 24일 이스라엘은 레바논 남부에서 최종 철군을 단행하였다.

헤즈볼라는 이미 열광적인 자살폭탄그룹을 열정적인 정당으로 탈바꿈시켰으며, 잘 짜인 사회복지계획안으로 단숨에 대중의 인기를 끌었다.

한편, 2000년 5월 이스라엘군의 철군 이후 한동안 공세를 중지하였던 헤즈볼라가 11월부터 대이스라엘 공격을 재개하였다. 이스라엘은 동 지역을 통제하고 있는 UN 평화유지군에 헤즈볼라의 공격 중지를 요청하였으나 효과적인 억지가 이루어지지 않았다.

이스라엘의 철군 이후 레바논 내에서 시리아의 철군을 요구하는 목소리가 커지고 있다. 시리아는 이스라엘군의 주둔을 이유로 자국 군대의 레바논 주둔을 정당화하였으나 이스라엘이 철군한 이후 정당성을 상실하게 되었다. 레바논 내의 거의 모든 계파가 시리아의 철군을 요구하고 있고 무력 사용의 징조도 보이고 있다. 시리아의 철군을 요구하는 세력이 연합하고 시리아가 철군을 계속 거부할 경우, 이들 세력 간의 새로운 무력 충돌의 가능성도 있다.

또 다른 가능성은 시리아의 레바논 철수를 조건으로 포함한 이스라엘과 시리아 간의 평화협정이 체결되는 것이다. 그러나 현재로써는 상기한 이유들로 인해 시리아가 동 평화협정에 레바논 철수를 포함시킬 가능성은 매우 희박하다.

2001년 남부 레바논의 헤즈볼라 세력은 이스라엘에 대해 지속적으로 공격을 감행하고 있다. 특히, 이스라엘이 점령하고 있는 Shebaa 농장지역을 중심으로 교전하고 있다. 이 지역은 8제곱마일 규모로 UN에 의해 시리아 영토로 지정되어 있으나 이스라엘이 점령하고 있는 상황이다. 이스라엘은 헤즈볼라의 공격이 시리아의 사주로 이루어진 것으로 간주하고 헤즈볼라의 공세가 심해질 때 레바논 내 시리아 기지를 공격하고 있다.

2001년 7월의 경우 이란의 혁명수비대가 남부 레바논 지역의 약 20개의 초소에 배치된 바 있다. 이들은 지난달 이란에서 시리아 공항을 통해 입국, 배치된 것으로 시리아 정부가 이들이 배치를 용인한 것으로 추정되고 있다. 이스라엘의 팔레스타인에 대한 공격이 본격화될 경우 이곳에 배치된 이란군이 이스라엘의 도시를 공격할 가능성도 있다. 이란은 이스라엘에 대한 경고로 동 전력을 배치한 것으로 추정된다.[48]

2001년 9·11 사건 이후, 레바논 주재 미국대사는 레바논 정부에 테러행위자 체포 및 자산 동결 조치 요구하였고, 10월 3일, 레바논의 이슬람 성직자대회에서는 미국의 아프간 공격을 태러 행위로 규탄하였다 10월 22일 이후 헤즈볼라는 남부 레바논 Shebaa 농장지역에 대한 제9차 게릴라 공격을 감행하여 레

바논 정국은 다시금 경색되고 있다.

2003년 미국의 부시행정부는 시리아에 대한 경제적 압박을 실시하였다. 이는 레바논의 숨통을 트이게 하는 국제적인 변화였다. 2004년 레바논의회는 Lahoud 대통령의 임기를 연장시켰고 Hariri 총리는 사임하였다. 2005년 Hariri 총리가 암살되었고 배후로 시리아가 지목되었다. 대대적인 반시리아 운동이 전개되었고 결국 시리아군은 2005년 4월 레바논으로부터 철군하게 된다.

5. 분쟁의 영향 및 전망

레바논 내전은 2000년 3월 이스라엘 내각이 레바논에서의 철군을 결정하고 5월 전격 단행함으로써 교전지역에서 한 당사자가 일방적으로 사라진 양상이 되었다. 많은 레바논 인들은 힘의 진공상태를 어떻게 메울 것인가에 대한 의구심을 갖게 되었다. 레바논 남부지역을 거점으로 하던 헤즈볼라는 곧 그 빈자리를 채우기 시작하였다. 레바논에서 일정한 세력을 유지하기 원하는 시리아는 이스라엘의 일방적 철군이 가져올 수 있는 권력 공백을 우려하여 이스라엘과의 평화협상 시 일방적 철군을 반대한 바 있다. 시리아의 우려대로 남부 레바논 지역은 이란의 지원을 받는 헤즈볼라 세력으로 대치되기 시작하였고 따라서 시리아는 이란과의 경쟁관계로 인해 헤즈볼라를 대이스라엘 항전의 동지보다는 위협세력으로 인식하게 되었다. 사실 시리아는

레바논을 프랑스 제국주의로 인해 빼앗긴 자국 영토의 일부분으로 간주하고 있다.49)

또한 철군 수일 만의 Hafez al - Assad 시리아 대통령의 급서는 정국을 불투명하게 만드는 요인이 되었다. 레바논과 이스라엘 간의 국경이 정해졌다 하더라도 양국의 관계는 시리아와 이스라엘 간의 평화회담에 의존해야 하는 운명인 것이다. 게다가 350,000명에 이르는 레바논 내의 팔레스타인 인들의 존재는 대부분의 레바논 인들의 환영을 받지 못하고 있고 생활을 어렵게 하는 요소가 되고 있다.50) 그들의 존재는 불안정한 요소로 지속될 것이고, 이스라엘과 팔레스타인 행정부가 이들의 운명에 대한 동의를 도출해 낼 때까지는 해결되지 않을 것이다.

이 분쟁은 전략적 측면에서나 경제적 측면에서 보면 국제사회에 대한 영향이 그렇게 크지는 않으나, 사태가 심각하게 악화될 경우 중동지역의 정세를 불안정하게 할 뿐만 이스라엘의 안전을 위협하게 됨으로써 강대국의 개입을 초래할 수도 있다. 또한 분쟁의 격화로 대규모 난민이 발생될 경우 유엔의 인도적 지원을 위한 활동이 전개될 수 있다. 한국으로서는 분쟁이 심화될 경우 원유 수송과 중동지역 경제활동에 제한을 받을 가능성이 있으며, 유엔의 평화유지활동과 인도적 활동에 참여할 것을 요청받을 수도 있다는 점에 유의하여야 할 것이다.

이스라엘군이 철수한 후 시리아의 지원을 받는 아말 게릴라와 이란의 지원을 받는 헤즈볼라 간의 충돌이 발생하여 사상자가 생긴 바 있다. 이와 같은 충돌이 심화될 경우 레바논 남부지

---

49) Ibid.

50) Beverley Milton - Edwards & Peter Hinchcliffe, *op.cit.*, p.63.

역을 둘러싼 시리아와 이란 간의 대리전 양상으로 전개될 가능성도 있다. 이란의 입장에서는 레바논 남부지역을 자국의 영향력하에 둠으로써 이스라엘에 대한 압박을 가할 수 있다는 장점이 있다. 반면, 레바논 전반에 대한 영향력 행사를 원하는 시리아는 이러한 이란의 시도를 자국 이익에 대한 도전으로 간주할 수 있는 것이다.

2005년 총선으로 반시리아 정파 연합이 집권하게 되었다. 시리아의 영향력이 상당부분 감소하였으나 남부의 상황은 악화되고 만다. 2006년 팔레스타인 난민촌의 고위간부 피살을 이유로 이스라엘 병사 2명이 납치되었다. 이 사건을 계기로 헤즈볼라에 대한 이스라엘의 전면전이 감행되었다. 2006년 UN 안보리결의 1701호로 휴전이 되었으나 야당연합(헤즈볼라, Amal, Aoun파)은 반정부 장기 시위를 지속하며 산발적인 정부군과의 충돌과 UNIFIL에 대한 공격을 감행하기도 하였다.

2007년 9월 레바논 정부군은 Fatah al Islam을 완전히 제압하였다고 발표했으나 정국은 여전히 혼미하다. 2008년 5월, 1989년의 Taif 협정과 같은 외교적인 노력이 결실을 보았다. 아랍연맹의 중재로 카타르의 도하에서 레바논 여야 지도자가 참석하에 '국민대화' 개최 및 '도하합의'를 도출한다. 도하합의에 의해 Michel Sleiman 군사령관이 대통령직을 승계하고 거국 내각 구성, 선거법 개정 등이 약속되었다.

이에 Siniora 수상을 수반으로 거국 내각이 구성되고 시리아와의 새로운 외교관계가 수립되었다.

레바논은 6월의 총선결과 친서방 집권연합인 'March－14'가 헤즈볼라 등 야권 연합 'March－8'을 71:57로 누르고 집권하게 되었다. 헤즈볼라의 군사력 보유 유지 문제가 여야 간의 큰 이슈가 될 것으로 보이지만 불안한 안정을 되찾고 있다. 더욱이 Rafiq Hariri 총리의 아들인 미래운동당 대표 Saad al Hariri는 금번선거는 승자도 패자도 없는 레바논 민주주의의 승리라고 밝히고 총리에 지명되었다. 거국내각 구성에 진통이 있었지만 2009년 11월 헤지볼라 출신을 거국내각에 포함시킴으로서 민주적인 방법으로 레바논을 이끌게 되었다.

6. 결론

레바논의 역사와 분쟁 상황은 레바논에 관한 수많은 불변성을 드러낸다. 첫 번째는 이질적인 종교 집단들이 레바논 국가와 정치적 상부 구조의 항구적 구성 요소이며, 타협을 기본으로 한 화해 형성 능력이나 특정한 문제의 일시적 중단은 궁극적으로 레바논 국가의 활력과 운명을 결정한다는 것이다.

둘째로 집단 간의 활동적 관계는 비록 잠정적으로는 실행할 수 있지만, 지역적·국제적 힘의 영향을 받는다는 점이다. 또한 레바논에는 외부의 힘이 항상 존재하고 있다. 최근에는 강대국에 의한 직접적 개입이 레바논 정치를 복원하는 데 있어 결정적인 요소였다고 볼 수 있다.

병합된 사회로서, 레바논은 다양한 종교 사회 내에서 변환된 광범위한 개념들을 나타내고 있다. 반면에 주변 다른 국가들은 자국에 유리한 면을 부각시켜 레바논의 앞날을 강요하고 있는 것이다.

다양한 '레바논 발전 프로세스들'과 미래 레바논의 희망은 이슬람 국가와 기독교 국가라는 매우 극단적인 연속선상에 놓여 있다. 레바논은 영원한 미완성의 국가로 머무르지 않았다. 이질적인 요소로 결합된 외부 힘에 의해 조장되긴 했지만, 규정된 외부의 구성 요소들과 더불어 모자이크식의 응결이 합의와 양보를 통해 합리적인 국가 조직으로 변하는 듯하였다. 이러한 이질성은 다양한 표제 아래 나타나는 레바논 정치의 모순을 보여준다. 연합과 분리, 무슬림과 기독교, 종파와 비종교, 아랍과 레바논인, 도시와 산, 반국가와 공동 집단, 중심과 외부, 타협과 마찰 등의 레바논 정치의 독특한 특징은 기독교와 이슬람으로 대분되는 극단주의적 사고를 적용하기 어렵게 하는 요소가 되고 있다. 또한 특유의 분열된 사회임에도 불구하고 공존하는 평화에 대한 순수한 바람이 주기적으로 있어 왔다.

무슬림과 기독교 간 평화적 공존의 레바논은 각 사회를 대표하는 날개(당파)와 함께 '두 날개를 가진 새'로 묘사되어 왔다. 한쪽 날개만으로는 날 수 없기 때문에 그 기능을 다하기 위해서는 양쪽 모두 필요하다는 명백한 의미가 함축되어 있다. 이러한 공존은 자유, 다원론, 개방성, 기본 권리를 위한 상호 존중의 기초에 국가 건설을 위한 체계를 제공하는 동안 각각의 국가 집단 하의 본래 모습을 보전하는 창의적인 공동 집단의 상호작용을 수반한다. 게다가 계속되는 두려움의 두 집단이 지니는 불균등한 정도에서 평화의 공존은 계속되는 재확신과 신뢰가 필요하다. 성공적인 공존의 의무는 만족감을 지속시키기 위해 전도력이 있어야 하고, 따라서 안정된 사회에 놓여야 한다.[51] 그러나 레바논의 현실은 그렇지 못하다. 영토의 약 10%가 이스라엘과 헤즈볼라 간의 격전지가 되고 있고, 나머지 90%는 시리아 군대의 주둔과 간접적인 시리아의 정치적 통제에 위협받고 있다.

레바논은 수십 년간의 내전을 종식시키려는 의지와 경제개발에 박차를 가하려 하고 있다. 그러나 레바논을 둘러싼 주변국 간의 경합과 내부의 언제 터질지 모르는 종파 간의 내재된 갈등 요소는, 발전하는 레바논의 발목을 붙잡는 요소가 되고 있다. 레바논이 진정한 국가로 발전하려면 과거의 구원을 해소하고 레바논 국민을 공동된 목표로 단결시킬 수 있는 새로운 정체성이 필요하다고 할 수 있다. 일련의 선거와 선거결과를 인정하는 레바논 국민의 성숙함은 새로운 정체성을 이미 구축하고 있는 것으로 보인다.

다만 레바논에 대한 주변국들의 이해관계와 레바논 내부의 종파 간 문제, 팔레스타인 난민들의 문제 등은 레바논이 해결해야 할 난제로 아직도 남아 있다.

---

51) Habib G., Malik, *op.cit.*, p.23.

참고문헌

Abraham, A. J., 1996, *The Lebanon War*, West Port: Praeger Publisher.

Abu－Izzeddin, Nejla M., 1993, *The Druze*, Leiden: E. J. Brill.

Beverley Milton－Edwards & Peter Hinchcliffe, 2001, *Conflicts in the Middle East*, New York: Routledge Press.

Brynen, Rex, 1990, *Sanctuary and Survival*, Boulder: Westview Press.

Choueiri, Youssef M., 1993, *State and Society in Syria and Lebanon*, New York: St. Martin Press.

Fouad Ajami, 1986, *The Vanished Imam: Musa al－Sadr and the Shia of Lebanon*, New York: Cornell University Press.

Francois, Massoulie, 1999, *Middle East conflicts* (NY: Interlinks Books, 1999).

Goldschmidt, Arthur, *A Consised History of Middle East*, Cairo: AUC Press.

Gordon, Dabid C. 1983, *The Republic of Lebanon*, Boulder: Westview Press.

Hourani, Albert, 1981, *Emergence of the Modern Middle East*, Ca. Berkeley: University of California Press.

Khalid, Rashid, 1986, *Under Siege*, New York: Columbia University Press.

Malik, Habib G., 2000, *Between Damascus and Jerusalem*, Washington: The Washington Institute for Near East Policy.

Meir Zamir, 1985, *The Formation of Modern Lebanon*, New York: Cornell University Press.

Parker, Richard B., 1993, *Politics of Miscalculation in the Middle East*, Bloominton, Indianapolis: Indiana University Press.

Sahliyeh, Emile F., 1986, *The PLO after Lebanon War*, Boulder: Westview Press.

스페인 문학에 나타난 이단성

임주인

1. 서론

니콜라 사르코지 프랑스 대통령이 유럽과 북아프리카 중동의 지중해 연안국가 경제, 사회 공통체인 '지중해 연합(Mediterranean Union, MU) 구상'을 본격화하고 있다. 뉴욕타임스는 5일 사르코지가 무아마르 카다피 리비아 대통령과의 정상회담을 통해 지중해 연합 구상을 현실화하기 위한 발판을 마련했다고 밝혔다. 대규모 군사원조를 약속한 프랑스 – 리비아 간 밀약은 직접적으로는 리비아 석유자원 개발권을 따겠다는 사르코지의 노림수이지만 더 나아가 리비아, 모로코, 알제리 등을 MU 구상에 포함시키기 위한 장기 전략이었다고 보고 있다. 이와 같은 발빠른 움직임과 함께 유럽연합 가입을 노리는 터키에 "EU 대신 MU로 들어오라"고 제안한 바 있다. EU에서 이슬람 국가라는 이유로 터키가 계속 소외당하자 "차라리 MU를 함께 구성하자"라고 했다. 터키는 "EU에서 우리를 배제시키려는 속셈"이라고 반발하고 있지만, 사르코지는 터키 설득이 어렵지 않다고 자신하고 있다.

MU의 구상은 원래 1990년대 로마노 프로디 이탈리아 총리에 의해 처음 나왔었다. 당시 좌파 정부 수장이던 그는 프랑스와 이탈리아의 식민지였던 북아프리카 지역을 남유럽 국가와 통합하자고 제안했었다. 사르코지는 이를 더 확대해서 프랑스, 이탈리아, 스페인, 포르투갈, 그리스와 터키, 이스라엘, 레바논, 리비아, 모로코, 알제리, 튀니지 등 유럽과 북아프리카의 12개국을 합칠 계획안을 내놓은 것이다. 뉴욕타임즈는 "사르코지가 MU를 통해 이스라엘 – 팔레스타인 – 레바논 갈등과 모로코, 알제리 인들의 유럽 이민 러시 등 제반 문제를 미국 간섭 없이 풀어내겠다는 야심을 갖고 있다"고 전했다.

사르코지가 MU를 제안한 속뜻이 무엇이었는지를 차치해 두고라도 스페인과 북아프리카를 중심으로 하는 지중해 문명은 고대 문명을 이야기할 때 결코 빠트릴 수 없는 부분이다. 지중해를 구심점으로 3대 문명이 모여 있는 지중해 문명은 오늘날 세계를 주름잡고 있는 서양 문명의 요람이었다. 고대인들의 생각으로 지중해 연안 지역을 통일하는 것은 곧 세계를 통일하는 셈이었다는 점을 고려해볼 때, "세계 통일의 꿈"을 품은 사르코지 대통령에 대한 언급이 과장된 표현은 아니다. 유럽연합처럼 환지중해 국가들을 단일 경제와 사회 공동체로 묶는 지중해 국가 연합에 대한 구상은 21세기의 새로운 지중해 문명을 꿈꾸는 것이기 때문이다.

북아프리카에서부터 중동, 소아시아를 거쳐 서유럽까지 민주국가와 비민주국가, 부유한 나라와 가난한 나라, 그리고 회교도

와 유대교, 기독교도가 하나가 되어 지역 전체를 좀 더 풍요롭
고 안전하게 만들자는 게 그 내용인데 이것은 오늘날까지 극복
하지 못하고 있는 종교적인 차이를 넘어선다는 데에서 의미가
있다고 하겠다. MU의 구상이 어느 정도 실현성이 있는가에 대
해서는 아직 미지수다. 기독교권 국가와 회교권 국가, 특히 이
스라엘과 그 주변국가가 서로 국가 연합으로 합친다는 게 아직
까지 상상하기가 어렵기 때문이다.

그런데 유럽연합(EU)의 탄생 역시 당초 회의적인 시각이 훨
씬 많았지만 장애 요인들을 극복하고 경제적 · 사회적인 통합의
효과를 나타내고 있다. 그래서 사르코지의 주장대로 MU가 유럽
과 아프리카의 가교 역할을 하게 된다면 고무적이 아닐 수 없다.

이 같은 입장에서 볼 때, 동양의 지중해라고 불리는 황해를
중심으로 하는 한 · 중 · 일의 아시아공동체 구상도 황당무계한
이야기로 치부될 수 없는 상황에 이르렀다. 일찍이 동남아시아
를 비롯하여 중국과 일본에서 ‘한류’ 열풍을 일으켰던 문화 사
업의 성과를 차치해 두고라도 외국인 주민 100만 명 시대를 맞
이하여 외국인 주민들이 우리 사회의 한 축으로 살고 있는 이상
그들을 ‘우리’가 아닌 ‘우리 속의 남’으로 방치해둘 수는 없는
다문화 사회로 접어들게 되었다. MU 구상이 얼마나 현실성을
갖추느냐, 그리고 외국 이민자들이 우리나라에서 얼마나 성공
적으로 정착할 수 있느냐는 서로가 얼마나 각각의 특성을 인정
하면서도 함께 어우러질 수 있는가의 문제, 다시 말해서 타자성
을 극복할 수 있는가의 문제에 달려 있다.

일찍이 스페인은 아랍의 침입을 받은 A.D. 711년부터 스페인
공동왕이 국토 회복을 이룬 A.D. 1492년까지 700여 년간을 무

슬림과 기독교인, 그리고 유대교인이 함께 어우러져 살아갔다. 이 시기의 문화를 '무데하리스모 문화'라고 부르는데 이것은 차이 속에서의 공존과 화해의 의미를 내포하고 있다는 점에서 다문화주의로 나아가는 글로벌 사회의 한 모형으로서의 가치가 있다고 본다. 이번 연구에서는 무데하리스모의 역사적 배경이나 문화적 특성을 고찰하고자 함이 아니라, 국토 회복 이후, 기독교로의 통합을 주장하면서 사상적 획일화를 강조했던 스페인 사회의 정책적인 변화가 중세 스페인의 역동적 문화 정체성을 어떻게 왜곡시켜 나가는가에 대한 연구이다.

2. 본론

1) 스페인과 무데하리스모의 역동적 문화 정체성

스페인의 역사는 오랫동안 정통/이단의 이념적 이항대립을 지향해왔다. 이단과 정통이 결정적으로 분리된 것은 아랍의 침입과 관련이 있다. 이슬람 세력의 침입은 스페인뿐 아니라, 유럽의 기독교 국가들의 종교적 동질성을 위협하였으며 이후 기독교/이슬람의 이념적 대립 구조를 이루게 된다. 무엇보다 스페인의 역사와 문화는 아랍 문화의 지속적인 영향하에 전개되었으며 기독교 문화와 불가피하게 대립과 융합을 거듭해나갔다. 스페인은 유럽 대륙과 아프리카 대륙을 연결하는 반도라는 지정학적 조건 때문에 다른 어느 나라보다 아랍과 기독교 문명 사이의 이종 혼합이 두드러질 수밖에 없었다.

세력을 확장해가던 기독교의 유럽 문화권과 이슬람 세계의 동양 문화권이 서로 마주치면서 다양한 관계를 형성하게 된다. 아랍인의 이베리아 반도 침략에서 가톨릭 공동왕의 국토 수복에 이르는 장기간에 걸친 문화의 특성을 한마디로 정의하기란 쉽지 않다. 두 개의 이질적인 문화가 만나면서 수세기 동안 공존과 전쟁의 연속 속에서 무데하리스모라는 독특한 역사를 형성하기에 이른다. 비록 그라나다의 함락으로 기독교 세력이 승리하고 무슬림은 추방되었지만 무데하리스모의 역사는 수많은 민족의 종교적·정치적 이해관계 속에서 중동의 아랍 문화도 아니고 유럽의 기독교 문화도 아닌 특유의 무슬림 문화를 형성하게 되었다. 스페인을 구성하는 민족의 기원에 대해 역사가들의 의견이 분분한데 이는 스페인이라는 국가를 형성하는 민족들이 얼마나 복잡하고 이질적인 특성을 지녔는지를 단적으로 보여준다고 하겠다.

프랑스의 루이 베르트랑은 서고트 왕국 당시 스페인에 건너온 아랍 군인들과 북아프리카의 베르베르족들은 부인이나 자녀들을 데려오지 않고 서고트인들과 결혼하여 스페인 땅에 정주하였으므로 그들을 스페인인을 구성하는 요소로 포함시켜야 한다고 주장하였다. 그리고 그는 스페인에서 기독교인과 무슬림 사이에 접촉이 많았던 안달루시아나 발렌시아, 아라곤 등지가 전투로 인하여 황폐해지기는커녕 다양한 문물과 사상의 교류로 풍요로운 문화를 형성하게 되었다고 지적하면서 무슬림 영향의 긍정적인 측면을 부각시켰다. 종교적 차이 때문에 아랍인과 기독교인이 대립적인 관계에 있었던 것은 사실이지만, 국토 수복

에 이르기까지는 종교적인 면에서 상당히 관용적이었다. 그러
나 11세기에 들어서 1093년에서 1148년까지 북아프리카의 알
모라비데족이 스페인을 침략하게 되는데 이때 무슬림 치하에서
종교적인 관용으로 기독교 신앙을 지켜나가던 모사라베들은 위
기를 맞게 된다. 그들은 종교적인 박해를 피해서 스페인 북쪽으
로 이동하게 되었고 유태인들은 북아프리카로 흩어지게 된다.

무슬림 통치하에서 종교적 자유를 보장받던 모사라베와 마찬가
지로 기독교 영토 내에서 종교적 자유를 지켜나가던 무데하르와 국
토 수복을 전후해 스페인에 남아 개종했던 무슬림들 – 이들을 다른
무슬림과 구분하여 모리스코라고 불렀다 – 은 기독교와 이슬람
교의 역동적인 세력 형성을 보여주는 증거라고 할 수 있다. 물
론 이들이 만들어가는 문화적 역동성은 정치적인 세력 변화에
못지않게 두드러진다. 톨레도는 당시 동양 문화와 서양 문화가
합류했던 지점으로 아랍 문화와 기독교 문화가 어우러진 독특
한 무슬림 문화의 유산을 간직하고 있다. 특히 알폰소 10세는
바그다드나 비잔틴으로부터 수입된 운율과 리듬을 차용하기도
했으며 인종적·종교적 편견에 사로잡히지 않고 현인들과 사상
적 교류를 가졌다. 그러나 무슬림과 기독교인의 문화 교류는 가
톨릭 공동왕의 국토 수복 이후 이교도 추방 정책에 따라 장벽에
부딪히게 된다. 이때부터 무데하르에게 기독교로 개종할 것을
강요하다가 16세기 초반에는 다소 완화되는 듯싶었다. 그러나
1568년부터 2년에 걸쳐 모리스코들이 일으킨 알푸하라스 전투
를 계기로 하여 다시 강경책으로 돌아서게 된다. 급기야 펠리페
3세에 와서 수도사 환 데 리베라는 1609년 무슬림 추방령을 선
포하기에 이른다. 안달루시아를 기점으로 아라곤, 카탈루냐, 무

르시아에 걸쳐 추방령이 차례로 시행되고 이로 인하여 오십만 명으로 추산되는 무슬림들이 스페인에서 추방된다. 추방된 무슬림들은 알제리 등에서 카스티야어를 그대로 사용하고 어떤 법학사는 알하미아를 사용해 책을 편찬하기도 하는 등 무데하리스모 문화의 흔적을 보여주고 있다. 한편 추방되지 않은 무슬림들은 스페인의 기독교 제국 형성에 참여하게 되는데, 스페인인들은 이들 개종자들을 구기독교인인 자신들과 구별하기 위해서 '신기독교인'이라 칭하면서 그들의 신앙에 대해 의구심을 갖게 된다. 그들은 스페인에서 농업에 종사하거나 도공, 정원사, 문양 장식가, 천문학과 과학 등에 종사하면서 아랍 문화의 맥을 이어가게 된다. 또 시디 야하처럼 성주의 지위에 있던 자들도 있었는데 그들 역시 이름을 고치고 기독교로 개종하면서 아랍적 흔적을 지워나가게 된다.

무슬림에 행해졌던 종교 재판은 유태인들의 그것에 비하면 경미하다고 볼 수 있다. 16세기 초반 모리스코들에게 가해진 검열은 쿠란에 근거하여 아랍어로 작성된 약혼서에 대해 시행되었고 그것도 증거 불충분으로 취하되게 된다. 아랍인들은 예술에 종사하는 경우가 많았으므로 문학 작품뿐 아니라 그들이 만든 예술품, 장식품에 대해서도 종교 재판을 받기도 했다. 그러나 라몬 라미레스의 경우처럼 병의 치유를 목적으로 행해지는 주술적 종교 행위에 대해서는 가혹한 형벌이 내려졌다. 이처럼 무슬림에게 내려진 종교 재판이 다소 경미했음에도 불구하고 구기독교인들은 개종자들과 자신들이 서로 얽히는 것을 피하기 위해서 '피의 순수성'의 프로파간다를 내세우며 거리를 둔다.

무슬림뿐 아니라 유태인들 역시 스페인 문화와 역사 속에서 타자로 위치해 있으면서 끊임없이 주류 사회로 진입하려고 함으로써 많은 갈등을 야기한다. 따라서 콘베르소(일명 개종유태인)를 견제하는 시민들은 콘베르소들이 기독교인으로 개종하여 기독교인으로서의 권리를 누리면서 비밀스럽게 유대교 의식을 지키고 있다고 하여 그들을 추방시키거나 처형시켰다. 당시 왕들은 시민들의 참소가 근거 없는 중상모략이라고 판단했지만 절대 왕권을 위해서 필수적이었던 시민계층의 결합을 위해서 반유대주의자들의 거센 저항을 묵과하지 못했다. 유태인들은 중세 이베리아 반도의 경제적 토대를 이루면서 귀족을 견제하는 국왕의 충성스러운 종으로서, 그리고 국토 수복 이후, 국론 통일을 위한 종교재판소와 이단 검문의 박해의 희생양으로서 시대적 요구나 정황에 따라서 그때그때 변화에 적응해가는 수밖에 없었다. 특히 경제적인 문제 등 실질적인 주도권 문제로 유태인에 대해서 반감을 갖고 있던 주민들은 1391년 대규모의 유태인 대학살을 자행하는데 이 이후로 유태인들이 기독교로 개종하여 스페인의 기독교 사회 내로 진입할 수 있게 된다. 유태인들은 이제까지 그들이 누리지 못했던 사회적 지위와 권리를 확보하게 되면서 이들의 기독교 사회로의 편입을 완강하게 반대하는 구기독교와 갈등을 빚게 된다. 이런 이유로 콘베르소들은 국토 수복 당시 구기독교도들의 가치관에 대항하는 개혁 의지를 불태우면서 혈통에서 오는 편견과 속박에서 벗어나 자신들의 창조적인 의지를 이끌어내게 된다.

아메리꼬 가스뜨로는 '오늘날 스페인 인의 진정한 기원은 어디에서 비롯되었는가'라는 정체성 문제를 제기하면서 정통 역사관과의 끊임없는 논쟁을 불러일으키기에 이른다. 가스뜨로와

가장 격렬하게 논쟁을 벌인 산체스 알보르노스는 유전적 결정
론을 내세워 15세기의 국토 수복 과정에서 통일을 위해 아랍
세계에 대한 정치적 박해를 일삼음으로써 아랍인의 이미지를
부정적이고 적대적인 것으로 왜곡시켰다는 가스쁘로의 주장과
견해를 달리하였다. 그는 이들이 혈통적으로 기독교인과 달라
서 갈등과 반목이 불가피했으며 공존의 시기에 형성된 무데하
리스모 문화는 스페인 역사에서 수정되거나 삭제되어야 마땅하
다고 단정했다. 산체스의 이러한 주장은 스페인의 민족주의 사
관으로 자리 잡게 되었는데 이에 반해서 가스쁘로는 정형적이
고 고정적인 민족 기질과 같은 항구적인 속성을 뛰어넘어 구체
적이고 일상적인 삶의 변화 속에서 주민들 간의 유대와 결속을
가져다주는 역동적이고 가변적인 요소들에 주목하여 '생의 주
거지' 개념을 제시했다. 그는 한 국가를 이루는 본질적인 요소
로 주민들이 집단을 이루어 환경에 대처하면서 형성해가는 사
람과 사회 간의 역동적인 관계성을 의미하는 주거지 개념을 통
해서 유태인이나 아랍인들이 민족적인 차이를 뛰어넘어 기독교
인과 더불어 집단적으로 환경에 대처하면서 한 국가를 이루어
왔다는 점을 강조했다. 그는 15세기 이래 유태인과 아랍인이 스
페인 사회, 경제, 문화 전반에 영향을 미쳤다는 사실을 인정하
면서도 기독교 세력과의 갈등 관계에서 그들의 부정적이고 적
대적인 이미지를 강조했다. 그렇다면 스페인의 정체성을 가늠
하는 세기의 논쟁인 이 두 역사학자의 사관 저변에는 어느 사회
나 국가에도 존재하고 있는 '타자'에 대한 상반된 두 가지 시각
이 깔려 있다.

들뢰즈는 그의 저서 『의미의 논리』에서 타자의 효과를 다루

면서 일상 세계에서 타인의 현존이 빚어내는 효과들, 그리고 타인의 정의와 타인 부재의 의미를 탐구했다. 여기서 타인의 효과는 "내가 사유하는 각각의 이념의 변두리에서 지각의 변두리, 곧 배경을 만들어 내는 것"이라고 하였다. 들뢰즈는 대상의 보이지 않는 부분을 타자에게 보이는 부분으로 정의하면서 이 "잠재된" 곳에 이르기 위해서 타자와 화해해야 한다고 주장한다. 그는 이런 변두리는 타자를 통해서 타자의 존재를 전제하고서만 변두리를 체험할 수 있다고 하면서 타자를 "가능한 세계에 대한 표현"이라고 정의했다.

들뢰즈의 타자 이론은 우리가 느끼지 못하는 부분이나 세계에 대한 이해를 가능케 하면서 이들과의 화해를 통해서 비로소 우리의 진정한 정체성이 확고해질 수 있다는 것을 보여준다. 20세기에 와서 몇몇 작가들은 정통과 이단의 대립 구도가 갖는 경직성에서 벗어나 스페인의 문화와 역사를 새로운 관점에서 재해석하려는 움직임을 보였다. 그들은 타자성과의 화해 가능성을 모색하며 타자적 객체를 있는 그대로 받아들이려는 태도를 취했다. 정도의 차이는 있지만 지금부터 살펴볼 이슬람과 콘베르소 문학 작품을 분석해봄으로써 당시 유태인이나 콘베르소들에 대해서 스페인 인들이 가지고 있던 스테레오타입과 콘베르소나 아랍인들이 지닌 인간적인 고뇌가 무엇이었는지를 살펴보고자 한다. 동시에 스페인 인 작가로서 사회의 타자들인 유태인이나 아랍인들에 대해 그들의 시각에서 사회의 문제점을 지적하고자 하는 상대주의적 노력이 있었음을 고찰해봄으로써 인간성 회복과 자유의지를 강조하는 이들의 노력이 무데하리스모의 다원화된 문화와 역사를 재조명하려는 다원화된 물결에 어떻게 일조하게 되는지 살피게 될 것이다.

2) 황금세기 문학 속의 이단성

스페인 문학 중에서 가장 널리 알려져 있는 분야는 역시 세르반테스를 중심으로 하는 일명 황금세기라 불리는 16~17세기라 할 수 있다. 오늘날 스페인 문학 전공자가 늘어나면서 그 주제가 다양해지고 있는 추세이지만 그 역시 19세기 이후 현대에 집중되어 있는 실정이다. 스페인 제국의 멸망이 임박해있던 19세기 우나무노를 중심으로 한 98세대들의 사상과 문학, 그리고 20세기 반소설과 포스트모더니즘의 영향을 받아들인 현대 작가들의 작품 세계에 대한 연구가 진행되면서 라틴아메리카 문학과의 연계성에 관심을 기울이고 있다. 그에 반해서 개종 유태인이나 무슬림의 문학이 스페인 문학에 미친 영향이나 이들이 등장인물로 나오는 작품에 대한 연구는 크게 이루어지고 있지 않은 실정이다.

왜냐하면 스페인 인들은 자신들의 뇌리 속에 뿌리 깊이 박혀 있는 유태인이나 아랍인들에 대한 부정적인 이미지로 인해 그들과 공유했던 역사적·문화적 전통을 부인하려고 들기 때문이다. 이러한 생각 때문에 스페인 내에서 이들의 문학에 대한 연구가 활발히 이루어지고 있지 않다. 그러나 다양화된 문화를 습득하고 타자에 대해 관용과 화해의 상대주의적 자세를 갖는다는 것은 다원화된 글로벌 사회를 살아가는 우리가 갖추어야 할 기본적인 소양이다. 우리는 다문화 가족, 다문화 사회로 급속히

전환하는 시대를 살아가고 있고, 정부 차원에서나 사회적으로
이민으로 인한 역동의 시대에 발생할 수 있는 이민자들의 사회
통합문제나 이민정책에 대한 다양한 방안들이 모색되고 있을
뿐만 아니라, 자국민의 의식의 변화에 대한 관심이 절실히 요구
되고 있다. 이러한 의식의 변화는 비단 우리뿐 아니라, 무데하
리스모의 역사적 전통을 소유하고 있는 스페인이 직면한 문제
이기도 하다.

　이민을 받아들였던 다른 나라들과 마찬가지로 스페인에서도
이주자의 사회 통합 문제가 가장 난점으로 대두되고 있고 이 문
제를 다루는 명칭이나 시각에도 사회적으로 많은 변화가 있다
고 한다. 이 같은 변화는 역사와 인종이 다른 민족들의 공존을
또 다른 형태의 삶으로 인정하고 받아들이는 "다문화주의 경향
때문"이라고 한다. 과거에는 사회 통합을 지향하기 위해서 다른
민족을 동화시켜야 한다고 생각했던 반면 이제는 서로의 차이
점을 존중해야 한다는 방향으로 뜻이 모아지고 있다. 다시 말해
서, 상대방의 특성을 인정하는 것은 물론 서로의 부단한 노력
없이는 공동체 안에서의 관계가 균형을 이룰 수 없다고 보는 것
이 요즘의 관점이다. 이민은 사회·경제적인 측면에서뿐만 아
니라 문화와 공동생활이라는 문제에 있어서도 최근 스페인에서
가장 중요한 문제로 대두되고 있다. 이민의 문제는 늘 대립의
가능성을 안고 있기 때문에 우리 모두에게 사회적인 문제로 부
각되고 있는 것이다. 앞서 말한 바와 같이 놀이방이나 자녀들의
학교, 병원이나 직장, 또는 대중교통을 이용하면서 스페인 사람
들은 우리와는 달리 상당히 자주 이민자들을 접한다. 그도 그럴
것이 스페인은 2010년에 이미 이민사회로 분류되는 외국인

10% 시대를 맞이하게 되기 때문이다. 이웃 집, 또는 같은 동네나 마을에 이사 온 사람, 혹 내가 살고 있는 도시에 새로운 시민이 등장하고 있다. 이들이 바로 노동 이민자들이고 스페인의 새로운 시민인 것이다. 호세 마리아 까예하는 어떤 방법으로 새로운 이주민들과 더불어 생활해야 하는지, 새로운 이주자들과 생활하며 빚어지는 갈등을 어떻게 최소화하며, 예기치 못한 그들 간의 대립을 어떤 식으로 예방할 수 있는가를 모색하는 길만이 국제화 시대를 살아가고 있는 모든 이민국가의 큰 과제라고 하였다. 이런 의미에서 볼 때 스페인 인들 사이에서 이민족 간의 공존과 화해를 상징하는 무데하리스모에 대한 시각의 전환이 요구된다고 하겠다. 이러한 의식의 전환은 열린 세계관을 가지고 이민족간의 화해와 공존을 추구했던 일부 작가들의 작품에서도 찾아볼 수 있다.

(1) 스페인 문학 속의 아랍문학

지금까지 연구된 자료들에 의하면 아랍 문학과 스페인 문학과의 관계를 논하고 있는 것으로 이종화 교수의 「아랍문학이 유럽문학에 미친 영향 연구」[52]가 있고 로뻬스 발랏의 「산 후안 델 라 끄루스와 이슬람」(1985) 등 발표된 논문의 수가 그리 많지 않다. 전자의 경우는 중세 기독교적 사후관과 이슬람적 사후관 사이의 차이를 엿볼 수가 있고 스페인 중세의 『가연지서』에 아랍 시가의 한 종류인 알하미아의 영향을 보여주고 있다. 그리고 후자의 경우, 16세기 스페인 신비주의 시에 나타나고 있는

---

52) 지중해지역연구 제7권, 2005년.

이슬람 종교 문학의 한 형태인 수피 문학의 영향에 대해서 이야기하고 있다.

수피라고 하면 '사파'라는 단어에 어원을 두고 있는 신비주의 종파이다. 이들은 신과의 합일을 통해서 경험할 수 있는 카타르시스의 절정을 인간의 사랑을 빗대어서 표현하고 있다. 발랏은 기독교에서 신과의 합일에서 오는 신비주의적인 영적 체험을 남녀 간의 사랑의 시로 표현하고 있는 것을 수피 시의 영향으로 보았던 것이다. 또 유태인을 비롯한 콘베르소의 문제를 연구했던 김원중 교수의 "근대 초 스페인 종교 재판소와 유태인의 문제"(2001)가 있다.

그리고 『스페인어문학』 제40호에 실린 「"질투심 많은 에스뜨라마두라인"에 나타난 르네상스의 영향」에서 아랍 축첩제의 산물인 '하렘'의 흔적이 드러나고 있다. 하렘은 신성한 경내 혹은 지성소를 뜻하는 것으로 가정에서는 주로 여성들이 기거하고 있는 지역으로 남편이나 직계 친족과 같은 특별한 관계에 있지 않는 남성들의 접근을 금하기 위해 만들어진 영역이다. 구체적으로 하렘은 술탄의 전통적인 가옥, 내지는 오트만 제국 시절의 궁궐에서 찾아볼 수가 없었는데 기록에 남아 있는 하렘의 구조가 세르반테스의 모범소설 「질투심 많은 에스뜨라마두라인」에 등장하는 남자 주인공 까니사레스의 집구조와 유사하다. 우선 하렘을 지키는 보초가 까니사레스의 집을 지키는 루이스처럼 거세당한 흑인 노예이고, 수많은 첩들을 시중드는 하녀들은 레오노라의 연애 행각에 관여하는 하녀장 마리 알론소처럼 술탄과 처첩들의 연애문제에 관여한다. 상징적인 의미에서 까니사레스의 집은 그 안에 살고 있는 여성의 자유를 억압하는 하렘처럼 반종교개혁 이후 스페인에서 강화된 종교적 도그마가 인간의 자유로운 사상과 의지를 어떻게 억압하고 있는지를 상징적으로 보여준다.

앞에서 살펴본 세 편의 논문에서뿐 아니라, 나송주 교수의 「후안 고이띠솔로 소설과 이데올로기」[53]는 아랍적 영향을 많이 받은 현대 스페인 작가를 연구하고 있다는 점에서 의미를 둘 수가 있다. 후안 고이띠솔로는 스페인 내전 이후, 프랑코 체제에서 벗어나고자 프랑스로 망명한 작가로서 중남미 포스트모더니즘의 영향을 농후하게 받은 작가이기도 하다. 그는 70년대 들어와서 『돈 훌리앙 백작의 변론』 등 서사적 실험정신에 기초하여 스페인 역사나 서구 사회의 문화적 가치에 대해 탈신화화를 꾀했고 90년대 들어와서 『막바라』나 『사순절』 등을 저술했는데 이는 아랍을 비롯한 제3세계의 종교적·윤리적 가치들을 통해서 서구의 물질주의적 가치관과 이성 중심의 이분법적 사고를 비판한 작품이다. 그는 소설 작품뿐 아니라, 신문 사설을 통해서 무데하리스모나 상대주의적 가치관에 대한 필요성에 대해서 역설해 왔던 작가이다. 뿐만 아니라 고인경 번역의 『전쟁의 풍경』은 실천문학사를 통해 우리나라에 최초로 소개된 고이띠솔로의 작품으로 보스니아 사태를 비롯하여 소수 민족의 학살 문제를 다루고 있다.

이러한 작가와 작품의 발굴을 통해서 적게는 스페인 문학 속에서 아랍 문학이나 유대인 문학의 영향을 살펴볼 수 있을 뿐 아니라, 크게는 동서 문학의 교류 차원에서 연구될 가치가 있다

---

53) 서어서문연구 제13권, 1998년

고 사료된다. 아랍이나 콘베르소 문학에 대한 직접적인 연구는 아니지만 김선욱 박사의 「부처설화 '바를람과 호사팥'의 비교 연구」54)는 부처설화의 스페인으로의 전이과정을 연구한 것으로 기독교와 불교의 설화가 서로 연관성을 맺고 있음을 확인시켜주는 연구라 하겠다.

(2) 콘베르소 와 로뻬의 국민극: 타자에 대한 스테레오타입

콘베르소는 스페인 공동왕의 국토 회복 이후, 기독교로 개종한 유태인을 일컫는 말이다. 로뻬의 극에서 콘베르소는 그 사회에서 조롱과 멸시의 대상으로, 겁쟁이 도둑이나 야바위꾼 등으로 코믹하게 묘사된다. 또한 기독교 교리의 우월성을 상대적으로 부각시키는 데에도 한몫을 담당한다. 성자 브라실의 삶을 그린 『위대한 열정의 지주』는 고집불통의 유대인과 그의 가족이 성자의 삶에 감화되어 결국 개종을 한다는 이야기이다. 여기서 로뻬는 개종을 결심한 유태인들의 의지를 찬양하기보다는 유태교에 대한 기독교와 성자의 권위와 능력을 한껏 드높이고 있다. 뿐만 아니라 개종한 유태인들을 비난하며 변절자 유다의 이미지를 상기시키며 "눈이 먼" "반항적인" "고집불통의" "비열한" 등 경멸적인 수식어구를 덧붙인다. 이런 경멸적인 태도는 콘베르소들이 개종을 했음에도 불구하고 개종 자체를 불신하면서 개종에 대한 확실한 증거를 제시하기 원하는 당시 구기독교인들의 편견을 반영한 것이라 보인다.

『신앙심이 돈독한 아라곤인』에서 "몇 번이고 널 믿어줄게.

---

54) 스페인어문학 제35호, 2005년

네가 유태인이 아니라는 증거만 보여준다면”에서나 “헤브루인
들에게서 우리는 증거를 요구해요”란 문장에서 콘베르소에 대
한 불신을 찾아볼 수 있다. 특히 돼지고기를 금하는 이들 유태
인의 종교적 의식에 대한 비판이 코믹하게 그려질 뿐 아니라 콘
베르소에 대한 부정적인 이미지가 신체 부위 중 하나인 ‘코’로
표현되기도 한다. 여기서 ‘긴 매부리코’나 ‘평평한 코’는 귀족
신분에 오른 콘베르소들의 불순한 혈통을 은유적으로 표현하는
것인 동시에 겁쟁이이자 변절자의 자손이라는 부정적인 이미지
까지 담고 있다. 『무죄 소년』에서 기독교에서의 메시아에 해당
되는 예수를 비유하고 있는 소년과 그 소년을 죽이는 유대인 악
한이 등장한다. 이 작품은 기독교와 유대교 사이에서 갈등의 핵
심을 이루는 메시아의 도래를 다루면서 예수를 죽이는 사탄의
종노릇하는 유대인들에 대한 부정적인 이미지가 중세 이후 황
금세기에도 그대로 드러나고 있음을 확인하게 된다. 그런데 콘
베르소에 대한 이런 부정적인 정형화에도 불구하고 로뻬의 극
에서는 어떤 하나의 타입으로 고착될 수 없는 복잡한 인간의 내
면이 강조되는 부분들을 찾아볼 수 있다.

앞에서 언급된 것처럼 콘베르소의 정형화에서 벗어나 긍정적
인 측면이 부각되고 있는 것으로 『아름다운 에스더』가 있다. 이
작품은 구약성서에 등장하는 에스더라는 왕비의 삶을 극화한
작품으로 이전의 부정적 이미지에서 주요 갈등 요소로 등장했
던 메시아에 대한 유대인들의 죄악상을 드러낸 것이 아니라, 구
약에 근간을 둔 기독교와 이교도 사이의 갈등을 다룬다. 이러한
갈등 속에서 신실한 신앙인이자 동시에 인간적으로 겸손하고
명예를 지킬 줄 아는 유대인의 정직한 인간상이 부각된다. 에스

더가 왕비에 앉기 이전, 왕의 명을 거슬러서 추방된 전 왕비 와스디의 교만함과 허영이 에스더의 신에 대한 겸손과 대조를 이루면서 에스더의 덕성이 두드러진다. 또한 삼촌 모르드개와 하만을 대조하면서 자만심과 허영에 차 있는 이교도 하만의 파멸과 선민으로서의 명예를 지키고자 했던 모르드개의 출세를 극적으로 표현하고 있다. 여기서는 콘베르소에 대한 부정적인 스테레오타입처럼 정형화되고 석화된 가톨리시즘과 유대주의의 종교적 교리나 혈통에 근거하여 인물형을 이분화하는 것이 아니라, 개성을 지닌 개개인의 자질을 강조하고 있다. 다시 말해서 인간의 개인적 가치를 강조함으로써 당시 콘베르소들에 대한 편견을 극복하고자 하는 노력이 엿보이고 있음에도 불구하고 그들이 사회적·개인적으로 고립되어 있는 현실만큼은 외면될 수가 없었다. 우리는 현실적으로 콘베르소들이 타자의 위치에서 벗어나지 못하는 이유를 '명예'와 '부'라는 이중적인 가치관으로 양분되어 있던 당시 스페인 사회의 구조 속에서 발견하게 된다.

17세기는 콘베르소들이 사회적으로 확연하게 그 정체성을 확립할 수 있는 시기가 아니었다. 그렇지만 아직까지 사회에 만연해 있는 피의 순수성에 대한 강박관념에 사로잡혀 있던 당시 스페인 인들은 콘베르소에 대한 부정적 시각을 쉽게 떨쳐버리지 못했다. 그와 아울러서 경제적인 부의 축적에 대한 인식이 높아지면서 '혈통과 부'라고 하는 가치관의 양분화를 초래하게 된다. 당시 혈통적으로 가장 순수한 계층 - 여기서의 순수성이란 유태인의 혈통과 섞이지 않은 것을 의미하는데 - 은 시골의 농민들이었다. 『뻬리반녜스와 오까냐의 기사단장』에서 까르뜨로는 "진정한 피의 순수성을 대표하는 전통적인 농촌 출신과 유태인 혈통을 의심받는 이달고들 사이에 대립이 나타나고 있다"고 언급하였다. 이처럼 순수한 혈통의 농민들과 콘베르소의 혈통을 이은 시골 귀족들 사이에서의 갈등은 『후엔떼오베후나』와 『시골의 이달고들』에서도 나타난다. 이런 작품들에서 알 수 있듯이 로뻬는 귀족의 혈통의 불순성에 대해 공격하면서 농민 계급의 혈통의 순수함과 신분적으로 천한 농민들을 이상화한다. 농민들은 비록 비천한 계급의 농군이지만 유태인이나 무슬림과 피가 섞이지 않은 순수혈통을 자랑한다.

혈통에 있어서 순수성을 의심받던 귀족 계급들은 자신의 잃어버린 명예를 보상받으려고 자신의 부를 이용해서 겉치레와 허영에 매달리게 되고 평민들은 외양만 갖춘 귀족 출신들을 조롱하게 된다. 혈통과 계급 사이의 이 같은 이분화 현상이 자아낸 사회적 갈등은 『존경받는 가난』에서 삼각관계에 있는 연인을 통해서 첨예하게 드러난다.

이 작품에서 주요인물로는 도로떼아와 돈 많은 귀족 청년이자 콘베르소인 리까르도, 그리고 가난하지만 순수혈통을 지닌 시골 청년 레오니도가 등장한다. 로뻬는 구기독교인과 신기독교인을 대표하는 레오니도와 리까르도를 통해서 혈통에 근간을 둔 명예와 부로 이분화된 사회적 양상을 고발한다. 혈통에서 오는 명예와 경제적인 부 사이의 갈등을 도로떼아와 삼각관계에 있는 두 청년의 갈등으로 묘사하고 있다. 도로떼아는 가난한 귀족의 자녀로 결혼 상대자를 고르는 시점에서 갈등을 겪게 된다. 그녀는 자신의 결혼 상대자를 아버지께 소개하는 편지에서 레오니도를 "명예는 있지만 실속이 없는 청년"이라고 묘사하고 리까르도는 "부자지만 혈통이 순수하지 못한 청년"이라고 묘사하고 있다. 그러면서 도로떼아는 "혈통이 순수하지 못한 부유함"보다는 "존경받을 만한 가난"을 선택함으로써 부유함보다는 혈통을 우선시하게 된다.

당시 사회적으로 경제적인 부유함이 상당히 중요한 위치를 차지하고 있었기에 레오니도는 경쟁자 리까르도 앞에서 위축되고 자신의 가난을 한탄한다. 그는 "리까르도의 불명예스러운 부와 나의 가문을 바꾸고 싶다."라고 고백하며 "돈이 없는 이달고의 직책은 귀찮은 장식일 뿐이다."라고 스스로를 질책하며 탄식한다. 그럼에도 불구하고 로뻬는 레오니도를 용감하고 고상한 귀족적 성품의 소유자로, 리까르도를 뚜쟁이를 통해서 도로떼아를 유혹하려는 천박한 물질주의자요, 겁쟁이로 그리고 있다. 도로떼아를 유혹하는 데 실패하자 강권으로 그녀를 겁탈하려는 리까르도를 향해 도로떼아는 그의 천박함이 타고난 혈통 때문이라며 비난한다. 뿐만 아니라 주위 사람들은 리까르도의 조상이 종교재판에 회부되었던 점과 스페인에서 추방된 점을 상기시키면서 그를 꾸짖는다. 리까르도의 인간적인 결점이 콘베르소로서의 혈통적인 약점으로 간주되는 것은 당시의 콘베르소에 대한 구기독교인들의 편견을 반영한 것이라고 볼 수 있다. 그렇다면 로뻬 역시 콘베르소에 대한 당시 사회적 편견을 극복하지 못하고 있다는 말인가. 우리는 리까르도란 인물을 통해서 로뻬의 콘베르소에 대한 부정적인 스테레오타입뿐 아니라 콘베르소에 대한 편견을 비판하는 작가의 목소리에 귀를 기울여야 한다. 리까르도의 내적 갈등을 표현한 독백에서 혈통에 근거한 명예에서 벗어나 개개인의 행위와 가치에 기반을 둔 명예를 강조하려는 콘베르소의 요구를 발견하게 된다.

리까르도의 절규에서 우리는 당시 콘베르소들의 정체성에 대한 내적 갈등을 엿볼 수가 있다. 리까르도가 "내가 누구인지 알면 당신이 날 사랑하게 될 텐데."라고 하자 도로떼아는 "네가 누구인지 알았기에 너를 버린 거야."라고 대꾸한다. 여기서 우리는 리까르도가 생각하고 있는 자아상과 도로떼아가 바라보고 있는 리까르도 사이에 깊은 골이 존재하고 있다는 것을 발견하게 된다. 리까르도 자신은 자신이 콘베르소라는 사실이 어떠한 파장을 일으키는지 이해하지 못한다. 콘베르소들은 여러 대를 내려오면서 유대인 혈통에 대한 인식이 약해져서 왜 자신들이 구기독교인들과 사회적으로 다르게 취급되어야 하는지 이해하지 못했다.

스페인 사회에서 영원한 타자로 소외될 수밖에 없었던 콘베르소의 비애는 비단 사회로부터 소외되어 있다는 점에서뿐 아니라, 스스로가 타자임을 인식할 수 없었기에 더 컸다고 할 수 있다. 그들은 자기 스스로가 생각하는 자기와 타인의 눈에 비친 자기가 서로 다름으로 인해 자신이 속해 있다고 믿어 온 사회로부터 소외감을 느낄 수밖에 없었다.

이러한 콘베르소의 내적 갈등은 이 작품의 마지막에 리까르도의 개심을 통해 극복될 기미를 보인다. 도로떼아의 가난을 알게 된 리까르도는 이제까지 돈으로 그녀의 환심을 사려던 천박한 자세를 바꾸어 동정심에서 그녀를 돕는다. 이제 리까르도는 도로떼아를 사랑하는 연인으로서가 아니라 '자매'로 보고 그의 강력한 라이벌 레오니도도 '친구'로 간주한다. 전반적으로 황금세기의 극에 나타나는 콘베르소들이 부정적 이미지로부터 자유롭지 못하지만, 리까르도의 개심은 이제까지 콘베르소에 대해 갖고 있던 구기독교인들의 부정적인 시각에서 벗어나기를 바라는 작가의 의도가 숨어 있다고 할 수 있다. "지금부터가 시작"이라는 리까르도의 고백에서 이제까지의 타자적 위치에서 벗어나 새로운 정체성을 갈망하는 콘베르소의 욕구를 찾아볼 수 있다.

(3) 마녀사냥과 마리야 데 사야스의 여성관:
가부장제 내의 타자

17세기 스페인 문학 작품에 나타난 여성상들은 우리에게 한 가지 의문을 제기한다. 여성은 남성을 유혹하고 파멸시키는 악의 원천인가? 이러한 의문은 남성과의 관계에서 보다 대립적인 양상으로 구체화된다. 여성은 남성들을 조종하는 자인가, 아니면 남성들에 의해서 조종당하는 자인가? 여성들은 악의 근간인 마법을 부리는 자인가, 아니면 마법에 걸린 자인가? 마떼오 알레만이 『구스만 데 알파라체』에서 아내를 남편에게 있어 최악의 적이라고 본 것이라든지, 루이스 데 공고라가 여성에게 신실함이 결여되어 있다고 조롱한 것, 그리고 께베도가 『사기꾼의 인생』에서 여성의 덕과 지적인 자질 양면을 모두 공격하는 것, 그리고 발따싸르 그라시안이 여성을 악의 원천으로 파악한 것 등이 그 예가 된다.

시몬 드 보봐르는 여성이 선천적으로 남성보다 열등하며 사악한 존재라는 인식이 남성을 자아, 여성을 타자, 즉 남성의 주변적 존재로 보려는 남성 중심적인 시각에서 비롯된 것으로 파악하였다. 그녀는 부권제의 문화 속에서 남성이나 남성다움이 긍정적인 것 혹은 규범으로 세워지고 여성이나 여성다움은 부정적인 것, 비본질적인 것, 비규범적인 것으로 간주한다는 것을 비판한다. 그녀에 의하면 여성은 타자성을 강요하는 세계 속에 살고 있기 때문에 자기 자신 속에서 자아 지향적 충동을 느끼면서도 타자의 위치에서 벗어날 수 없게 된다는 딜레마 속에 빠지게 된다는 것이다. 보봐르가 언급한 것처럼 여성에 대한 부정적인 인식이 남성중심적인 사고, 즉 남성을 자아, 여성을 타자로 보려는 이분법적인 사고에서 비롯된 것이라면, 당시 사회적으로 타자의 위치를 차지하고 있던 마녀의 이미지에서 우리는 여성에 대한 사회적 인식을 유추해볼 수 있다. 왜냐하면, 마녀는 여성에 대한 부정적 시각을 가시화한 극단적인 형태이기 때문이다. 여성에 대한 부정적인 시각은 종교적인 문제와 연관되면서 사탄이 여성들의 사악함을 이용하여 마법을 행하도록 유도한다는 생각을 부추겼고 여성은 마법과 직접적으로 관련을 맺게 된다. 실제로 똘레도에서의 종교 재판의 75% 이상이 여성이 연루되어 있었는데 이러한 사실에 근거하여 패시 보이어는 "마법과 성차별의 문제는 마법에 대한 박해가 사실상 여성에 대한 박해라는 점에서 중요한 페미니스트적 이슈가 되었다"고 지적하였다. 여성들은 마법과 연루되면서 이웃의 가축들의 죽음이라는 사소한 사건에서부터 남성의 성교불능에 이르는 다양한 형태의 악재의 동인이 되고 그 비난에서 벗어날 수가 없었다.

'여성은 선천적으로 사악하다'라는 인식에 대해서 마법과 여성과의 관련성, 특히 절대왕정이 그 자리를 잡아가던 시기, 체제 전복의 위협적 존재로 등장한 마녀의 이미지가 어떻게 가부장제의 전통적 가치관을 위협하는 사악한 여성의 이미지와 연관되어지게 되었는가, 다시 말해서 마녀가 여성과 어떤 점에서 공통된 이슈로 작용하게 되었는가를 살펴보면 지배문화와 민중문화의 매개자로서의 마녀(여성)의 타자성을 이해할게 될 것이다.

마녀가 어떻게 등장하게 되었는가에 대해서는 다양한 주장들이 있다. 여기서는 엘리트 문화와 민중문화의 상호관계가 상보적인가, 혹은 상충적인가 하는 두 문화 사이의 헤게모니 관계에서 마녀의 등장을 파악한 뮈상블레의 견해에 초점을 맞추기로 한다. 그는 민중 문화가 중세에 어느 정도 명맥을 유지하다가 절대주의 국가의 문화 통일 정책에 의해 변질되는 것으로 보았다. 그는 민중 문화가 변질되게 된 배경에는 사회 변동에 편승한 민중의 불안과 공포가 자리 잡고 있었다고 지적한다. 오랜 전쟁으로 영토가 황폐해지고, 중세의 세계관이 붕괴되는 상황에서 민중들은 나병 환자나 흑사병 환자, 걸인이나 집시 등 사회 주변인들에게 모든 재앙의 원인을 돌려 심리적 상실감에서 벗어나고자 하였다.

그리고 지리상의 발견이나 흑사병의 발병과 그로 인한 인구의 감소 등 혼란한 상황은 희생양을 요구하게 되고 마녀사냥은 민중의 주변인에 대한 불안 심리를 이용한 당국의 요구를 충족시킬 수 있었다. 마녀는 다각적인 위기의 시대에 유태인이나 문둥이와 같은 주변부 집단들로 육체적으로 고립되거나 추방당하면서 악마 - 모슬렘 왕 - 유태인 - 문둥이 사슬은 종교적·정치적 당국자들이 대량으로 사회의 부정적 요소를 일멸할 수 있는 빌미를 제공해 준 것이다. 그리고 얼마 후 그 사슬에 마녀가 관련되게 된 것이다. 유태인 - 문둥이 - 마녀로의 정차적인 이행이 등장하면서 마녀사냥은 중세 후기 사회 경제적 위기의 징조로

서 유럽에서 본격적으로 등장하기 시작한 주변부 집단의 분리
나 추방의 일환으로 여겨지게 된다. 그리고 열광적인 민중의 호
응에 힘입어 마녀들은 사회 전복의 음모를 꾸미는 적대적인 집
단으로 몰려 추방되었다. 따라서 마녀사냥은 시골의 농민들이
국가의 법과 질서를 존중하게 만들고 사회 제도의 변화 등으로
그 혜택을 누리지 못하게 된 민중이 개인적 차원에서 행하는 사
회적 불만을 억제시키려는 목적을 지닌 광범위한 운동의 일부
로 볼 수 있다.

16, 17세기에 가난한 과부나 노파 그리고 가족의 보호를 받지
못하는 소외된 자들은, 마을 사람들로부터 물질적 도움을 받아
왔지만 장원제의 쇠퇴와 더불어 다양한 경제 환경의 변화로 인
하여 그들은 더 이상 공동체의 도움을 받을 수가 없었다. 이전까
지는 마을 공동체 단위로 빈자들에게 자선과 도움을 주는 전통
과 관습이 있어왔는데, 중앙집권의 공고화를 위한 정책의 변화
로 인하여 가난한 과부와 노파들은 마을의 부담스러운 짐이자
국가질서의 위협적 존재로 전락하게 된 것이다. 국가에서는 무
조건적 구걸을 금했던 반면 교회에서는 여전히 가난한 이웃을
도와야 한다는 도덕적 의무를 고무하던 애매한 상황 속에서 민
중은 대중적 구제가 사라져 가는 현실과 자선을 베풀어야 한다
는 종교적 양심 사이에서 가책을 느낄 수밖에 없었다. 이 부분에
서 이러한 죄책감이 단순히 심적인 것에서 끝나지 않고 마녀 박
해의 중요한 근거로 작용하게 된다는 사실에 주목해야 한다. 마
을 사람들은 불행한 사건이 발생하면 이것을 그 여인들의 보복
으로 간주하고 그들을 마녀로 취급하면서 공동체에서 추방시키
고 그들 자신의 죄책감으로부터 벗어나고자 한 것이다.

결국 마녀와 마법에 대한 비난은 16, 17세기에 경제 변화에 수반된 개인주의적 행동과 마을 공동체의 오랜 윤리적 규범에 의해 요구되는 이웃 간의 자선 행위 사이에서 빚어진 갈등을 반영하고 있다. 심리적인 측면에서 마법이란 자력으로 사회에 적응할 수 없는 힘없는 구성원들, 즉 사회로부터 부당한 대우를 절감한 마녀들의 남성 사회를 향한 보복의 한 형식이었다고 볼 수 있다. 즉, 마녀사냥은 지방분권 체제 속에서 꽃피웠던 다양한 민중 문화가 중앙집권체제의 절대국가에서의 획일화된 문화와 충돌하는 과정에서 불가피하게 발생한 국가차원에서의 강력한 중앙집권화 정책의 일환으로 행해진 '문화의 통일'이었던 것이다. 이런 통일정책으로 인해서 민간전승 속에 실제 존재하였던 관행, 관습, 신앙들을 악마적으로 변형되었고 민중 문화의 일부로 친근했던 마녀는 사회불안을 무마시키려는 당국의 의도대로 사악한 종교집단으로 변모되었다. 그런 맥락에서 볼 때, 사악한 마녀는 누구나 될 수 있었고 어디에나 존재할 수 있는 사회악의 총체적 존재였던 것이다.

셰익스피어도 마녀를 가부장적 체제에 대한 위협적 존재로 묘사하고 있다. 『맥베스』에 등장하는 세 명의 마녀들은 맥베스가 지나가는 길목에서 그가 왕을 죽이고 왕이 되리라는 예언을 한다. 이들의 말을 불경스럽다고 치부해버리는 맥베스와는 달리 그의 부인은 마녀들의 말이 실지로 현실화될 것을 확신하면서 반역을 꿈꾼다. 절대 왕정 시대 왕의 존재가 가부장적 체제의 핵심을 차지한다고 볼 때, 왕을 죽이고 대신 그의 자리를 차지하라고 부추기는 마녀의 모습에서 가부장적 체제를 위협하는 악의 총체적 이미지를 찾아볼 수 있다.

특히, 스페인에서는 중세시대 아랍인들과 유태인들의 전통으로 인해 '사랑의 묘약'을 만드는 마녀들이 문학 속에 많이 등장한다. 페르난도 데 로하스의『셀레스티나』가 그 대표적인 예인데, 실질로 종교재판에 회부된 마법사들 중 상당수의 마녀가 '사랑의 중재자'란 죄목으로 고소당했다. 세르반테스의「개들의 대화」에 등장하는 까니싸레스의 마녀들의 소행에서도 사랑의 중재자 역할을 하는 마녀들을 찾아볼 수 있다.

성적으로 악행을 저지르는 마녀들이 주로 여성이었다는 점이 당시 남성들이 여성을 성서에 나오는 이브나 살로메처럼 관능적이고 남성들을 도덕적으로 타락시키는 사악한 존재로 보는 동인이 되기도 하였다. 민간 문화 속에 녹아 있는 마녀에 대한 부정적인 시각은 성적인 부분에서뿐 아니라, 종교적으로 그들이 악마와 연관되어 있다는 점에서 더 부각된다. 그렇다면 마리아 데 사야스는 남성 작가들이 묘사하는 악의 총체적 이미지로서의 마녀상을 그대로 따르고 있는가?

마리아 데 사야스의『모범 연애 소설』중「사랑의 환멸과 미덕의 대가」에서 마녀 루크레시아는 앞에서 언급된 마녀에 대한 부정적인 속설을 그대로 반영하고 있다. 이 작품에서는 마법이 지닌 초자연적인 힘을 악마적인 것으로 치부하면서 루크레시아를 직업적인 마녀라기보다는 악마의 명령에 따라 움직이는 마녀에 가깝게 묘사하고 있다. 마리아 데 사야스는 이 작품에서 루크레시아라는 마녀를 통해 여성의 성적 에너지를 악마화할 뿐 아니라 알깔라 학생 마법사를 통해서 마녀들이 사랑하는 사람들을 서로 맺어주는 뚜쟁이 역할을 하며 사랑하는 여인을 버리고 다른 여인하고 결혼하거나 결혼 이후 다른 여인과 사랑에

빠지는 남성들에게 복수하는 역할까지 담당하는 것을 보여준
다. 또 페르난도는 남성들이 갖는 성적 불구에 대한 두려움이나
자신이 원치 않는 여인에게 홀려서 자신의 의지에 상관없이 움
직여질지 모른다는 여성에 대한 막연한 위협을 가시화하는 인
물이다. 우리는 절대왕정 시대, 중앙집권의 공고화에 방해가 되
었던 주변 세력에 대한 공포나 위협이 악의 총체적 이미지인 마
녀로 가시화되고 가부장적 사회 속에서 남성들이 갖고 있던 여
성에 대한 막연한 공포심이 여성과 마녀를 연결시키게 되었다
는 결론을 이끌어낼 수 있다.

　한편 「사랑의 힘」에서 사야스는 라우라라는 여자 주인공을
통해서 가부장 사회에서 아무런 힘이 없는 여인과 마법 사이의
관계를 잘 보여주고 있다. 이 작품은 마법은 더 이상 이성적인
방식으로 해결할 수 없을 것 같은 문제에 대처하기 위한 시도,
혹은 사회적인 제도권 내에서 소외되고 나약한 자들이 살아남
기 위해 초월적 능력에 의존하기 위한 수단으로 보인다. 여주인
공 라우라를 비롯한 당시 여성들은 그녀를 법적으로 제도적으
로 보호해줄 수 있는 장치가 없기 때문에 마법이라고 하는 초월
적인 힘에 의존할 수밖에 없었다. 반면에 부왕은 라우라가 남편
에게서 받은 부당함을 중재해 줌으로써 마법의 초자연적인 힘
으로 해결할 수 없었던 문제를 정치적인 권력으로 해결한다. 이
장면은 마녀사냥이 국가의 통치권을 공고히 하려는 통일문화
정책의 일환이었다는 뮈샹블레의 주장을 뒷받침해주는 대목으
로 사야스의 체제 옹호적인 프로파간다성을 엿볼 수 있게 해준
다. 사야스는 마법에 대해 속임수니 장난이니 하는 표현을 쓰고
마법사들이 돈이나 벌 궁리로 사람들을 현혹한다는 점을 부각

시키면서 마법의 실질적인 효능에 대해서 회의적인 태도를 보인다. 그렇다고 사야스가 당시의 가부장적인 체제를 옹호하는지에 대해서 단언할 수 없다는 것은 이 작품이 지닌 서사적 기법 때문이다. 모범 연애 소설은 데카메론의 서사 전통에 따라 성에 관련된 이슈들을 노골적으로 드러내면서도 성과 관련된 갈등과 긴장은 열린 공간 속에서 그대로 유지되고 있어 마법의 효력에 대해서도 다양한 시각을 반영한다.

여성들이 사탄과 내밀하게 연계되어 있다는 반기독교적 인식에 근거한 마녀에 대한 이단 심판은 외적으로는 종교적 · 사회적 정화의 의미를 지니면서 내적으로는 여성이란 성적으로 부정한 존재라는 혐오감을 조장시키게 되었던 것이 사실이다. 그러나 「무죄의 응징」과 같은 작품에서 보다시피 남성마법사의 등장은 악마적인 힘을 지닌 마녀의 형상을 한 악마의 이미지를 통해 남성의 타자로서의 여성이라는 전통적인 시각에서 벗어나 여성의 타자로서의 남성을 바라보는 혁신적인 시각을 제시하였다.

(4) 후안 고이띠솔로의 『사순절』: 포스트모더니즘과 연계한 타자성의 극복

후안 고이띠솔로의 『사순절』은 1991년 1월에 있었던 걸프전이라는 역사적인 현실과 간접적으로 연관성을 맺고 있지만, 주인공은 세계로부터 격리되어 자신만의 내적인 조화와 합일을 추구하는 것을 목표로 삼을 뿐 어떠한 능동적인 행동을 취하지 않는다. 서사적인 면에서는 단절과 파편성, 그리고 불확정성 등의 포스트모던 기법에 의존하면서 내용에 있어서는 모더니티에 의해서 위협받는 휴머니즘을 회복하고, 영적인 평안을 추구하는 모순을 보인다. 이미 작가는 작품의 첫머리에서 단테나 이븐 아라비와 미겔 데 몰리노스와 같은 신비주의자들의 작품을 읽고 얻은 영감으로 죽음과 사후의 세계에 대해서 글을 쓰겠노라는 창작 의도를 밝힌다. 이런 이유로 인해서 상상 속의 죽음과 바르자흐(barzaj)가 등장한다. 이븐 아라비는 바르자흐를 "상상의 세계"로 정의하고 있고 아랍어로 "떠도는 이미지의 세계"를 뜻한다. 결국 바르자흐는 육체와 영혼이 분리되는 존재론적인 중개적 영역이라고 할 수 있다. 이 글이 쓰이게 된 것이 걸프전이 일어난 시기와 일치한다는 이유로 고이띠솔로는 작품의 서두에서 걸프전이 야기시킨 비극성을 언급하고 있다. 걸프전은 작품 전체에 결정적인 의미를 부여하면서 작가의 현대 사회에 대한 비판의 매개로 작용하게 된다. 왜냐하면, 고이띠솔로에게 있어서 걸프전은 지구를 파괴하는 현대성이라고 하는 불가항력적인 힘, 즉 "테크놀로지가 부여하는 전체주의"의 완벽한 표상이었기 때문이다. 따라서 이 작품에서 작가의 내면세계 속에 잠재되어 있던 사회 비판의식과 탈신화화의 기초를 형성해 온 위반의식이 어떻게 형상화되어지는가 하는 점은 중요한 테마가 된다.

『돈 훌리앙 백작의 변론』 이래로 계속된 포스트모던 서사 양식에 근거한 메타픽션의 스타일은 린다 허천의 '수사적 메타픽션'의 형식처럼 텍스트 내부에서의 인식론과 존재론적인 한계를 말소하면서 역사적 현실과 허구의 서사를 서로 통합시키고 있다. 따라서 고이띠솔로의 소설에서는 사회에 대한 비판이 독자들의 일상적인 글 읽기 과정의 해체를 통해서 이루어진다고 할 수 있다. 사순절에서 고이띠솔로는 선진국 중심의 대중매체, 이에 따른 불균형한 정보와 문화의 흐름이 제3세계에 부정적인 영향을 미친다는 점을 부각시킨다. 여기서 우리는 제3세계와 소외계층의 문화적 다원화 현상을 강조해 온 고이띠솔로의 작품 경향이 계속되어진다는 것을 확인해볼 수 있다. 뿐만 아니라 포스트모더니즘의 서사 장치 속에 인간성 회복의 가능성을 탐색하는 과정에서 이슬람의 신비주의적인 체험을 통한 초월에의 의지를 보여준다.

『사순절』에서 화자는 자신의 자아실현의 길잡이가 되어준 절친한 친구와의 관계 회복을 위해 단테처럼 바르자흐로의 여정을 떠나 신비주의적인 경험을 하게 되고 영혼의 평안을 느끼게 된다. 죽은 친구와 계속적으로 대화하기 위해서 죽음과 삶의 경계를 넘어서 바르자흐로 들어가는데 이곳은 이슬람 전설에 따르면 죽은 이들의 영혼이 Naquir와 Muncar의 두 천사들에게 40일 동안 심문을 받으면서 신의 최후 심판을 기다리는 장소이다. 본문 첫머리에서 화자는 자신의 죽음을 알리면서 바르자흐가 지닌 전설적인 의미를 따르고 있다.

즉 화자는 이야기의 처음부터 죽은 상태였고 이야기가 진행되는 내내, 가상적이고 전설상의 장소인 바르자흐를 헤매고 다니면서 죽은 여자 친구와 끊임없이 대화를 나누고자 삶과 죽음의 경계를 넘나들고 있다. 거기서 걸프전의 피비린내 나는 처참한 광경이 삽입되면서 단테의 『신곡』에 등장하는 지옥의 섬뜩한 이미지를 보여준다. 이로 말미암아 바르자흐의 가상의 공간은 걸프전의 대량학살이라고 하는 현실과 만나면서 작품 첫머리에서 화자가 쓰고자 하는 텍스트를 변형시켜버렸다고 말한

다. 화자가 바르자흐를 넘나들면서 삶과 죽음의 경계를 허무는
것처럼 걸프전의 현실은 바르자흐라는 전설의 공간으로 침투해
들어오면서 허구와 진실의 경계를 무너뜨리면서 현실을 바라보
는 포스트모던 시각을 상징적으로 드러내고 있다. 뿐만 아니라
화자가 아랍 세계에서의 장례 의식에 따라 매장되는 장면은 걸
프전으로 형상화되는『신곡』의 무시무시한 지옥의 이미지가 아
랍의 장례의식으로 상징되는 아랍의 전통문화와 교차되면서 두
문화가 서로 융합되는 상징적인 의미를 보여준다. 특히 본문에
종종 등장하는 미겔 데 몰리노스의『영적인 지침』은 산 환 델 라
끄루스와 함께 기독교적인 신비주의적 영향을 보여주면서 이슬
람의 수피즘과 더불어 영적 세계로의 도피라고 하는 수동적인
자세를 보이는데 이것이 사회 참여와 상반되는 의미를 갖는다.
미겔 데 몰리노스는 정통 가톨릭교에서 분리된 이단자 중의 한
명으로 무위주의란 교리를 만들었다. 무위주의에서는 진리에
이르기 위해서 무위의 상태에서 오로지 신을 명상하는 일에 전
념한다. 그들은 죄에서 정화되고 속죄함을 얻는 것은 기도나 자
선과 같이 어떤 의지에 따른 행위를 통해서라기보다는 자신의
영혼을 무위의 상태로 두는 것이라고 한다.

『사순절』에서는 몰리노스에 대해서 간접적으로 언급하지만
실제로 몰리노스는 화자와 죽은 친구를 암묵적으로 연결지어
주는 영적인 교감의 매개체로 작품에서 중요한 위치를 차지한
다. 화자는 텔레비전의 화면을 보면서 현실적인 시간과 공간의
한계에서 벗어나 무위주의의 신봉자처럼, 몰리노스의『영혼의
지침』에 나오는 신비주의적 체험을 경험하게 된다. 고이띠솔로
는 신비주의적 체험이 가져다주는 효과와 걸프전을 TV로 볼

때 느끼는 감정을 서로 같은 선상에 둠으로써 오늘날 현대인들
이 포스트모던 시대의 대중 매체로 인해 비판적 사고가 고갈되
어져 가고 있음을 완곡하게 드러내고 있다. 동시에 여기에는 비
판력의 고갈을 막기 위해 독자들을 허구화된 진실, 프로파간다
적인 허상에서 멀어지기를 바라는 작가의 의도가 깔려 있다. 여
기서 한걸음 더 나아가서 선진국의 대중매체를 통한 제3세계의
문화지배현상을 설명하는 대표적인 학자인 쉴러는 다국적 기업
들이 그들이 장악하고 있는 시장에서 독점적인 이윤추구를 위
해 이를 뒷받침해 줄 수 있는 구조적 체계를 갖추고, 이들의 독
점적 지배를 방해할 수 있는 문화와 정보의 영역에까지 그들의
영향력을 확대해나가고 있다고 비난한다. 이같이 작가는 다원
화된 포스트모던 장치를 통해 걸프전에서의 승리와 서양사회의
진보에 대한 확신을 서로 연결시키면서 첨단장비를 앞세운 걸
프전의 승리는 후진 사회에 대한 선진 사회, 동양에 대한 서양
의 우세를 드러내기에 충분한 것임을 보여준다. 이런 관점에서
볼 때, TV를 통해 본 걸프전의 승리는 곧 TV에 나오는 각종
광고가 지닌 선전 효과와 다를 바가 없다. 즉, 서양의 대중 매체
를 통해서 전달되는 전쟁의 화변은 지옥을 연상시키는 무시무
시한 파괴력과 최신 무기와 장비들을 비롯한 첨단 기술을 앞세
워 타자를 위협함으로써 그들에 대한 자신의 위치를 옹호하고
자 하는 프로파간다의 의도를 내포하고 있다. 이런 대중매체가
지닌 이데올로기적 역할은 테일러가 쓴 글 속에 잘 드러난다.
그는 미국의 뉴스가 제3세계에 해가 되는 소식을 구성하는 흐
름을 주도해나가고 있다고 하면서 미국을 중심으로 한 정보 매
체 간의 거대한 조직체는 첨단 정보 기술체제를 통해 소위 '새

로운 세계 질서'와 '새로운 세계의 정보질서'라는 명분을 앞세워서 자신들 주도하에 세계의 국제적인 커뮤니케이션을 통제하고 있다고 비난한다.

고이띠솔로는 초기 프랑코 체제에 대한 반항, '피의 순수성' 신화에 대한 위반, 수피즘의 종교적 교리를 통한 기독교적 세계관의 거부, 그리고 외로운 새로 표상되는 동성애자를 통한 성윤리에 대한 반발, 마지막으로 그로테스크한 부랑아를 통한 서양의 물질적 세계관에 대해 반항함으로써 문학에 있어서 이단자요, 변절자의 이미지를 보여주고 있다. 작가는 사상적인 면에서뿐 아니라, 글을 쓰는 방식에 있어서도 위반성을 보인다. 특히 화자와 작가의 관계에 주목해서 살펴보면, 독자들은 그의 작품에서 사건을 전개시켜 나가는 화자가 누구인지 정확하게 파악할 수 없다. 이는 그의 작품에 등장하는 화자들이 일정한 자기 정체성을 소유하고 있지 않기 때문이다. 『사순절』에서 작가는 자신의 임종 순간을 기점으로 하여 무덤으로 내려가는 과정을 텍스트로 구성해 나가는 반면, 화자는 죽은 친구와 대화하기 위해서 무덤에서 나와 생과 사의 중간지대인 바르자흐로 되돌아가 작가와는 반대 방향을 택하고 있다. 이러한 이중적인 구도 속에서 독자가 화자와 저자를 명백하게 구분하는 것은 어렵다. 화자/저자의 정체성의 혼돈을 통해 고이띠솔로가 의도하고 있는 바는 독자로 하여금 화자와 저자를 서로 완벽하게 구분짓지 못하도록 하면서 이들과 자신을 각각 동일화하도록 하는 전략을 꾀하고 있는 것이다. 즉, 수동적인 화자와의 동일성을 통해서 확실성이 부재하는 오늘날의 현실에서 대중매체의 이념적 프로파간다의 희생자가 되어버린 현실에 대해 고발하고 적극적으로 텍스트를 구성해 나가는 저자와의 동일화를 꾀함으로써 파편화된 포스트모던 시대에 독자가 자신의 의지적인 노력에 따라 현실에 참여할 수 있다는 자신감을 갖게 해준다. 보드리야르는 독자들이 지닌 수동적이고 무비판적 태도를 일컬어서 "이미지에 대한 구조적인 비현실과 진리에 대한 거만한 무관심"이라고 정의했다. 이는 장 즈네가 현대 자본주의 사회에 대해 가졌던 "고행주의적" 세계관과도 일부 유사하다.

『사순절』에서 등장하는 아랍의 수피즘을 비롯한 신비주의적 시 영향은 고이띠솔로의 작품 경향이 이전의 사회 참여적인 성향에서 벗어나 죽음에 대한 성찰과 영적인 세계에 대한 관심으로 전환하고 있음을 보여준다. 동시에 산 환 델 라 끄루스의 신비주의 시나 레사마 리마와 호세 앙헬 발렌떼의 이단자적인 모습 속에서 고이띠솔로는 정통 교리의 경직성에서 벗어나고자 하는 그들의 자유 의지를 자신의 창조적 작가 의식 속에 투영하고자 하고 있다. 『사순절』에서 Muncar와 Naquir의 천사들이 화자가 쓴 글에 대해서 평하는 부분은 몰리노스를 이단으로 몰아서 파면시킨 교황령의 공문 조목과 유사하다. 여기서 고이띠솔로는 자신의 글과 몰리노스의 글을 평행선상에 두면서 자신의 글쓰기 속에서 이단자적 반항의 의지가 깃들여 있음을 보여준다.

그의 작품을 통해 이단과 정통을 엄격히 구분하는 사상적 획일화가 스페인 공식 문화의 결정적인 맹점임을 일깨워 왔던 고이띠솔로는 이단과 정통의 구분이 내세에서 아무런 의미가 없는 것임을 보여준다. 『사순절』에서 화자는 지옥과 천당에서 메넨데스 이 뻴라요나 블랑꼬 화잇 등을 만나면서 이 세상에서의 이단이 내세에서는 오히려 정통의 자리를 차지하고 신 앞에서 영화를 누릴 수 있다는 점과 내세에서 가장 큰 죄는 종교적인 교리를 앞세워서 사상적인 경직성을 부추기는 것이라는 점을 냉소적으로 보여주고 있다. 화자는 『신곡』에 나오는 주인공처럼 죽음의 세계로의 긴 여정을 떠나면서 시작되는 이 작품에서 그와 사상적인 면에서 서로 상반된 이론을 갖고 있던 자들―고이띠솔로의 표현을 빌자면 스페인 정통 문화의 사상적인 경직성을 초래한 자들로 정통임을 자처하는 인물―에게 죄형이 주어지는 것을 알게 된다. 이들 중 대표적 인물로 메넨데스 이 뻴라요는 지옥과 천당을 동시에 오가는데 그는 자신이 이단으로 신랄하게 비판했던 블랑꼬 화잇이 천당에서 구원받은 자들 사이에서 영광을 받는 것을 지켜봐야 하는 고통을 당한다. 또 미겔 몰리노스를 비롯하여 수피즘을 신봉하던 자들에게 종교 재판을 감행했던 또스따도 역시 자신이 이단으로 본 자들이 천국에서 영화를 누리는 것을 지켜봐야 하는 고통을 겪는다. 지옥에 떨어진 또 한 명의 작가는 사상들을 돈으로 바꾸어 버리면서 끊임없이 재앙을 불러일으키는 소설과 수필, 연극을 만들어낸다. 이 작가는 반아랍주의의 옹호자인 페르난도 사바테르로, 고이띠솔로가 반아랍주의와 반아랍주의자들이 초래한 걸프전이라고 하는 비참한 상황에 대해 얼마나 분노하고 있는지를 보여주고 있다.

이러한 작가의 사상의 근간을 뒤받침하고 있는 사상이 바로 이븐 아라비의 『지혜의 지표』와 수피즘의 범신론적 합일 사상이다. 이븐 아라비는 우리의 정체성은 우주가 실재가 아니라 허구에 불과하고 우리의 존재 역시 우주와 하나로 결합되어 있는 허구의 일부임을 깨닫는 데 있다고 하였다. 범신론적 세계관의 근저에는 '창조의 무한한 능력을 갖는 영혼은 피조물의 모든 형태를 포함하는 동시에 어떤 이미지나 형태에도 구애받지 않는 텅 빈 중앙과 같다.'는 사상이 깔려 있다. 따라서 신과의 합일에 이르는 과정은 곧 절대적인 무소유, 또는 공허함에 이르는 과정이라고 볼 수 있다. 그리고 영혼의 합일과정을 "도그마의 무한한 내면화과정"이라고 본 것처럼 신비주의의 본질은 가능한 모든 차이들을 포용하는 데에 있다고 할 수 있다. 신비주의의 이런 특성은 모든 기존의 전통과 단절하고 다원적이고 상대적인 면을 강조하며 자아와 주관성을 해체하고자 한 포스트모던 사유체계와도 상통한다. 뿐만 아니라 포스트모더니즘이 자아의 해체를 위해서 합리적 이성의 주체로 여겨 왔던 자아의 대상인 타자를 복원시키고자 한 점은 신비주의의 포용성과도 연관지을 수 있다. 그러나 포스트모더니즘의 극단적인 해체전략은 자아에 대한 회의와 함께 존재하는 것 모두가 바로 타자라는 타자 중시의 흐름으로 나아가면서 동등한 가치들의 끊임없는 나열로 일관한다. 이에 비해서 범신론은 자아의 해체와 타자와의 합일을 통해서 진정한 자아 정체성을 지향하고 있다는 점에서 포스트모더니즘과 다르다. 수피즘의 범신론이 합일을 지향한다는 점에서 허구적 현실을 모방한 작품 속에 자신을 동화시킴으로써 자신의 영혼 불멸의 가치를 찾고자 했던 고이띠솔로의 형이상학적 사유체계와 맞닿아 있다고 볼 수 있다. "나: 작가, 나: 쓰인 것"그리고 고이띠솔로는 이러한 불멸화를 글쓰기의 도구로써 신비주의 언어를 빌어 왔고 이들의 언어를 닮아가고자 하는 노력을 통해서 현실에 대한 염세주의적 시각을 극복하려는 의지를 드러내었다. 고이띠솔로의 메타픽션은 신비주의적 글쓰기를 차용하여 현대 사회의 진실 부재를 문제화하고 있는 것이다.

서양 세계의 물질주의적인 가치관으로 매몰되는 인간성 상실의 돌파구를 찾고자 한 작가는 제3자의 중립적인 입장을 고수하면서 타국민의 문화와 삶에 대해 개방적이고 탄력적인 수용 태도를 역설하는데 이런 자세는 오늘날 걸프전 사태를 비롯한 소수 민족들과 주변 민족 간의 적대적인 관계 속에서 발생하는 비인도주의적인 대량 학살에 직면하여 시사하는 바가 크다.

고이띠솔로의 아랍 문화에 대한 관용성은 스페인 문화적 전통에 대한 문제의식에서부터 비롯되었다. 스페인 문화의 시대착오적 성격과 타 문화에 대한 편견 및 자문화 중심주의 등 스페인 사회 전반에 내재되어 있는 부정적인 측면을 부각시킴으로써 스페인 역사를 바라보는 전통적인 민족주의 사관에 문제를 제기하게 된다. 이 무렵부터 아랍적 요소는 그의 작품 속에 지속적으로 등장하면서 스페인 문화에 대한 새로운 해석을 가능케 하는 동기를 제공해왔던 것이다. 고이띠솔로는 이단과 정통을 엄격히 구분하는 사상적 획일화가 스페인 공식 문화의 결정적인 맹점임을 일깨우면서 문화의 정통성과 타자성이라는 이분법적 논리를 일관되게 비판하고 있다. 오늘날 반아랍주의에 대한 비판으로 이어지는 이러한 논리의 근저에는 스페인의 무데하리스모라고 하는 비주류 이념 전통이 자리 잡고 있다. 아랍인들과의 민족적 차이를 뛰어넘어 기독교인과 더불어 집단적으로 환경에 대처하면서 국가를 이루어왔다고 하는 무데하리스모 사상은 고이띠솔로에게 있어서 이슬람을 스페인 문화적 정체성을 구성하는 한 요소로 자아와 타아를 아우르며 새로운 문화적 환경과 자아를 일으켜 세우는 자리가 될 수 있음을 확인케 한다.

3. 결론

　스페인 문학에 나타나고 있는 이단성에 대해 왜 하필이면 정통이 아닌 이단인가에 대해서 논의를 제기한다면 이것은 이미 시대착오적인 발상일 것이다. 그만큼 이미 다원성과 다원주의는 오늘날 사회와 문화를 특징짓는 트레이드마크가 되고 말았다. 문학에서 포스트모더니즘에 대한 논의가 탈식민지주의와 해체주의로 이어지면서 각 민족이나 국가에 대한 문학적 차별성이 다원성이라는 이름으로 통합되어지기에 이르렀다. 따라서 스페인 문학이 다른 유럽 문학과 어떠한 차별성이 있는가를 논하기보다는 아랍 문화와 유대 문화, 그리고 기독교 문화가 서로 어우러져 있는 스페인 문화의 차별성이 어떻게 합일을 추구하는 방향으로 나아가면서 오늘날의 소위 다원화에 근접하고 있는지에 대해서 연구하는 것은 가치 있는 일일 것이다.

　문학적으로는 이제까지 스페인 문학사의 이단아로 사장되어 있는 작가나 작품에 대한 재평가라는 차원에서 가치가 있고, 사회·교육적인 면에서는 중남미 이민자들을 비롯해서 터키나 북아프리카 이민자들을 적극적으로 수용하고 있는 현시점에서 그들의 골수에 뿌리 깊게 박혀 있는 자문화 중심주의나 이민족에 대한 배타적 시각이 하루빨리 청산되어야 할 과제이기 때문이다.

　연구 내용에서 언급한 콘베르소나 아랍, 마녀사냥에 대한 논의에서 공통된 문제점은 이들에 대한 부정적인 스테레오타입에 있었다. 스테레오타입이라는 것은 그들의 진정한 정체성이 무엇인가의 문제가 아니라 의식 구조의 문제이다. 수세기에 걸쳐 내려오는 타자에 대한 부정적인 시각은 의식의 문제이기에 이를 극복하는 데 역시 오랜 시간이 필요하다. 스페인 문학의 거장인 로뻬 데 베가나 세르반테스는 오래전에 스페인 인들이 지니고 있는 왜곡된 타자성을 지적했으며 이를 문제시하였다. 오랜 종교 전쟁으로 인하여 타종교에 대해서 배타적일 수밖에 없었던 스페인의 정치적·역사적 여건을 고려해 볼 때, 일부 공감되는 부분도 없지 않지만, 이들의 왜곡된 스테레오타입에 대한 각성은 경제적으로 재기의 발판을 마련하고 있는 스페인의 이민자 통합정책에서 간과할 수 없는 문제라 할 것이다. 이것은 비단 스페인만의 문제는 아니다. 우리 사회도 이미 2, 3년 전부터 다른 선진 이민 사회와 마찬가지로 이민자들이나 그들의 2세들과 더불어 생활하면서 발생하는 문제에 대해서 고심하기 시작했고 그 해결책을 찾기 위해서 사회 각층에서 심도 있게 연구하고 있다. 하지만 이민 역사가 상대적으로 짧은 한국이 이민 역사가 긴 선진국들의 정책과 전례를 답습한다는 것이 정책적으로나 국민 정서 상 가능하지 않을뿐더러 우리 국민은 아직 그같은 변화를 피부로 느끼고 무리 없이 소화시킬 만한 의식수준에 도달하지 못했다고 본다. 경제대국의 국민으로서 우리가 남을 인정하고 받아들이는 시각은 어떻게 보면 상당히 유들해진 것 같다. 86 아시안게임과 88 올림픽, 그리고 2002년 월드컵을 유치하면서 우리나라의 국제적 위상이 점진적으로 높아졌고, 국제 행사를 통한 외국과의 잦은 접촉으로, 엠브레인 통계자료가 시사하듯, 우리는 우리의 내면 의식과는 상당히 거리가 있는 수준 높은 의식으로 설문조사에 응한 것 같다. 이에 대한 좋은 반증이 바로 "당신 자녀의 학교에서 이주자의 자녀가 반장이

되어도 괜찮으냐"는 질문에 그렇다고 답한 92.2%의 높은 의식 수준과는 대조적으로, "베트남 인이나 필리핀 인과 어느 정도의 관계를 허용할 수 있느냐?"는 질문에 직장 동료로서 14%, 배우자로서 7.2%, 또는 자녀의 배우자로서는 3.0%라는 낮은 의식수준으로 답한 데 있다. 이처럼 우리나라 사람들은 외국인이 자신과 혈연적으로 관련되는 것을 상당히 꺼린다. 위의 설문조사 결과는 외국인, 최소한 노동 이민자 혹 그 2세에 대한 우리의 민족적 우월감과 배타적인 성향을 여실히 드러내는 우리의 의식수준의 현주소라 할 수 있다. 이민족과 함께 더불어 살 수 있는 의식으로의 변화는 글로벌화된 사회를 살아가는 우리 모두에게 절실하게 요청되는 시급한 사항임에 틀림없다.

스페인의 이단성 연구를 통해서 중세 스페인의 종교 전쟁의 역사와 17세기 황금세기 국민극에 나타난 이민족에 대한 스페인 인들의 부정적인 스테레오타입, 스페인 사회에서의 콘베르소의 위상과 그들로 인해 이분화된 가치 체계에 대해서 연구하였다. 이 연구가 가치 있는 이유는 다원화를 지향하는 국제사회에서의 이민자 수용정책에 대해서 알아보고 우리보다 십수 년 앞서 이민자들을 받아들인 스페인에서 이들의 사회 통합을 위한 노력이 어떻게 결실을 맺고 있는지에 대해서도 주목해 볼 수 있기 때문이다.

참고문헌

김원중, 근대 초 스페인 종교 재판소와 유태인 문제,『서양사론』제70호.

박은정, 1987, 현대의 엔트로피적 상황과 계시적 비전 - Thomas Pynchon 의 V를 중심으로, 한국외국어대학교 대학원, 영어과, 1987.

최남숙, 1993, 포스트모던 광고의 개념 정의에 관한 연구: TV광고에 나타난 표현 양식을 중심으로, 고려대학교 대학원, 신문방송학과.

R. 제레미, 김건(역), 1985,『엔트로피: 새로운 세계관』, 정음사.

Beauvoir, *Simone de. Feminist Theory*, 1993,『페미니스트 이론』, 김익두 · 이월영 편, 문예출판사.

______, 1995, *Le Deusième Sexe*, 강명희 역,『제 2의 성』, 하서.

Woolf, Virginia, 2000, 서지문 외 15인,『페미니즘: 어제와 오늘』, 민음사.

Blanco, María Luisa, 1992, Juan Goytisolo ≪En Marrakech puedo escribir y vivir≫, *Cambio* 16, 20 de enero de.

Boyer, H. Patsy, 1995, Toward a Baroque Reading of El verdugo de su esposa, *María de Zayas: The Dynamics of Discourse,* Ed. Amy Williamsen and Judith Whitenack, Madison, Fairleigh Dickenson University Press.

Brownlee, Marina S., 2000, *The Cultural Labyrinth of María de Zayas,* Philadelphia, University of Pennsylvania Press.

Caro Baroja, Julio, 1978, *Los judíos en la España moderna y contemporánea,* 3 Madrid: Ediciones Istmo.

Casado, Gil, 1967, La novela social de España, *Cuadernos Americanos,* 154, Barcelona, 1967.

Castro, Gustavo, 1970, Tradición mística y cervantismo en Galdós, *Hispania* LIII.

Chittick, William C., 1987, *Eschatology Islamic Spirituality: Faundations,* New York, Crossroad.

Derrida, J., 1987, *Writing and Difference,* Translated by Alan Bass, Chicago University of Chicago Press.

Goytisolo, Juan, 1995, Lectura y relectura, *El bosque de las letras,*

Madrid, Alfaguara, 1995.

Grieve, Patricia E., 1991, Embroidering with Saintly Threads: María de Zayas, Challenges Cervantes anbd the Church, *Renaissance Quarterly* 44, no. 1.

Herrero García, Miguel, 1955, *Ideas de los españoles en el siglo XVII*, Madrid: Editorial Voluntad.

Huelbes, Elvia, 1991, La dictadura se cura, El racismo no, *El mundo, suplemento la Esfera,* Madrid, 20 de octubre de.

Hutcheon, Linda, 1988, *A Poetics of Postmodernism: History, Theory, Fiction,* London: Routhedge.

Hutcheon, Steven, 1992, Las brujas de Cervantes y la noción de comunidad femenina, *Cervantes,* 1992, 2 de diciembre.

Jacobus, de Voragine, 1993, *The Golden Legend Reading on the Saints,* Translated by William Granger Ryan, Vol 1, Pronceton University Press.

Kaplan, Gregory B., 2002, *The Evolution of Converso Literature,* 37, Florida: University Press of Florida.

Kayser, Wolfgang, 1963, *The Grotesque in Art and Literature,* Bloomington, Indiana University Press.

Lea, Henry C. 1966, *A History of the Inquisition of Spain,* Vol. 4, New York, Ams Ppress.

Levisi, Margarita, 1974, La crueldad en los Desengaños de María de Zayas, *Estudios literarios de hispanistas norteamericanos dedicados a Helmut Hatzfeld,* Barcelona, Ediciones hisam.

Luis Vivas, Juan, 1963, *Libro llamado instrucción de la mujer cristiana,* Trans. Juan Justiniano, Madrid, Signo.

Perez－Erdelyi, Mireya, 1979, *La picara y la dama: la imagen de las mujeres en las novelas picaresco－cortesanas de María de Zayas y Sotomayor y Alonso de Castillo Solórzano,* Miami, Ediciones universal.

Ratz, Steven T., 1978, Language and Mystical Awareness, *Mysticism and Philosophical Analysis,* London: Sheldon Press.

Mccaffery, Larry, 1982, *The Metaficcional Muse,* Pittsburgh, University of Pittsburgh Press.

Satre, Jean Paul, 1963, *Anti－Semite and Jew,* Chicago: Quadragle

Books.

Scholes, Robert, 1979, *Fabulation and Metaficition*, Urbana, University of Illinois Press.

Shiller, Herbert, 1976, *Communication and Cultural Domination*, New York, International Arts and Sciences Press.

Silverman, Joseph, Some Aspects of Literature and Life in the Golden Age in Spain, *Estudios de literatura española ofrecidos a Marcos A. Morínigo*, Madrid: ísula.

Taylor, Philip M., 1998, *War and the Media: Propaganda and Persuasion in the Gulf War*, Manchester, Manchester U. P..

Trachtenberg, Joshua, 1943, *The Devil and the Jews: The Medieval Conception of the Jew and its Relation to Modern Anti − Semitism*, New Haven: Yale University.

Valente, José Angel, "Anotaciones preliminares," *Guía espiritual*, Madrid, Alianaza, 1989.

Vega Carpio, Lope Félix de, 1968, *Comedias escogidas de Frey Lope Félix de Vega Carpio,* Madrid: Atlas.

Welsford, Enid, 1936, *The Fool: His Social and Literary History*, New York.

Zayas y Sotomayor, María de., 1980, *Novelas ejemplares y amorosas*, Ed. Agustín de Amezúa, Madrid, Alianza.

문화접변, 그 유연한 정체성

김희정

1. 서론

현실의 절박한 문제는 우리의 일정 지평 속에서 구성된다. 그러나 이 지평이 어떻게 형성되는지 쉽게 정의 내리지 못한다. 더욱이 우리가 세계의 모든 것으로 받아들이고 있었던 지평은 사실 그 일부를 일정한 관점에서 비추고 있는 것에 불과하다. 이로인해 인문학자들은 지평 안의 모든 것이 대체될 수 있도록 끊임없이 학문적 노력을 기울인다. 우리의 사고와 행동의 지평이 유연하게 변화하고 있다. 즉, 새로운 보편적 지평의 가능성을 생각하고 있는 것이다.

'보편화'와 더불어 이와 대치되거나 대체될 수 있는 '세계화'라는 용어는 더 이상 우리에게 낯설지 않다. 더불어 새로운 발전이나 그 필요를 하나로 묶어 주는 '다문화주의'역시 마찬가지다. 유럽의 노동자나 이민자 문제, 미국 내 여러 민족의 융합 문제 등 소수자와 타자의 문제를 이해하는 데 이 '다문화주의'라는 말은 어느새 하나의 역할을 맡게 되었다. 사실 이 용어는 어떤 상태를 표현하는 말이기보다는 그 상태를 이해하는 방법론적인 도구라 할 수 있다. 한 사회 속에서 상호 모순되는 문화와 윤리의 존재를 인정하는 것은 융합, 공존된다는 의미다. 여기서 '문화 자주성'에 대한 새로운 개념 정리가 필요하다. 문화(文化)라는 것이 문자화(文字化)되었다는 의미라면, 일정한 사회의 관습체계가 기록되고 전승되며 정형화된다는 뜻이다. 그렇다면 한나라의 특징을 묘사하는 '문화'와 창조적인 인간의 자유의지로 설명되는 '자주성'이라는 상반된 두 단어가 결합하여 만들어내는 의미는 '통합'이 될 것이다. 다문화 수용은 강제되는 것이 아니라 설득의 방법을 통해 이뤄진다. 여러 문화의 융합과 통합은 해석의 작업을 통한 문화적 재생산으로 이뤄진다고 할 수 있다(Habermas, 1992: 130).

지형학적 위치로 인해 다양한 민족과 문화가 교차하며 '안에서'의 사유가 아닌 '밖에서' 또는 '밖으로'의 사유를 가능하게 했던 곳이 이탈리아의 트리에스테Trieste다. 이곳은 충돌과 융합, 통합이라는 과정을 통해 나름의 다문화적 '문화 자주성'을 보여주는 대표적인 장소다. 본 글은 이처럼 지역이나 민족의 문화와 개별성이 존중되는 트리에스테 지방의 다중적 면모를 살펴보고자 한다.

2. 지역학과 지중해학

　반복되는 충돌, 소통, 통·융합과 같은 용어들에서 일종의 '상생'의 의미를 인식하게 된다. 어느 순간부터 이론과 사고의 도식화는 경계되고, 다양성과 차이의 미학을 강조하는 포스트모더니즘의 영향으로 더 이상 우리에게 이런 단어들은 새롭지 않다. 그럼에도 불구하고 시대별·지역별로 생겨난 여러 문화나 문명들이 만나면서 생기는 '상생' 자체가 혼종이며, 그 개념 자체가 모호한 상태에서 소위 지역학이나 국제지역학 등이 등장했다. 이로인해 오늘날에도 그 학문적·이론적 정립이 미완의 상태에 남아 있다.

　비평과 이론 사이의 이 같은 긴장상태에서 지중해학이라는 지역연구는 전통의 비평과 이론의 이분법적 대립이라기보다는 변증법적인 화해라 할 수 있다.

　세계화는 사실 세계 경제의 출현과 산업혁명 이래 서구 세계를 중심으로 전개되어 온 역사적 시기 내지 현상을 가리키는 말이라 이해될 수 있다. 이런 측면에서 세계화는 근대화 또는 서구화와 동일시될 수 있을 것이다. 이 동일시 현상은 세계화의 흐름이 어쩔 수 없는 역사의 전개임을 보여주는 동시에, 그 흐름에서 간과되는 것은 무엇이고 우리가 나아갈 길은 무엇이냐 하는 숙제를 만들어 낸다. 이러한 상황을 마주한 우리에게는 무엇보다도 탈근대적 철학과 사고가 필요하다. 이로인해 단순히 하나의 문명이 다른 문명에 의해 재현되거나 재생산되는 것이 아니라 공존과 상호 인정의 형식으로 만드는 일이 바로 우리의 과제가 될 것이다. 이러한 탈근대 철학의 측면에서 지중해 문명을 고찰해야 지중해 문명의 다양성과 상관성이 제대로 드러난다(박상진, 2002: 129 - 147).

지중해학은 이런 관점에서 논의되어야 한다. '유럽의 지중해'는 세계화의 시대에서 나타난 근대 이념의 허구적 결과이자 현상일 뿐이며, 그 너머에 있는 지중해의 실체를 재현할 필요가 있다.

지중해를 말할 때 페니키아 혹은 그리스와 로마의 바다로서뿐 아니라 아프리카와 이슬람의 바다로 말해야 하며, 더 나아가 '우리의 바다'로 보아야 한다(박상진, 2005: 17~19).

소수의 지역들이 제각기 정체성을 가지고 하나의 큰 지역을 이루는 공간이 지중해다. 지역학의 한자리를 차지하고 있는 것이 지중해학이라면 지중해를 구성하는 기준은 무엇인가? 지리와 종교, 문명과 언어별로의 구분이 가능한가? 유럽과 중동, 아프리카를 아우르는 곳이자, 기독교와 유대교, 이슬람교가 공존하는 장소며 헬레니즘과 헤브라이즘이 혼재하며 다양한 언어들이 이합하는 곳이 지중해라면, 이 '지역'에 대한 명확한 정의가 불가피하다.

사실 지역학은 학문적 활동이라기보다는 식민지 지배 후의 세계에서 탄생한 신흥 독립국가, 대체로 지배하기를 원하는 국가에 대한 국가 정책의 수단으로서 이해되었다. 19세기에 이르러 유럽 제국주의의 발로와 함께 식민지 정책의 직접 통치 수단으로 해당 지역에 대한 관심으로 발전된 것이 지역 연구였다. 미국에서도 지역연구가 발전된 근본적인 동기는 정치적 문제 때문이었다. 유럽을 비롯한 유럽제국주의 하에 있었던 개발도

상국가들 지역의 전문가들이 미국 내에 부족한 상태여서, 이러한 지역들에서 영향력을 행사하기 위해 도입된 것이 바로 바로 지역연구였다(하병주, 2007: 254).

미국에서 정치적 동기로 지역연구가 태동했음에도 불구하고, 학계와 대학 및 연구 교육 기관으로 지역연구가 급속히 확산되어 학문적 기틀을 다지기 시작하면서 '지역학(Area Studies)'이라는 방향 설정이 어느 정도 이루어지게 되었다(Gib 1963: 4). 이 지역학이라는 범주가 세계 지배를 위한 도구에서 탄생되었든 어쨌든, 국제관계의 질서를 분석하기에 적절한 방법론 중 하나임은 틀림없다.

어쨌든 이 지점에서 문제가 되는 것은 바로 지역학에서 적절한 지역 단위를 설정하는 일이다. 우리가 말하는 '지역'은 'Region'의 의미에서 보다 발전한 포괄적인 'Area'의 의미라 하겠다.[55]

그렇다면 이탈리아는 지중해에서 어떤 대상이며 주체인가? 지중해 역사에 커다란 획을 그으며 오늘날 지리적으로도 지중해의 한 부분을 차지하고 있는 이탈리아와 지중해의 관계를 보았을 때 그 사전적 정의는 다음과 같이 정리된다. 이탈리아는 남유럽 지중해에 돌출한 반도와 그 부근의 섬으로 이루어진 공

---

55) 'Region'은 '기후적 · 지리적 · 문화적 등의 특징에 의해 다른 것과 구별되는 구역'으로서 설명되며, 'Area'는 이 같은 'Region'의 개념에 시간이 이입된 복합 개념으로, '어떤 범위의 시 · 공간적 구역'로 정의될 수 있겠다. 또한 일본의 야노 토루 교수는 '지역'을 구분하는 데 '세계단위론'에 대해 언급한다. 그에 따르면 '세계단위'는 "그 자체가 정확한 존재 이유를 갖는 지역 단위"라고 규정하면서, 지역학의 지역 단위는 무엇보다 그곳에 살고 있는 주민들의 생활과 세계관, 그리고 그들이 만들어 내는 네트워크에 의해 결정하는 것이 좋다는 것이다(야노 토루, 1999: 8). 이는 종교와 정치, 경제 등에서 다양성을 보이면서도 하나의 통일 지역으로 묶을 수 있는 지중해를 설명하기에 적합한 이론으로 보인다.

화국이자 온화한 지중해식 기후를 지니며, 로마 시대 이래로 그리스와 더불어 서양 문명의 원천이었던 국가로, 문학, 미술, 음악 등의 예술이 특히 잘 발달하여 지중해 지역에 영향을 미치는 곳(Wikipedia, 2010: "Italia").

이탈리아에서 지중해의 의미는 어떠한가? 이탈리아는 북부 알프스를 배경으로, 국경의 대부분이 티레네 해와 아드리아 해, 이오니아 해 등 바다와 인접하고 있는 반도 국가다. 이 다양한 바다는 문명의 충돌과 상생이 이루어지는 교차점 지중해로 아우러진다. 또한 이탈리아는 유럽에서 영국 땅 다음으로 큰 두 개의 섬 시칠리아와 사르데냐를 비롯해 토스카나 지역의 엘바(Elba)와 같은 작은 규모의 섬들을 아우른다. 이 크고 작은 섬들을 둘러싸고 있는 바다 역시 '우리의 바다mare nostrum'라 불리는 지중해로 흘러 들어간다. 따라서 이탈리아는 남유럽과 서유럽, 동유럽과 중부유럽까지 아우르며, 시칠리아는 아프리카와 맞닿아 있는, 그야말로 지리적 측면에서 지중해적 정체성이 확실하다.

문명의 측면에서 살펴보자. 지중해에서 로마제국의 문화사적인 역할에는 다음 네 가지가 있다.

첫째, 로마는 그리스문화의 전달자, 계승자의 역할을 했다. 로마문화가 존재했으나 독창적이거나 지속적이지 못했다. 처음부터 그리스문화의 지배를 받았다. 희랍어가 로마의 중심언어로 등장했으며 그리스 철학과 사상도 로마화한 것이었다. 폴리비우스Polybius는 『로마사』에서 로마창조의 원동력이 무엇인가를 최초로 정치학적인 측면에서 규명하였는데, 그는 다름 아닌 그리스인으로서 로마사를 쓴 사람이었다(E.M.번즈, R.러너, S.

미첨, 1997: 38).

둘째, 로마는 원시 기독교가 성립되어 헬레니즘과 함께 서양사상의 원류로 헤브라이즘이 자리 잡게 했다. 기독교는 그리스적인 부분과 로마적인 부분으로 바뀌게 되었다(지동식, 1983: 72).

셋째, 로마는 정치와 문화의 융합이라는 역할을 했다. 정치적인 안정성 덕분에 하나의 폴리스polis라는 측면에서 세계성을 추구했다. 질보다는 양적으로 끝없는 정복사업을 통해 문화를 계승, 보호하는 역할을 했다(로널드 R 더들리, 1997: 69).

넷째, 로마제국에서 취하고 있는 문명체계를 아랍에 물려주었다. B.C. 6세기 이후 마호메트 세력은 확대되어 나갔으며, 지중해 세력을 제패하기 위해 노력했다. 결국 비잔틴 문명, 마호메트 세력은 로마문명과 접하게 되었는데, 분석적 · 해석적 · 응용적인 그리스문화의 정수를 받아들여 발전시켰고 서유럽으로 전달하는 헬레니즘의 매개자의 역할을 하였다.

사실 지중해 문명은 고스란히 역사는 물론 여러 문학 작품 속에서도 등장한다.

역사와 문명의 최초이자 유일한 요람이라 여겨지는 지중해는 일찍이 호메로스의『오디세이』주인공 오디세우스가 트로이 전쟁에서 승리한 뒤 집으로 돌아오는 고난의 무대이기도 했고, 이후『일리아스』의 아이네이스가 새로운 땅을 찾아 아프리카와 에트루리아를 향해 가는 망명의 장소이기도 했다. 페니키아 인들에게 지중해는 삶과 생존, 그리고 교역과 교통의 장소였으며, 베네치아, 제노바를 비롯해 피사와 아말피에 이르기까지 이탈리아의 여러 해상공화국에게 지중해는 무역의 무대이자 정복의 대상이었다. 또한 그들이 이탈리아 반도 내부와 해안을 정복하기 위해 터키와 이슬람 세력과 치열하게 싸우던, 일명 '문명의 충돌전'이라 불리던 무대이기도 했다.

하지만 사실상 이탈리아 문학사에서 지중해는 꾸준히 등장하고 있지만 그 역사적 존재만큼 강하게 표현되지 않는다. 단테(Dante)의 『신곡』에서만 하더라도 지중해는 '헤라클레스 기둥 신화'56)였다. 지중해는 생명의 장이자 동시에 한계였다. 오디세우스의 신화는 19세기까지 이어져 이탈리아 문학 중 가장 위대한 해양 소설에서도 지속되고 있기는 하지만, 역사상에서 지중해의 긍정적인 존재감과 달리 문학상에서 그 존재는 미약하고 부정적으로 그려지기까지 한다.

이탈리아에서 강력한 지중해를 예찬하는 곡 중 하나는 베르디Verdi의 오텔로Otello 서막 곡이다. 아이러니한 점은 셰익스피어 원작인 이 작품이 타 인종에 차별을 드러내며, 서양문화를 철저히 상대화한 채 오리엔탈리즘적 차별과 멸시, 제국주의적 침략과 지배를 합리화한 작품이라 비난받는다는 점이다. 지중해를 소유하려 했기에 그 바다의 위력으로부터 벗어날 수 없는 비판을 받는 것이다.

한편 현대에 들어 이탈리아 작가 베르가Verga는 그의 고향 시칠리아를 배경으로 하는 작품 『말라볼리아가 사람들 *I Malavoglia*』을 통해 지중해가 지니는 두렵고 위협적인 모습을 묘사하고 있다. 고요한 지중해는 더 이상 이탈리아에서 인간적이며 지배 가능한 곳이 아니다. 바다로부터 아랍 인들과 터키

---

56) 신화에서 지중해는 생명의 장이자 동시에 한계였다. 지중해 너머에는 끝없는 낭떠러지가 있어 인간의 능력을 넘어선 영웅만이 그 한계를 넘을 수 있다고 여겼다. 그곳에 붙여진 이름이 '헤라클레스의 기둥'이다.

인들 등의 외부 위협이 전해진다는 베르가의 묘사는 쓰디쓰고 두려움과 불안을 만드는 곳이며 전장이 지중해임을 보여준다. 하지만 무엇보다도 "바다는 흐르기에 누구의 국가도 되지 않는다"라는 그의 표현처럼, 누구의 소유도 될 수 없기에 두렵고 위협적인 것이 바다였음을 보여주고 있다.

이 사실이 반영하는 것은 무엇인가? 그들의 역사 속에 강력한 배경이 지중해이기는 하지만, 글 속에서 지니는 그 존재는 영화로운 '과거 사건의 고정된 무대'로서가 아니라 변화무쌍하여 다양한 관점의 충돌이 예상되지만 '흘러가며 살아 있는' 점이라는 것이다.

이는 바로 하나의 은유였고 상징이었으며 '과거'가 아니라 현재며, 그야말로 모든 것을 하나로 묶는 세계화의 시대에 함께 고려해야 할 우리의 시공이 바로 지중해라는 것이다. 이탈리아에서 이 같은 지중해학의 의미는 또한 '변경 연구'라는 분야와 밀접한 연관성을 가지게 된다.

앞서 언급했듯 시·공간적 범위를 아울러 지칭하는 지중해는 말 그대로 시간과 공간을 넘나들며 다양한 문명이 공존하는 다중적 성격을 지닌 곳이다. 따라서 통시적이면서도 공시적인 연구가 가능한 분야기도 하다. '변경 연구'가 지니는 문제의식 또한 이와 상응한다. 즉, 국민국가의 닫혀 있는 국경이 아니라 서로 다른 민족과 문화, 일상의 관습과 경제생활이 경계를 넘나들며 서로 갈등, 적응, 혼합, 통합되는 교류의 장으로서 역동성을 새롭게 인식하려는 것이 바로 '변경 연구'인 것이다(Hatings Donnan, Thomas Wilson, 1998: 143).

3. 문화접변과 다문화

시작 단계로 들어선 지 얼마 지나자마자 두드러진 '변경 연구'57)는 문화 연구, 민족 연구, 다문화 연구를 아우른다. 유럽의 언어에는 영어의 변경(border), 분계(boundary), 국경(frontier)과 같은 개념들을 지칭하는 용어들이 존재하며, 유럽 언어 중 독일어에서만 이 개념들이 'grenze'라는 하나의 어휘로 통용되고 있다. 이런 용어의 구분은 지리상 중앙유럽에 속해 있는 트리에스테의 존재를 이해하는 데 도움이 된다. 해상활동과 교역을 할 경우 해안선을 따라 지역문화가 내륙의 문화와 다를 수 있다. 트리에스테의 경우가 대표적인 '변경 지대'로, 바로 '선명하지 않는 경계'다(김희정 2009: 66). 트리에스테는 이탈리아 내에서도 '문화 접변(acculturation)'이나 문화 변동이 비교적 큰 지역이다. 트리에스테가 이탈리아 사인가, 오스트리아 속의 중앙 유럽인가라는 정체성 문제는 오랫동안 제기돼 왔다. '문화접변'이란 앞서 명기된 영어의 'acculturation'을 번역한 것이며 이를 '문화 이식'으로 번역해 사용하기도 한다. 이 개념은 원래 나라

---

57) 유럽에서 ≪변경연구≫에 견줄 만한 학술지는 없다. 그러나 최근 수십 년 사이 많은 연구 기관들은 유럽의 특정 학과를 배경으로 출연하고 설립되었고, 그 기관 중 일부를 기재하고자 한다. Centre for Cross Border Studies (Armagh, Northern Ireland, UK), Centre for International Border Research (Queen's University, Belfast, UK), Centre for Regional and Transboundary Studies (Volgograd, Russia), Danish Institute of Border Region Studies (Aabenras, Denmark), Geopolitics and International Boundaries Research Centre (School of Orient and African Studies, University of London, UK), International Boundaries Research Unit (University of Durham, UK), Nijmegen Centre for Border Research (Nijmegen, The Netherlands), Centre for Border Studies (University of Glamorgan, Wales, UK).

간에 서로 다른 문화가 접촉하는 과정에 영향을 미쳐 야기되는 문화변화 현상을 의미한 것이다. 그러나 오늘날에 와서는 이질적 문화를 가진 개인이나 집단이 다른 일방의 문화에 동화해 가는 과정을 문화접변 과정이라는 개념으로 폭넓게 설명하기에 이르렀다. 이렇게 개념이 넓게 해석 된 까닭은 과거에는 주로 문화를 달리하는 나라들 간의 접촉과정에 발생하는 문화의 변화양상에 연구의 관심이 집중되어 있었으나, 오늘날에 와서는 한 나라 내부의 여러 집단들이 서로 다른 문화들을 형성해 쌍방이 다른 문화를 수용하거나 그 문화에 동화해 가는 변화과정에 연구관심을 가지게 되었기 때문이다(이광규, 1998 참고). 즉, 한 나라 내부에 형성된 집단들 간의 이질적 문화가 서로 접촉하며 갈등을 유발하고 동화되는 등의 복잡한 관계과정을 문화 접변이라는 개념으로 설명한다. 유럽과 지중해, 발칸 지역을 두루 아우르는 트리에스테의 지역 연구가 문화접변 현상을 두드러지게 보이는 이유도 이 때문이다. 다른 문화권 간의 접촉은 다원적 채널을 통해 이루어지며, 지중해지역에서 일어나는 문화변동의 특성을 찾아볼 수 있는 주요한 수단 역시 '문화접변' 연구이며 '변경연구'다(Malcom Anderson, Aberhard Bort, 1996: 32). 역사가 빌라르(Pierre Vilar)의 말처럼 세계사는 경계 위에서 가장 잘 관측될 수 있고, 트리에스테 문화의 형성과 발전과정은 '변경'의 의미, 즉 국경 부근에, 혹은 경계 위에 살고 있는 사람들의 다양한 경험과 다중적인 정체성을 통해 그 존재를 드러내고 있다.

1) 이탈리아의 총체성과 다중성

'완전한' 정체성이라는 정의가 이탈리아사에 적합한지에 대해 살펴보게 되면, 왜 트리에스테 지방을 이탈리아의 한 부분이면서도 유럽과 지중해의 한 부분으로 양가적 인정이 가능한지 알 수 있을 것이다.

포에니 전쟁 바로 전부터 시작해 로마 멸망 직전 정치적 통일을 이루었던 시기를 제외하면, 1861년 이탈리아 왕국이라는 이름으로 통일될 때까지 이탈리아는 사실 한 번도 하나의 국가 아래 통일을 이뤄 본 적이 없다. 오스트리아 제상 메테르니히의 말처럼 이탈리아는 단지 지리적 이름에 불과했던 것이다.

이탈리아라는 이름은 제정 로마시대에도, 중세시대에도 계속 존재했던 이름이다. 이는 송아지의 땅이라 일컬어지는 고대 이탈리아어 '비텔리아Vitelia'에서 유래해서, 이탈리아 반도 남부만 지칭했던 것이 차츰 확대되어 아우구스투스(Augustus) 황제 시대에 와서 알프스와 바다 사이의 지역, 즉 현재 이탈리아 반도 전체를 가리키는 이름이 되었다.

중세가 시작되면서 이탈리아의 험한 지형 때문에 사람들은 왕래가 뜸해지고 로마 이전처럼 부락을 이뤄 생활하기 시작하면서 자연스레 지방색이 생겼고, 특히 대부분의 이탈리아 도시가 자체 국가를 형성하던 중세 이후 지방 파벌 구도는 강해졌다.

중북부 도시 국가들이 서로 경쟁하며 다투는 동안 이탈리아 남부는 외세에 시달린다. 9세기에는 아랍인들이, 11세기에는 노르만 인들이 남부 지배하며, 이어 독일과 프랑스, 스페인이 차례로 시칠리아와 남부 이탈리아를 지배하게 된다.

15세기 중엽, 보다 강력한 도시국가들이 대두되어 약한 도시를 합병해서, 이탈리아반도는 밀라노, 베네치아, 피렌체, 나폴리, 로마의 교황령 국가 등 다섯 나라로 분할된다. 여러 주위 강대국들이 이탈리아를 점령하고자 패권을 다투고, 16세기 중반 스페인과 프랑스 간의 오랜 전쟁이 스페인의 승리로 끝이 나면서 18세기 초반까지 이탈리아는 스페인의 지배를 받게된다. 스페인은 밀라노공국과 나폴리, 시칠리아, 사르데냐 왕국을 소유하고, 교황과 밀접한 관계를 맺고, 이탈리아 내 다른 정부를 통제하며 제노바와 피렌체 정부에 대한 영향력을 확고히 하고자 한다. 18세기 초 유럽 왕위 계승을 둘러싼 전쟁이 시작되며 스페인 내부가 힘을 잃자, 이탈리아의 작은 나라들은 유럽 열강들이 나눠 가질 상품으로 전락하게 된다. 1748년 밀라노는 스페인의 지배에서 오스트리아 지배로 넘어가고, 파르마는 파르네세(Farnese: 1545~1731 파르마 다스린 이탈리아 가문)에서 부르봉 왕가로, 피렌체는 메디치 가문에서 합스부르크 왕가의 후계자 마리아 테레자의 남편이 될 로렌(Lorena) 가문에 속하게 된다. 한편 나폴리와 시칠리아는 자주국이 되었다가 부르봉 왕가에 선사되고 사르데냐는 최종적으로 사보이 왕가에 귀속된다(크리스토퍼 듀건, 2001 참고).

1800년대 이탈리아는 프랑스 혁명 영향과 나폴레옹의 개입으로 자유주의 물결이 유입되어 통일을 갈망하기에 이르고, 1861년 이탈리아 북부 피에몬테 왕국의 주도 아래 통일을 이루게 된다.

그러나 이는 정치적 통일일 뿐이었다. 당시 수상이었던 다젤

리오Massimo d'Azeglio는 '이탈리아를 만들고 난 뒤 이탈리아 사람을 만들어야 한다Fatta l'Italia, bisogna fare gli italiani'는 주장을 하게 된다. 이어 통일에 힘쓴 사르데냐 출신의 정치가 카부르Cavour 또한 숨을 거두기 직전 이탈리아를 조직하는 것과 남과 북을 함께 융합시키는 것은 오스트리아에 대항해서 전쟁을 하는 것만큼 힘든 일이라고 했다. 이는 수세기 동안 이탈리아는 있었으나 이탈리아인이 존재하지 않았다는 것을 여실히 보여주는 예이다.

흔히 이탈리아인들의 다양성과 배타성을 동시에 이르는 말로 '캄파닐리즈모Campanilismo'라는 용어를 사용한다. 마을의 종탑을 일컫는 '캄파넬라'라는 단어에서 파생한 것으로, 본인의 고향 종탑이 가장 아름답다는 자부심을 말하는 것이다. 일종의 향토애라고 볼 수 있지만, 이탈리아 중세의 도시국가의 유산으로 인한 강한 지방색으로 인해 만들어진, 지역감정, 지연, 배타주의, 즉 다양성과 배타성의 양면을 모두 상징하는 표현이라 하겠다(허유회, 윤종태, 2001: 17 - 18).

2) 문화 접변 지역 트리에스테

(1) 트리에스테 문화 형성 배경

앞서 언급했듯 이탈리아는 존재했으나 이탈리아 인이 없다는 표현은 트리에스테의 역사를 통해서도 고스란히 드러난다.

트리에스테는 중앙 유럽의 아드리아 해(海) 북부, 슬로베니아와의 국경지대에 자리 잡은 항구 도시로서, 중부유럽을 배후지로 가진 중요한 상업항이다. 로마인(人)이 식민도시로 세운 것이 그 기원이며, 1295년 자유도시가 되었고 1382년 이후 오스트리아의 지배하에 들어갔다. 1719년 자유항이 된 뒤 19세기 때 오스트리아 유일 해항(海港)으로 발전하였으며, 제1차 세계대전 결과 1919년 이탈리아에 병합되었다. 슬라브계 주민과 이탈리아계 주민이 혼주(混住)하는 이 도시는 제2차 세계대전 후 이스트라 반도에 속하는 주변 지역과 더불어 국제연합 관리하의 트리에스테 자유지구가 되었다. 그러나 이와 같은 조치는 트리에스테 자유지구의 귀속문제를 둘러싼 이탈리아와 유고슬라비아의 대립 및 두 나라를 각기 지지하는 동서 양 진영의 대립을 가져왔다. 그 후 1954년 잠정 조치에 의해서 미국·영국이 관리하고 있던 A지구의 대부분은 트리에스테를 포함해서 이탈리아의 행정관할하에, 유고슬라비아가 관리하고 있던 B지구와 A지구의 일부는 유고슬라비아의 행정관할하에 놓이게 되었다. 1975년 이탈리아·유고슬라비아 양국은 앞의 잠정조치를 승인하는 협정을 체결하였다. 즉, 트리에스테 시(市)를 포함한 북부 일대가 이탈리아의 트리에스테 현이 되었다(Silvio Benco, 1939 참조; Wikipedia, 2010: "Trieste").

이렇게 합스부르크 제국과 이탈리아 반도 외곽에 위치한 도시 트리에스테는 19세기로부터 오늘날에 이르기까지 대도시의 운명을 결정하는 문화·인종의 교차지점이었다. 이탈리아 작가 움베르토 사바에 따르면, 트리에스테는 항상 인종의 용광로였다. 다양한 인종의 융합은 기존의 다문화현상이 뿌리 깊게 박혀 있던 이탈리아 언어와 문화와 마주치며 또 다른 이탈리아를 만들게 된다(Umberto Saba, 1964: 818 - 819).

중·북부 유럽, 발칸 반도(이 지역을 지중해의 한 부분으로 볼 것이냐 아니냐에 대해 제기되는 뜨거운 논쟁은 본 글에서 논외로 한다)로부터의 이주자들, 프랑스 혁명 시기 때의 도피자들과 귀족 등 타 문화를 가진 사람들이 초기 트리에스테의 중요한 지식층을 구성했는데, 이들로 인해 트리에스테는 처음부터 유럽의 다양한 사상과 대면할 수 있게 된다. 특히 주목할 만한 점은 근대화 양상에 따른 도시 발전으로, 먼저 신(新)도시를 구성하고 있는 다양한 인구에 따른 다국적과 다문화 양상을 들 수 있다. 고대와 중세의 흔적을 가지고 있으면서도, 신고전주의에서 절충주의로, 19세기 후반 신고딕과 신르네상스로, 20세기 초 유겐트(Jugendstil)와 분리파(Secession)로의 발전 단계에 부합하는 도시의 '근대적' 양상도 그들의 다문화적 면모 중 일부라 할 수 있다. 뿐만 아니라 언어-슬로베니아어, 독일어, 이탈리아어의 혼용-의 다중화 현상이다(Angelo Ara, Claudio Magris, 2007: 38). 끊임없이 이탈리아사의 한 부분인가, 오스트리아사의 그것인가라는 정체성 문제 앞에 오랫동안 던져져 왔던 트리에스테의 경우, 이런 '근대적' 양상은 일종의 문화적 '상생'의 결과라 할 수 있다.

이런 트리에스테 역사는 호미 바바의 식민이론으로 보다 잘 설명될 수 있다.

먼저 호미 바바는 문화의 위치, 차이difference, 모방mimicry 등의 개념을 통해 식민의 상황을 이론화한다.[58]

---

58) 후기식민주의는 식민 상황의 역사를 지식, 권력, 주체성 등의 문제들을 통해 재인식하는 일종의 철학적·역사적 담론이며 식민주의나 식민 경험에 대한 다양한 비판적

과거 다양한 방법으로 종속이나 식민을 경험하는 곳이라면 그의 후기 식민주의이론이 적용될 수 있다고 본다. 다시 말해 정치적 · 경제적 · 문화적 · 군사적인 측면에서 부분적이거나 일시적인 종속은 현재에도 목격되어지는 현상이기에 후기 식민주의는 지역이나 시대의 경계가 존재하고 자아와 타아의 공간적 상징 개념이 쓰이는 모든 대상에 확대 적용될 수도 있다고 하겠다. 객체와 주체의 불평등한 관계가 지속되고 타아와 문화 산물이 자아의 욕망의 대상이 되는 트리에스테의 역사적 경험과 상황 역시 호미 바바의 이론을 바탕으로 극복되어질 수 있는 것이다.

특히 바바의 이론 중 '모방mimicry'은 변화에 대한 욕망의 표현이자 차이의 주체로서 타아에 대한 인식과정이다. 이는 단순히 나르시스적인 타아아의 동일화를 희망하는 의존적인 관계가 아니라 식민 상태를 전복하려는 의지로, 제국주의 식민 주체의 현재성을 부분적으로 드러냄으로써 그들의 부분적인 인식에서 오는 애매함을 강조하게 되고 그것은 부분적 존재성의 반복적 표현에 의해 이루어지는데 식민지의 주체들을 그렇게 함으로써 역사적 · 문화적 차이의 혼란스러움을 드러내고 오히려 그것을 정리한다(호미 바바, 2002). 즉, 다문화가 지니는 갈등과 소통 그리고 상생 등을 통해 그들만의 문화를 만들고자 했던 트리에스테의 욕망은 바로 변화에 대한 욕망의 표현이자 차이의 주체로서 타아에 대한 인식과정인 바바의 '모방mimicry' 이론으로 설명될 수 있다.

---

(2) 트리에스테의 다문화 현상

일찍이 베티차는 트리에스테를 합스부르크 배후와 연계되는 상업성과 함께 이탈리아 반도에 강하게 얽힌 이중적 민족성을 가진 곳이라 소개했다(Enzo Bettiza 1966: 24). 오스트리아의 지배 아래 교역과 상업의 발판을 공고히 다진 뒤, 합스부르크 제국의 쇠퇴와 더불어, 제도적 정체와 국가주의라는 소용돌이 사이에서 이탈리아와 문화적 교류를 강화하던 트리에스테 특유의 융통성이 원인일 것이다.

스베보Italo Svevo의 '트리에스테'나 무질Roberto Musil의 '빈', 카프카Franz Kafka의 '프라하', 루카스Lukacs의 '부다페스트' 간에는 언어, 국적, 사상의 구분보다 훨씬 끈끈한 어떤 운명적인 정신적 연결고리가 있다고 파악한 베티차의 통찰력은, 지리적으로 중앙 유럽에 위치한 트리에스테가 시공을 초월해 여러 문화의 소통의 장이 되었음을 꿰뚫고 있는 것이었다. 이 사실은 역으로 트리에스테의 문학 활동이 기존 이탈리아 문학 세계에 국경을 넘어선 새로운 지평을 열게 해주는 계기가 되기도 한다.

트리에스테 문학은 다양한 문화와 다양한 언어로 구성된다. 즉, 이탈리아 작가는 물론, 무질과 카프카를 이탈리아에 소개한 독일계 작가 바즐렌Bobi Bazlen[59]을 비롯해, 슬로베니아의 조

---

59) Bazlen, Roberto(1902~1965), 이탈리아 문학가이자 방대한 양의 문학작품을 평론한 비평가. 출판 분야에서는 Bobi Bazlen으로 알려져 있던 그는 '문화 매개자'로서 중요한 역할을 한다. 수년간 Einaudi 출판사 함께 작업하고 1962년 설립된 Adelphi 출판사의 카탈로그 제작에 절대적인 조언을 주기도 했다. Bazlen 사후 직후에서야 윤리 비평서면서 때로는 격언집 형태를 띤 그의 산문집이 출판되는데, 『편집서 *Lettere editoriali*』(1968), 『본문 없는 주석 *Note senza testo*』(1970), 『장거리 통솔자 *Il capitano di lungo corso*』(1976) 등이 있다.

이스나 카프카로 분류되며 사회 부조리와 대두되는 슬로베니아 국가의 문제점을 다루는 찬카르[60] 등이 혼재하며 트리에스테 문학을 형성했다.

이런 의미에서 '트리에스테 문학'을 정확하게 표현하자면 '트리에스테를 접경으로 하는 문화' 속에서 태어난 문학이라 할 수 있다. 이로 인해 판크라치는, 다양한 방언을 토대로 쓰는 작가들의 언어의 재발견 지역으로, 그들의 작품 속에는 당연히 공통된 정신적 초조함이 발견된다고 분석한다. 오늘날 트리에스테에서는 12개의 혈통이 섞인 트리에스테 인들도 볼 수 있는데, 이런 현상은 이곳 거주민들의 특유 '병리' 현상(신경증이나 노이로제)의 원인 중 하나라고 연구되기도 한다. 트리에스테에서 정신분석학을 연구하거나 이를 주제로 삼은 작가들이 많다는 사실과 무관하지 않다(Pancrazi, 1930 참고). 다문화 지역이 만들어낸 다양하고 복잡한 문학적 지식들, 고뇌가 깃들 수밖에 없는 복잡한 언어 문제, 그리고 내적 성찰이라는 연구 양상 등은 이 지역이 만들어내는 배경과 문제 제기에 접근하려는 작가들의 결과물인 것이다(김희정, 2009 참고).

무역을 통해 얻은 이윤으로 공업과 보험업에 투자하면서 점차적으로 입지를 공고히 하던 중산 계층은, 그 지역의 귀족 전통이 부재하여 일찍이 도시의 지배계급을 형성하던 경제 자본에 전념한다. 특히 국경지방이 가지는 특유성 때문에 독일문화와 이탈리아문화의 통로 역할을 해오며 이질적인 전통들이 상

---

60) 이반 찬카르Ivan Cankar(1876~1918)는 위선에 대한 증오, 가난한 사람들에 대한 공감이 독특한 서정적 문체에 담겨 슬로베니아 산문 예술의 최고봉으로 꼽힌다. 『하인Uernej와 그의 권리 Il servo Jernej e il suo diritto』(1907) 등의 작품이 있다.

충하면서 그 역사적 연속성이 부재한 트리에스테에서 유대인 집단은 도시 문화 활동을 전담하고 있었다(Ezio Raimondi 2004: 149).

사실 역사상 트리에스테가 자치주로서 독립을 이룰 수 있던 것이 유대인 때문이라는 사실은 참 흥미로운 점이라 하겠다. 카린차(현 오스트리아연방 중 가장 남부에 위치한 지역) 출신의 유대인 다니엘Daniel은 1236년 카르스트 지역에서 일어나는 도적 행위를 저지하려는 죠반니Giovanni 주교에게 자금을 빌려주지만, 주교는 이후 빌린 자금을 갚지 못해 트리에스테 평의회에 도움을 요청하고, 그 대가로 도시의 통치권을 양도한 것이다. 이렇게 자치도시 트리에스테가 탄생하게 된 배경에는 유대인이 자리한다.[61]

1차 세계대전 후 유대인 수는 4500명 정도로 줄어들며, 인종 법안이 시행되면서 그 수치는 3600명으로 낮아진다. 2차 세계대전 말 트리에스테에 1250명 정도의 유대인이 돌아왔으나, 현재 트리에스테 안에서 유대인의 수는 총 650명 정도에 그친다. 다른 주(州)로의 이주나 미국, 이스라엘 등지로의 이민 등이 트리에스테에서 유대인 인구가 줄어드는 이유라 보여진다. 소수로서 그 정체성을 유지하기란 쉬운 일이 아니다. 실로 강력한 유대문화와 그 유대문화가 다른 민족의 문화에 기여할 정도의 가치를 지니지 못하면, 다른 문화로 동화되는 것을 피하기 어렵다(Claudio Magris, 2001: 58).

사실 구소련의 여러 지역이나 폴란드, 이스라엘에서의 유대

---

61) 트리에스테의 유대단체에 대한 자세한 정보는 공식 사이트
   http://moked.it/triestebraica/home/ 를 참조.

문화와 비교해 봤을 때, 트리에스테에서 전통적인 유대 문화는 잘 형성된 편이 아니다. 이는 당연한 결과일지도 모른다. 다른 지역에 비해 트리에스테의 유대인 단체는 그 규모가 아주 작고, 트리에스테 유대인 문화는 트리에스테 비유대인 문화와 같다고 할 정도로 그 지역 문화와 융화되었기 때문이다. 트리에스테에서 유대인 단체는 다른 소수민족뿐 아니라 시민들과도 호의적 관계를 유지하고 있어서, 조화롭게 주민의 일원으로 녹아들어 갈 수 있었다. 겨우 소수만이 전통적인 유대 문화를 계승해가고 있었다.

트리에스테 유대단체의 규모가 작다고 하더라도, 앞서 언급한 스베보나 사바와 같은 개개 유대인의 활약은 두드러졌다. 이 시점에서 유대인이었던 보게라가 던졌던 질문처럼, 트리에스테에서 '유대인'이란 무엇을 의미하는지 의구심이 든다(Giorgio Voghera 1999: 42). 사실 가톨릭으로 개종한 작가 스베보를 여전히 유대인으로, 비유대인의 자식인 사바를 유대인으로 간주하고 있음을 감안한다면, 트리에스테에서 '유대인'이란 어떻게 정의 내려야 하는가? '심리적' 영향이 질문에 대한 답변이 될 수 있을 듯 보인다. 즉, 스베보나 사바는 가족의 전통이나 관습에 의해 일종의 '혈연'으로 전해지는 유대인적인 '심리'를 지니던 사람들이었다. 예를 들어, 스베보가 유대인에 대한 심리적인 성향을 잘 알지 못했다면, 작가 자신은 정체성에 대한 미세하면서도 섬세한 심리를 표현하기도 이해하기도 어려웠을 것이고, 사바의 경우 자신이 성장한 유대환경(게토)을 통해 부분적으로나마 유대인 혈통에 대해 알 수 없었다면 자신의 내면에 있는 감수성과 특이함을 받아들이기 힘들었을 것이다.

당시 트리에스테 지식인을 매료시켰던 다양한 주제 중 하나
가 바로 정신분석학이었다. 1920년대 정신분석학은 트리에스
테, 특히 많은 유대인에게 충격을 주는 새로움 그 자체였다. 노
마드로 오랫동안 떠돌아다니며, 다른 집단과 어울려 타인을 알
아야 했고, 또 그 타인보다 자신들을 더 자제하면서 살아야 했
던 유대인들은 이런 역사를 겪으며 그들 특유의 자기반성이나
심리적인 통찰이 강화되었다. 이런 그들에게 정신분석학은 자
연스럽고도 용이하게 받아들여졌다. 그 결과 트리에스테에서
거의 유대인만으로 구성된 한 무리가 생기게 되는데, 이 무리는
그 당시만 하더라도 대중적 관심을 받지 못했던 정신분석학에
몰두하게 된 것이다.

정리하자면 타자로서의 트리에스테가 또다른 타자를 받아들
이는 과정에서 보이는 정체성 연구는 트리에스테 문화사를 일
구고자 했던 19~20세기 작가들에 의해 표현된다. 즉, 다문화·
다민족의 '섞임'으로 지리적 위치가 갖는 의미만큼 모호했던 트
리에스테의 정체성이 바로 트리에스테 문학의 토착성이며, 슬
로베니아어·독일어·이태리어의 경계 위에 살고 있는 사람들
의 경험 통해 그 '정체성'을 드러냈다.

트리에스테 문화 속에 투영된 노마드적 역사는 항상 경계 위
에 서 있던 들뢰즈의 노마드적 사유[62]를 반영한다. 기존의 특정
한 가치와 삶의 방식에 얽매이지 않고 끊임없이 자기의 정체성
을 의심하고 부정하면서 새로운 자아를 찾아가는 것이 트리에

---

62) 현대 사회를 설명하는 개념으로 질 들뢰즈가 그의 저서 『차이와 반복』에서 사용했
던 용어로, 사전적으로는 '유목민'이나 '유랑자'를 뜻하는 말이지만, 일반적으로
특정한 삶에 매달리지 않고 변화하며 창조적인 삶을 만들어 내는 방식을 일컫는다.

스테의 원천적 기저의 흐름이었다. 기존의 가치와 삶의 방식을 부정하고 불모지에 옮겨 다니며 새로운 것을 창조해 내는 일체의 방식이 '노마드'라면, 특정한 가치와 삶의 방식에 매달리지 않고 끊임없이 자신을 바꾸어 가며, 이로 인해 철학, 문학, 정신분석 등 학문 분야를 넘나들며 새로운 삶을 탐구하는 사유의 여행을 해 나가는 트리에스테 문화야 말로 이에 대한 적절한 정의라 생각된다(질 들뢰즈 2004 참고).

앞서 지역학과 지중해학의 기본 지침으로 대화와 소통, 상생의 의미를 정리했다. 결국 이 모든 것을 제대로 수행하기 위해서는 기존의 모든 것을 분리하고 해체시켜 다시 이어 재구성하는 작업이 필요하다. 이는 탈 근대적이고 해체적인 시각이다. 총체성은 개체의 자유와 차이가 제거되는 근대성의 유물이다. 근대성을 넘어서는 탈 근대의 패러다임은 당연히 총체성의 해체라는 답으로 이어진다. 다양성의 가치보다는 획일화된 가치와 전체주의에 머무는 한 이성은 도구화 되고 지배적 욕망과 야만적 권력만 낳는다. 따라서 총체성의 해체는 다양성의 활성화로 이어진다. 노마드적인 창의적 사유에 의해 지배와 서열, 나와 타자, 주체와 객체 등의 내외적인 기준이 사라지며 경계를 넘어서게 된다.

20세기부터 최근까지 화두는 국경이지만, 당시 트리에스테의 화두는 국경 넘어 세계를 향하는 문학이었다. 정전 체제의 유럽, 특히 이탈리아는 사방이 갈 수 없는 금으로 막혔고, 문학 역시 보이지 않는 선에 갇혀 있다는 것이 그들의 판단이다. 동일한 사건이라도 지리적 위치만 달리 해서 보면 의미와 가치가 달라지는 것이 세상 이치인 터에 소설적 진실은 어디에 있는가 하는 게 그들의 화두로 보인 것이다.

즉, 그들에게 정체성이라는 문제는 '역사'의 '엑소더스 exodus[63])'라 할 수 있을 것이고, 이 '출국'은 문화를 통해 표현되고 세상에 알려지게 되었다고 해도 과언이 아니다.

4. 결론

끊임없이 트리에스테인들은 왜 '갈라지는' 또는 '배타되는' 그들인가에 대해 생각한다. 특히 이에 초점을 맞춘 트리에스테 작가들의 작업이 관심을 끄는 것은 그것이 이탈리아 문학의 시간과 공간을 확장하고, 이념과 상상력을 옥죄어 온, 보이지 않는 금을 넘어서려 하고 있기 때문이다.

다문화주의가 주로 정치적·문화적 측면에서 주목받는 용어라면, '아이덴티티'는 철학적·심리적인 용어다. 이탈리아 여타 지방과 비교하여, 지속적인 이주를 비교적 (결과적으로) 사회적 마찰 없이 트리에스테가 그 사회의 성원으로서 또 노동자로서 인정한 것은 눈여겨볼 사실이다. 현재까지도 다문화지역 트리에스테의 현실 생활 속에서 모든 트리에스테 인들은 놀라우리만치 다양한 혈연관계를 맺은 사람들을

---

63) '탈출'이라는 뜻으로 고대희곡의 마지막 구성 단계에서 합창단의 퇴장을 말한다. 원래는 극이 끝나고 오케스트라에서 합창단이 퇴장하면서 부르는 노래이다. 아리스토텔레스의 ≪시학≫에 의하면 작품의 일부로서 이후 합창단의 노래가 따르지 않는 작품의 끝부분을 의미한다. 즉, 그리스 비극의 마지막 부분으로 현대극의 구성에서는 대단원 또는 결말에 해당한다. 또한 '밖으로 나가다'라는 뜻에서 파생된 것으로, 이스라엘 사람의 이집트 출국([퇴거]: 전체적으로는 하느님의 백성으로서의 이스라엘 민족이 고난으로부터 해방)을 가르치고 있다.

가족의 일원이나 친구, 동료로 가지고 있다. 다양성이 창출해내는 활력과 서로 다른 문화 간의 상호작용이 오늘날 이탈리아 내에서도 유래를 찾을 수 없는 '트리에스테 정체성'을 만들어 내고 있는 것이다.

그들에게 최초의 관심은 '젊은 나이에 목숨을 바쳐서 투쟁한 선조들은 어찌 해서 결국은 이렇게 불분명한 것을 물려주게 되었나' 하는 것이었다. 2차 대전 때 주축국에 참여한 이탈리아 왕국이 패전함으로써 유고슬라비아령으로 되었다가 슬로베니아와 크로아티아가 독립함으로써 이스트리아 반도는 슬로베니아와 크로아티아에 속하게 되었다.

사실 트리에스테를 '국경'이 아닌 '변경(border)' 지방으로 칭한 이유는, 경계 넘나들기가 가능하고 유연한, 이질 문화의 교류의 장이자 독특한 하이브리드 문학을 만들어가는 역사적 공간이기 때문이다. '변경 연구'가 제시하는 문제의식, 즉 국민국가의 닫혀 있는 국경이 아니라 서로 다른 민족과 문화, 일상의 관습과 경제생활이 경계를 넘나들며 서로 갈등, 적응, 혼합, 통합되는 교류의 장으로서 경계 지역의 역동성을 주변의 시선에서 새롭게 인식하려는 문제의식은 지중해학을 포함한 지역학의 인식 문제와 직결된다. 진정한 세계사는 경계 위에서 가장 잘 관측될 수 있기 때문이다.

참고문헌

김덕수, 1997, 『로마문명사』, 현대지성사.

김희정, 2009, Trieste, 국경과 정체성, 『이탈리아어문학회』 제27권. 한국
　　이탈리아어문학회.

박상진, 2002, 지중해 지역 연구의 조건과 가능성, 『국제지역연구』 제6권
　　1호, 국제지역 학회.

박상진, 2005, 『지중해학』, 살림.

이광규, 1998, 『문화인류학 노트』, 서울대학교출판부.

지동식, 1983, 『고전고대 로마사 연구의 제 문제』, 고려대학교출판부.

하병주, 2007, 지역학의 정체성과 패러다임 모색 I, 『지중해지역연구』
　　제9권 제1호, 부산외국어대학교 지중해지역원.

허유회, 윤종태, 2001, 『이탈리아, 이탈리아인』, 부산외대출판부.

Anderson, Malcom, Bort, Aberhard, 1996, *Boundary and Identities:
　　The Eastern Frontier of the European Union*, Edinburgh: The
　　International Social Sciences Institute.

Ara, Angelo, Magris, Claudio, 2007, *Trieste. Un'identità di frontiera*,
　　Torino: einaudi.

Benco, Silvio, 1939, Cultura e letteratura a Trieste, *Illustrazione del
　　medico*, Milano:Rizzoli.

Bettiza, Enzo, 1966, *Mito e realtà di Trieste*, Milano: All'Insegna del
　　Pesce d'Oro.

Bhabha, Homi K, *The Location of Culture*, 나병철 역, 2002, 『문화의
　　위치』, 소망출판사.

Deleuze, Gilles, *Difference and Repetition*, 김상환 역, 2004, 『차이와
　　반복』, 민음사.

Donnan, Hatings, Wilson, Thomas, 1998, *Border Identity: Nation and
　　State at International Frontiers*. London: Cambridge.

Duggan, Christopher, *A concise history of Italy*, 김정하 역, 2001, 『미
　　완의 통일 이탈리아사』, 개마고원.

Edward M. Burns, *Western Civilization*, 박상익 역, 1999, 『서양 문명의

역사 I』, 소나무.

Gibb, Hamilton, 1963, *Area Studies Reconsidered*, London: School of Oriental and African Studies. University of London.

Habermas, Juergen, 1992, Struggle for Recognition in the Democratic Constitutional State, *Multiculturalism: Examining the Politics of Recognition*, Amyy Gutman ed. Multiculturalism, Princeton University Press.

Magris, Caludio, 2001, Dall'altra parte. Considerazioni di frontiera, *Utopia e disincanto*, Milano: Garzanti.

Pancrazi, Pietro, 1930, Trieste: letteratura e identità, *Corriere della Sera*, Milano.

Raimondi, Ezio, 2004, La letteratura italiana, *Il Novecento*. Vol. 1, Milano: Bruno Mondadori.

Saba, Umberto, 1964, Inferno e paradiso di Trieste, *Prose*, Milano: Mondadori.

Voghera, Giorgio, 1999, Gli anni della psicanalisi, *Studio Tesi*.

Yano, Toru, 『世界單位論』, 전예원 역, 1994, 『지역 연구와 세계 단위론』, 부산외대 아시아지역 연구소.

http://ko.wikipedia.org/wiki/%EC%9D%B4%ED%83%88%EB%A6%AC%EC%95%84. (검색일자: 2010년 5월 21일).

http://en.wikipedia.org/wiki/Trieste. (검색일자: 2009년 4월 21일).

프랑스 사회에 나타나는
지중해 이남 여성[64]의
치유 혹은 정체성: 레이라
마루안느(Leïla Marouane)를
중심으로

장니나

1. 들어가며

프랑스와 마그레브지역은 지정학적으로 볼 때 지중해를 사이에 두고 서로 마주 보고 있으며 과거 오랜 공통의 역사로 인해 여전히 사회·문화적인 많은 영향을 주고받는 파트너다.[65] 이에 프랑스로 이주한 마그레브 출신 작가들의 사회 참여와 다양한 국적을 가진 작가들의 이방성을 수용하고 소통의 장으로 발전시키는 프랑스 사회의 특징이 어울려 지중해 문명의 다중성에 대한 조화를 창조해낸다고 볼 수 있을 것이다. 바로 1960년대 마그레브 지역은 프랑스로부터 독립이 되었고 프랑스로 건너간 작가들은 아랍어 혹은 프랑스어로 자신들의 문화권에 대한 '향수'를 문학

---

64) 본고에서는 마그레브 여성을 포함하여 유로-지중해 파트너십에서 발행한 「지중해 이남 여성 인권 보고서」의 제목에 견주어 지중해 이남 여성으로 확대한 명칭을 사용할 것임.

65) 이 두 지역은 2008년 7월 13일 지중해연합 창설 이후로는 사회문화적인 교류뿐만 아니라 경제적인 협력까지 포함시켜 파트너로서 전방위적인 긴밀한 관계를 재선언함.

으로 드러냈었다. 이러한 문단의 흐름이 유지되어 오다가 1990
년대 들어오면서는 젊은 작가들이 봇물처럼 탄생하여 그 맥을
이어오고 있다. 그 경향은 두 문화권 사이에서 겪는 갈등을 기
초로 한 '치유' 혹은 '정체성 찾기'로 확대되는 양상을 보이고 있
다.66) 이는 마그레브 문학(Littératures du Maghreb)67)으로 출발하
여 마그레브의 아프리카 특성(Africanité du Maghreb)을 발견하고
자 하는 움직임으로 세분화된 두 문명권의 다중성에 기초한 사
회적 배경이 된다. 특히 마그레브 이민자들이 많은 수도 파리
(Paris)와 프랑스 남부의 마르세유(Marseille)를 중심으로 활발
하게 전개되고 있다.

본 논문에서 주목하고자 하는 바는 마그레브 여성이 마그레
브 여성에 대해 직접 이야기하는 문학작품을 토대로 그 배경을
이루고 있는 사회문화적인 관점에서의 사회참여를 중요하게 다
루고자 한다.

한편, 오늘날 프랑스와 마그레브에서 공유점으로 삼고 있는
지중해를 화두로 지중해 이남 여성68)이 처한 현실을 드러내고
자 하는 일단의 움직임이 있다. 여기서 지중해란 프랑스와 마그
레브지역에 공통적으로 존재하는 접점으로 인식되며 넓은 의미
로는 지중해를 면하고 있는 국가들로 확대될 수 있고 지중해 이

---

66) 마그레브 문학은 알제리, 모로코, 튀니지 출신의 몇몇 작가들에서 간간이 발표하는
작품들로 명맥이 유지되어 오다 1990년대부터는 프랑스어로 글을 쓰는 마그레브에
서 이주해온 젊은 작가들과 프랑스 태생의 마그레브 출신 작가들이 대거 등장하여
활발한 문학참여가 돋보이는 상황임.

67) 파리 13대학의 『마그레브 문학연구』(Etudes littéraires maghrébines)가 대표적
관련 학술지임.

68) 최근 프랑스 문단에서는 지리적 용어의 벽을 넘어 다양한 의미를 가진 문학 용어로
확대 재생산되고 있음. 지중해 이남 지역 관련 문학상 이름을 따서 통칭하여 지중해
이남 여성이라 부르고 있음.

남 여성 역시도 프랑스에 거주하는 마그레브 출신 여성과 마그
레브 지역의 마그레브 여성뿐만 아니라 더 확대된 의미로 프랑
스에서는 발칸지역을 포함시킬 때도 있다. 본 연구를 위해 두
차례 현지답사[69]를 실행하고 유로-지중해 프로젝트(Projet
Euro méditerranéen)의 일환으로 창설된 마르세유 지중해 여성
포럼(Forum Femmes Méditerranée de Marseille)[70]이 주관하는
지중해여성소설콩쿠르(Concours de Nouvelles des Femmes de
Méditerranée)를 접하게 되었다.

이는 마그레브 여성들의 삶을 글로써 나타내는 표현의 장이
공식적으로 마련되었음을 관찰할 수 있다. 이렇듯 지중해 국가
들에 거주하는 여성에게 자신의 정체성과 자아를 찾기 위한 노
력의 일환으로 글쓰기를 장려하고 있는 프랑스의 사회적 배경
에 주목할 수 있을 것이다. 한편 상기에 언급된 지중해여성소설
콩쿠르는 1995년 11월 유로-지중해 파트너십에 따라 Anna
Linda 재단의 경제적인 후원으로 제정되었으며 시상식은 마르
세유에 있는 출판사인 Librairie Maupetit[71]에서 매년 개최된다.
출품되는 작품들은 프랑스어로 된 작품이 주를 이루고 자신들
의 모국어인 아랍어 및 여러 언어로 된 작품도 시상한다. 또한

---

69) 2008년 1월과 2009년 2월 두 차례 프랑스 파리와 마르세유에 있는 관련 기관인
   Institut de la Méditerranée(Palais du Pharo, 58 Boulevard Charles Livon,
   13007 Marseille)와 Forum Femmes Méditerranée de Marseille(74, Rue
   Longue des Capucins, 13001 Marseille)를 방문하여 논문에 필요한 1차 사료
   를 조사하였다.

70) 지중해를 둘러싼 국가들의 여성 문제에 초점을 맞춘 사회단체로서 여성들이 도시와
   사회·문화적 삶 속에서 여성의 역할에 관해 성찰하려는 취지에서 만든 국제적 연계
   망을 갖춘 포럼. 1992년 11월 스페인 발렌시아에서 개최된 제1회 세계 지중해여성
   회합 이후 유네스코의 지원을 받아 1993년 Esther Fouchier가 창설함. 프랑스 마
   르세유에 본부를 두고 있음.

71) 142-144, La Canebière 13001 Marseille.

「지중해 이남 여성의 지위, 상황」[72]이라는 보고서를 통하여 픽션이 아닌 실제 마그레브 여성의 가정과 사회 속에서의 지위에 대한 현실을 검증할 수 있을 것이다.

결국 본 연구는 프랑스 사회 속에 존재하는 하나의 다중성을 마그레브 여성의 사회참여로 보았고 그 방편은 마그레브 여성이 스스로 관찰한 이 지역 여성의 지위를 문학을 통해 드러낼 수 있다는 가설에서 출발하였다. 연구 방법으로는 앞서 언급한 두 번의 현지조사에 기초한 자료 수집 및 관찰이 있었다. 조사를 통하여 지중해 여성소설콩쿠르의 심사위원이기도 한 레이라 마루안느[73]의 작품들을 접하게 되고 그중 하나인 『엄마와 딸』(*La jeune fille et la mère*, 2005)을 번역[74]하게 되었다. 소설 속 마그레브 여성의 지위는 실제 공식적인 보고서를 통해 뒷받침될 것이다.

우리는 문학과 보고서의 비교를 통해 마그레브 여성의 정체성 추구 혹은 치유의 과정을 조명하고자 한다. 소설 『엄마와 딸』과 보고서 『지중해 이남 여성의 지위, 상황』은 물론 레이라 마루안느의 다른 작품 속 마그레브 여성의 상황을 드러내는 데 있어 어떤 일관성 있는, 프랑스에서 활동하는 마그레브 여성의 사회참여를 검토하고자 한다.

---

72) Institut de la Méditerranée와 Forum Femmes Méditerranée de Marseille가 공동으로 조사, 연구하여 펴낸 남지중해 여성(모로코, 알제리, 튀니지, 이집트, 요르단)에 관한 방대한 인권 보고서로서 본 논문의 객관적인 자료가 된다.

73) 본명은 Leyla Zineb Mechentel(1960~ ; 튀니지 Djerba 출생)로 이슬람의 금기를 드러내어 마그레브 여성의 정체성 찾기, 혹은 치유를 위한 작품을 쓰는 작가이자 기자 그리고 페미니스트이다.

74) 출판사와 저작권을 확보하고 번역 중에 있다.

2. 레이라 마루안느의 작품 세계

레이라 마루안느는 1960년 튀니지에서 Leyla Zineb Mechentel
라는 이름으로 10남매 중 첫째로 태어나 1967년부터 부모님을
따라 알제리로 이주하여 학창시절을 보낸다. 대학에서 의학과
문학을 공부한 후 알제리에서 기자로 일한다. 페미니스트로서
이슬람의 터부를 밝혀 폭탄 테러로 인한 생명의 위협을 느끼게
되고 1990년에 프랑스 파리로 망명하여 작가로 활동한다.

그의 작품에 대한 논의에서 주된 초점은 작가가 태어나고 자
란 마그레브 지역 여성들에 맞춰지는 경향이 있으며 억압되고
종속된 여성의 제한된 역할과 가부장적 가정에서의 여성의 인
권에 대한 성찰이 주를 이루고 있다. 작가의 작품 줄거리를 살
펴보기로 하자.

『카스바(성채)의 딸』(La fille de la Casbah, 1996)

젊고 아름다우며 유능한 교사인 무슬림 여성 아다(Hadda)는
엄마와 동네 이웃들과 함께 알제(Alger)의 이슬람 공동체인 성
채에 거주한다. 오랜 전통적 관습에 의해 보편적이며 순종적인
삶을 살던 아다는 가족에 의해 결혼을 강요받게 된다. 이를 거
부하고 싶은 아다는 강압적인 결혼 대신에 자유를 얻고 싶었으
나 공동체 내에서 고립되고 만다. 결국 아다는 선택의 여지없이
자신의 운명을 한 부유한 남자에게 내맡기게 되고 가족이 원했
듯이 결혼을 통해 수도 알제의 상류층 삶을 경험하고 단번에 신
분 상승이 이루어지게 된다. 이제 화려한 빌라에서 살게 된 아

다는 자신의 고향 성채와 단절되게 된다.

『강탈자』(Ravisseur, 1998)

제이툰(Zeitoun)씨는 그를 짓누르고 있는 알제리 사회의 도덕적 규범을 존중하는 사람으로 신의 법에 충실하고 신봉한다. 반면 가정 내에서는 부인을 단죄하는 등 냉혹하고도 잔인한 사람이다. 부인은 존재하지 않는 실수로 인해 이혼당하고 만다. 이 모든 결정은 남편에게 있었던 것이다. 이 소설은 언제나 파멸과 파탄으로 이끄는 침묵과 거짓을 강제적으로 부과하는 공동체 사회의 한 단면을 보여준다.

『위선자들의 징벌』(Le châtiment des hypocrites, 2001)

알제리 수도 알제에서 태어나고 자란 마드무와젤 코스라(Mlle Kosra)는 굴곡 없는 평탄한 삶을 살아 왔다. 그러나 라시드 아모르(Racid Amor)의 부인이 되어 파티마 아모르(Fatima Amor)가 되고 5년을 부부로 살아가는 동안 많은 일들을 경험하게 된다. 결국 결혼 5년 후 라시드는 파티마를 떠나 다른 여성에게 가 버리게 된다. 작가는 대비를 통해 폭력과 연약함, 진실과 억압을 넘나드는 급격한 변화의 문체를 보여준다. 한 여성의 초상, 열정과 비밀스러움에 의해 괴롭힘을 당한 한 여성의 모순을 그대로 따라가는데 그러한 자가당착은 결국 억제된 고통과 격분으로 분출하게 된다. 종국에는 한 여성 뒤에 흐르는 냉혹한 광기로 남겨진다.

『크리끌렝』(Les Criquelins. 2004)

두 단편 텍스트 <크리끌렝>과 <라 조콩드의 미소>75)의 묶음으로 이루어진 이 소설은 첫 번째 소설인 <크리끌렝>을 제목으로 삼았다. 우선 <크리끌렝>은 한 정신병원에 불운한 죄수로 자신을 감금한 한 남자가 과거의 어떤 순간들을 떠올리며 시작된다. 대학에서 농학을 전공한 자멜(Djamel)은 수의사를 꿈꾸는 소라야(Soraya)와 만나게 된다. 그들은 학생운동의 멤버이자 사회주의자로서의 희망을 품게 되지만 곧 현실에 부딪혀 실망하게 된다. 이내 곧 이를 운명으로 받아들이고 도시에서 북아프리카 내륙에 있는 오래된 가족 농장으로 귀향하게 된다. 정착한지 오래지 않아 순수한 젊은 부부의 현실은 물질적인 어려움에 봉착하게 된다. 이후 메뚜기 떼들의 습격으로 식물, 주거지, 주민 순으로 온 마을은 초토화되고 만다. 이러한 급작스러운 비극을 레이라 마루안느는 은유적이고도 판타지적인 필체로 적고 있으며 무슬림들의 입성으로 느닷없이 전복되는 마을을 묘사한다. 두 번째 소설은 <라 조콩드의 미소>로서 라 조콩드는 루브르 박물관을 상징하게 되고 루브르 박물관은 파리를 상징한다. 간호사인 자밀라(Djamila)는 알제리를 떠나 파리에 정착하게 된다. 그러나 파리에서의 생활은 기대했던 안락한 공간이 아니었다. 모나리자의 미소는 여전히 도달할 수 없는 수수께끼였던 것이다. 위의 두 텍스트 속의 인물인 자멜과 자밀라는 비탄에 빠진 운명을 넘어 한 인간의 혹은 한 세대의 가치적 혼돈을 나타낸다고 볼 수 있다.

『엄마와 딸』(La jeune fille et la mère, 2005)
"나의 엄마는 결코 돈을 가져본 적이 없다. 엄마는 미장원에

---

75) 라 조콩드는 모나리자의 이름임

가지도 않았고 아맘(hammam)에도 가지 않았으며 나의 아버지
는 이 모든 것을 금지했다." 이렇듯 두 여성인 엄마와 엄마를
바라보는 딸의 시각에서 우리는 작가가 경험한 알제리 여성들
을 떠올릴 수 있다. 영혼 속에서 잔 다르크처럼 저항하는 엄마
는 결정권이 없는 상황에서 살아간다. 엄마의 희망이자 전사와
같은 에너지는 아버지에게서 강압적인 전제군주의 모습을 보아
온 딸을 통해 투사된다. 엄마와 딸은 단순한 모녀 관계가 아니
다. 가부장적 사회관습에 대한 여성의 증오는 엄마에게서 딸로
전이되는 모습으로 작가는 그리고 있다.

『파리에 거주하는 한 무슬림의 사생활』(La vie sexuelle d'un
islamiste à Paris, 2007)

어머니와 아들에 관한 이야기다. 온 마음을 다해 아들을 사랑
하는 어머니와 어머니의 절대적 사랑, 믿음, 기대가 힘겨워 벗
어나고 싶어하는 40세 미혼 아들 모아메드(Mohamed) 간의 갈
등이 주제다. 독실한 무슬림이자 종교 전문가이며 은행에 근무
하는 반듯한 주인공은 인생에서 결정적인 선택을 하게 된다. 바
로 어머니와 함께 살던 곳인 생 - 뚜앙76)(Saint - Ouen)에서 여
태까지 자신을 억누르고 있던 모든 형태의 제약을 끝내고자 파
리 중심지인 생 제르멩 데 프레77)(Saint - Germain des Prés)로
분가하기로 결심한다. 종교, 가족, 아들에 대한 자부심이 가득
했던 어머니는 충격을 받는다. 아들 역시 헌신적인 속박에서 벗
어나 갑작스럽게 마주하게 된 두 문화인 아랍적인 것과 프랑스

---

76) 아랍인이 많이 거주하는 지역. 프랑스지만 아랍 문화가 지배적인 곳임.

77) 지성과 도회적인 세련된 젊은 프랑스 문화의 상징 지역임.

적인 것의 기로에 서게 된다. 막연하게 천국일 거라고 생각했던 무슬림 청년은 고민하게 된다. 냉혹한 현실에 처한 아들과 아들에 대한 절대적 사랑을 가진 여성인 어머니를 마루안느는 인간관계의 금기와 터부의 세계로 철저하게 해부한다.

3. 레이라 마루안느의 작품과 인권보고서에 나타난 마그레브 여성

레이라 마루안느는 알제리 작가 중에 가장 도전적이라는 평가를 받고 있는데, 그 근거는 다름 아닌 작품 속에서의 알제리 여성의 실상을 가감 없이 드러내는 필체 때문일 것이다. 작가는 주변에서 보아왔던 알제리 여성의 삶을 중심으로 글을 써왔다. 이렇듯 오랜 관찰에서 나온 습작은 병원에서 49세라는 이른 나이로 숨을 거둔 엄마의 죽음 이후 새로운 전환점을 맞게 된다. 레이라 마루안느는 호주머니 속에 갇혀 있던 글을 세상에 공개하여 알제리 여성의 현실을 드러내고 치유해야 한다는 믿음에서 출간을 결심한다고 밝힌 바 있다. 1994년부터 프랑스 국적을 취득한 작가는 비교적 자유로운 사회 분위기 속에서 글을 쓸 수 있고 출판이 가능하게 됨으로써 1996년 첫 소설을 시작으로 가장 활발하게 페미니스트 시각에서 마그레브 여성을 보여주고 있다.

레이라 마루안느의 작품 속에 등장하는 여성은 『엄마와 딸』에서 가장 잘 드러나고 있다고 볼 수 있다. 작가 스스로 밝혔듯

이 엄마는 작품속의 캐릭터로 살아 있다. 10명의 자녀를 둔 엄마로 <지벨의 잔다르크>(la Jeanne d'Arc des djebels)라는 별명을 지닐 정도로 프랑스 치하에서 알제리 독립을 위해 싸운 전사로 그려지고 있다. 그러나 가정에서의 엄마는 남편에게 버림받을지도 모른다는 두려움을 지닌 모습으로 맹목적인 태도를 취한다. 원하지 않는 반복적인 임신으로 허약해진 몸을 돌볼 겨를 없이 집안의 일꾼이자 강한 엄마로 살아가는 모습이다. 작품 속에서 엄마는 자신의 꿈을 투영한 딸에게 거는 기대가 상당하다. 문맹인 엄마에 비해 남편을 닮아 글 읽기를 좋아하는 딸이 상급 학교에 진학하여 사회에서 훌륭한 사람으로 성장해주길 바라고 있다. 선택되어지고 강요되는 결혼보다는 결혼을 하지 않더라도 성공하는 여성이 되길 원하는 엄마의 의지는 딸에게는 이해할 수 없는 광기로 비쳐지기도 한다. 결국 딸이 실망감을 주자 엄마는 아버지나 남자 형제들에 의해 명예살인으로 죽을지도 모른다는 급박함에 스스로 채찍을 들어 딸을 잔인하게 단죄한다. 그러나 죽음의 문턱에 이르렀을 때 엄마는 딸에게 자유롭게 이상을 펼칠 수 있도록 희망과 길을 열어주게 된다. 이렇듯 아내와 딸의 역할인 여성의 운명은 여성의 비극이라는 공통분모를 담고 있다. 그 내면에는 전통을 고수하는 관습에 복종해야 하기 때문일 것이다.

그러나 우리가 주목해야 하는 부분은 이러한 여성의 수동적인 삶이 아니라 그 삶을 극복해보려는 엄마의 의지가 나타난다는 사실이다. 이러한 점이 레이라 마루안느가 페미니스트로서 평가받고 있는 이유일 것이다. 『엄마와 딸』에서 엄마는 부수어 버리고 싶지만 그럴 수 없는 악습을 깨뜨릴 수 있는 길은 학교,

학위, 유럽이라고 믿고 있다. 딸에게 이 모든 것을 획득할 수 있는 기회를 주고자 맹렬한 투사로서 변모하는 엄마에게서 마그레브 여성이 치유의 길로 나아간다고 볼 수 있을 것이다.

위에서 살펴본 바와 같이 레이라 마루안느의 작품 속에는 어김없이 아랍여성이 등장한다. 그 여성들은 다른 어떤 존재들과 대립의 각도를 이루고 있다. 헌신적인 애정의 어머니와 그 기대에서 도망치고 싶어하는 아들, 엄마의 희망이자 자신이기도 한 딸과 엄마, 무슬림에 대한 선입견과 프랑스에 거주하는 마그레브 후손들의 방황과 좌절, 전제군주와 같은 남편과 복종해야 하는 순종적인 아내, 가족의 울타리 속에서 자신의 목소리를 낼 수 없는 여성의 이미지가 그렇다.

이렇듯 레이라 마루안느가 작품 속에서 줄곧 보여주고 있는 아랍여성에 관한 여성의 이미지는 지중해 센터[78]와 마르세유의 지중해 여성포럼(FFMM)에 의해 2004년 3월 출간된 <지중해 이남 여성들의 상황: 모로코, 알제리, 튀니지, 이집트, 요르단> 보고서와 별반 다르지 않다. 이로써 현실과 소설을 모두 포함하는 지중해 이남 여성의 이미지, 상을 살펴보기에 충분한 자료가 된다고 보여진다.

보고서의 작성 배경은 세계여성회의[79]에서 주목한 여성의 권리에 대한 유명한 문구인 'women's rights are human rights'이 중요 이유 중 하나다. 또한 같은 해 바르셀로나 선언[80]에서 인간의 권리 구현을 위한 목표에서 출발하였다고 보여진다. 근본

---

78) Institut de la Méditerranée(Palais du Pharo, 58 Boulevard Charles Livon 13007 Marseille).

79) 1995년 9월 중국 북경에서 개최됨.

80) 1995년 11월 개최된 유로 – 지중해 파트너십에 관한 회의임.

취지는 지중해 국가를 중심으로 그 사회 속에서 여성들의 경제, 사회, 문화, 정치, 생활에 대한 현 상황을 파악해 보는 것이었다. 다섯 국가를 선택한 이유는 아랍 국가를 마그레브(Maghreb)와 마쉬렉(Machrek)으로 구분 짓고 대표성을 삼고자 했다. 구체적인 내용은 다음과 같다.

- 제1부: 교육제도와 공적인 결정사항에서 여성의 참여를 토대로 여성들의 사회·경제적 역할을 다룬다.
- 제2부: 민적인 상황, 결혼, 결혼 제도, 등의 가족관계 속에서의 여성의 지위를 분석한다.
- 제3부: 가족이라는 이름하에 가해지는 신체적인 억압, 폭력, 범죄에 여성이 희생자가 되는 상황과 차별과 불명예로 여성에게 가해지는 폭력을 다룬다.
- 제4부: 여성단체의 운동과 활동을 살펴본다.

언급된 지중해 이남 여성 인권 보고서에서 주목하고 있는 내용은 첫째, 여전히 영양이 부족하고 위생상태가 취약한 상황에 있는 엄마와 아이들을 논하고 있다. 여성의 건강과 교육정책의 진보를 촉구하고 경제와 정치적 활동에서 여성의 역할을 개선시키기 위하여 일자리 창출에 노력해야 한다는 점이다. 둘째, 사회 모델의 기초로서 결혼 제도를 언급하고 있다. 남성 중심 가정과 가족관계에서의 권리와 의무를 다루며 종속과 일, 지참금과 재산 운용, 자녀 양육권을 논한다. 또한 결혼을 통해 여성에게 부당해 보이는 몇 가지 항목들을 지적하고 있다. 조혼, 친족 결혼, 일부다처제, 남편의 일방적인 이혼 결정과 쿨라(khula)81)에 의한 이혼, 일방적인 내쳐짐, 공유재산, 주거 관계 등 현 상황에 대한 보고를 하고 있다. 남성 우월의식을 드러내기 위한 혈통, 국적, 승계권도 포함한다. 셋째, 여성 폭력관련 사안을 다룬다. 여성에게 폭력을 행사하는 주된 장소는 다름 아닌 가정이며 아프리카 일부에서 이루어지고 있는 여성 할례, 여성에 대한 최후의 처벌인 가족에 의한 명예살인, 알제리에서 국내 정치 불안의 최대 희생자인 여성을 중심으로 다루고 있다. 넷째, 마그레브 지역의 독립 이후 시민사회를 향해 나아가기 위한 중요 방편을 찾고자 한다. 정치사회에서 체제보존을 위하여 여성 연합 운동을 억제하고 성 역할의 평등을 위한 법적인 장치가 부족한 현실을 고발한다. 그러나 사회에서 변화와 권리 평등을 위한 여성 운동은 국내 문제뿐만 아니라 국제적인 연대를 활용한 긍정적인 요소가 있으며 유로-지중해 파트너십과 유로 지중해 포럼을 비롯한 다양한 국제기관의 도움으로 필요한 계획을 용이하게 실천하는 방안들이 제시되고 있는 실정이다.

4. 치유 혹은 정체성 찾기

레이라 마루안느의 작품이 사회가 부여한 상처에 대한 치유 혹은 정체성 찾기로 평가되는 이유들은 다음과 같다.

이야기의 배경은 이슬람 사회의 상징인 사막을 근거로 하는 경우가 많다. 『엄마와 딸』의 경우에도 사막의 관문인 비스크라

---

81) 이슬람 사회에서 남편이 보상을 지불하고 아내와 이혼할 수 있는 권리를 말함.

(Biskra)가 배경이다. 이슬람 사회의 대표적인 제도인 결혼의 형태가 자주 언급된다는 점이다. 결혼은 남성에 의해 선택되어지고 수동적이며 강제적인 모습을 띠고 여성의 입장에서는 굴욕적이기까지 하다. 그것은 가부장적 사회의 전형적인 모습 안에서 여성은 참여를 위한 선택의 기로에 서 있기보다는 남성에게 종속되어 있는 존재로 심지어 죽음마저도 남성이 결정할 수 있는 절대 권력 아래 애처로운 존재로 남아 있다는 점이다.

레이라 마루안느는 이러한 반휴머니즘적인 현실을 숨기지 않으며 잔인한 어휘를 애써 부드러운 필체로 전환하지도 않은 채 있는 그대로의 상처를 보여줌으로써 그 상처를 치유하고자 하는 경향을 보인다. 그리고 그 상처 드러내기를 통하여 정체성을 찾고자 하는 모습으로 발전된 듯하다. 또한 작가이자 기자로서의 날카롭게 살아있는 필체는 페미니스트 작가의 의지를 유감없이 보여준다. 사회에 경종을 울리는 사명감을 표현하기 위함이다. 특히 자신이 경험했던 조국 알제리의 여성 삶을 주로 드러냄으로써 한편으론 생명의 위협을 받을 정도로 위험한 글쓰기를 통해 자아 찾기에 맹렬히 활동하기도 한다.

레이라 마루안느는 프랑스에 이민 온 마그레브 출신 이민자들의 삶을 통해 정체성 찾기를 추구하기도 한다. 전통적인 가치관과 프랑스 사회에 적응하기 위해 배워야 하는 사회적 규범 및 종교에서 기인된 혹은 사회 관습적인 문화적 차이로 인한 상처와 이질감은 치유를 향해 나아가려는 방향성을 작가는 이끌고 있다. 『파리에 거주하는 한 무슬림의 사생활』에서는 어머니와 아들의 갈등을 통해 이러한 모습을 잘 투영한 것으로 보인다. 아들의 고민은 바로 프랑스 사회에 프랑스인으로 살고 싶은 이

슬람 청년의 정체성 확립의 방황과 자신을 찾기 위해 전통적인
문화를 버리려 하거나 그러한 출발점인 보수적인 어머니를 떠
나려는 아들의 모습이 동시에 비추어진다. 이로써 우리는 무슬
림이지만 프랑스 사회의 젊은이들과 별반 다를 것 없는 일상생
활을 하는 청년은 어머니의 애정이 과도하게 느껴지고 벗어나
야 할 대상이 되어 버린 것이다.

　오늘날 프랑스에서 활동하는 마그레브 출신 작가들의 작품
경향은 고향에 대한 향수, 고유한 문화적 맥락에 대한 이해를
토대로 한 정체성 찾기와 현실 참여가 주를 이루고 있다. 1990
년대 중반 이후로는 여성 작가들의 도약이 눈부시다. 또한 마그
레브 출신 여류작가들의 소설을 중심으로 그 영역을 한데 묶어
아랍여성들의 문학 표현을 향한 토대가 마련되고 있기도 하다.
지역성을 탈피하여 그들은 몇 가지 국제적 연대 채널로 말미암
아 그 활동성을 넓히고 있다. 지중해 여성 문학 참여의 장이자
아랍 여성들 혹은 최근에는 발칸까지의 여성의 권익을 옹호하
는 두 기관에 주목해 보자.

　우선, <지중해 여성 포럼>은 앞서 언급했듯이 1992년 11월
스페인 발렌시아(Valence)에서 처음으로 개최된 <제1회 국제
지중해 여성들의 만남(Première Rencontre Internationale des
Femmes de la Méditerranéen)> 이후 유네스코(UNESCO)의 지
원을 받아 1993년 에스테르 푸쉬에(Esther Fouchier)가 프랑스
마르세유에 설립한 협회이다. 프랑스와 마그레브뿐만 아니라
지중해를 둘러싸고 있는 여러 나라의 여성들이 도시와 문화적
인 삶 속에서 여성의 역할에 대해 글을 쓰고 표현하는 장을 만
들자는 취지에서 만든 국제 포럼이다. 이 포럼과 마찬가지로 역

시 마르세유에 있는 <지중해 센터82)(Institut de la Méditerranée)>와 공동으로 2004년도엔 <지중해 이남 여성들의 상황: 모로코, 알제리, 튀니지, 이집트, 요르단(Situation des Femmes au sud de la Méditerranée: Maroc, Algérie, Tunisie, Egypte, Jordanie)>에 대한 여성 인권 보고서가 발간되기에 이른다.

다음으로 소개할 토대는 <지중해 여성 소설 콩쿠르(Concours de Nouvelles des Femmes de Méditerranée)>로, 이는 위에서 언급된 <유로 지중해 파트너십 프로젝트(Projet Euro Méditerranéen)>의 프로그램 중 하나로 시작되었다. 상의 종류로는 프랑스, 보스니아, 불가리아, 알제리, 이집트, 카빌, 모로코 심사위원으로 구성되어 지역별 상이 있다. 프랑스어뿐만 아니라 아랍어로 된 소설을 위한 상도 배정되어 있고, 지중해 이남 지역은 아니지만 보스니아와 불가리아를 포함해서 동유럽을 아우르는 경향을 보이는 추세이다.

5. 나가며

기존의 프랑스에서 활동하는 마그레브 출신 작가들의 작품 경향이 사회적 참여와 정체성에 대한 과제, 초월해야 하는 차별과 성공에 대한 교차로를 보여줬다면 레이라 마루안느는 조용히 그러나 힘 있게 여성들의 여러 상황을 통하여 지중해 이남 여성의 이미지를 보여주고자 한다. 그 형태는 타고난 그대로의

---

82) 주소는 Palais du Pharo 58 Boulevard Charles Livon 13007 Marseille.

자연스러운 보편적인 인간의 모습이라기보다는 주변에 의해 규정지어지는 수동적 삶의 원형에서 적극적인 고발의 목소리로 대변된다. 가정 내에서 봉건사회 속 아내, 딸, 누이인 여성의 역할인 셈이다. 그 역할은 우리 현대 사회와 양립할 수 없는 부분이 많다. 문맹인 여성은 죄인이 되기도 하고 행복감도 낮아지는 것으로 표현하고 있다. 그러므로 학식이 있는 남편에 대한 복종을 당연시 여기고 딸을 열심히 공부시켜 사회에서 훌륭한 사람으로 지도적 위치를 갖추기 위한 요건인 상급학교로의 진학과 유럽행을 망설이지 않는 것이다. 「엄마와 딸」에서 "공부를 하면 엄마와 같은 삶을 살지는 않을 것이다."의 의지로 드러내고 있다.

이렇듯 지중해 이남 마그레브 지역 여성들의 위상을 드러내고 치유하며 새로운 길을 모색하고자 정체성 찾기에 노력하는 대표적인 작가인 레이라 마루안느는 우리에게 다음과 같은 점을 시사하고 있다. 첫째, 작품 속 여성은 과거 마그레브 여성의 원형이다. 오늘날은 비교적 완화된 여성의 지위를 갖추고 있긴 하지만 전통이라는 명목하에 틀림없이 이어나가고 있는 마그레브의 보편적인 여성의 이미지임은 자명한 사실이다. 이것은 '그럴 것이다.'라고 하는 막연한 이미지가 아니라 실제 이 지역 여성에 관한 지위 보고서를 통해 더욱 확고해진다. 둘째, 작품 속 여성들은 분명 수동적 삶을 살고 있지만 종국에는 그 굴레를 벗어나 보려는 역동적인 행동을 함으로써 아픔이 치유되고 정체성을 찾고 있다고 보여진다. 셋째, 레이라 마루안느는 매 작품 주인공으로 등장하는 여성과 이슬람의 금기라는 주제에만 갇혀 있는 것이 아니라 『파리에 거주하는 한 무슬림의 사생활』에서 보여주듯이 어머니와 아들이라는 역할로 바라보는 이슬람 여성

과 어머니에 종속된 아들을 통하여 인간의 자유의지로 확대되
는 것을 볼 수 있다.

결국 레이라 마루안느는 작품을 통하여 마그레브 여성의 현
실을, 역할 속 인물과 상황을 실제처럼 상당 부분 수용하여 드
러내고 있다. 실제로 레이라 마루안느의 작품 속 여성과 보고서
의 여성을 살펴보면 픽션과 논픽션이라는 장르의 차이로 인한
간극을 제외한다면 유사한 점이 많다는 것은 자명한 사실이다.

본 논고를 마치며 레이라 마루안느의 작품 속 여성을 되짚어
보자. 이 지역 여성의 지위를 대변하는『엄마와 딸』의 엄마는
남편을 대할 때의 순종적인 모습과 딸의 미래를 이끌어 주고 싶
어하는 능동적 역량을 발휘하는 여성으로서의 모습이 상황에
따라 너무나 다른 인물의 구축으로 이루어지고 있음을 알 수 있
다. 또한 레이라 마루안느의 첫 번째 소설인『카스바(성채)의
딸』에서 여주인공 아다는 가족의 신분 상승을 위해 결정한 결
혼을 통해 가족의 바람은 이루어지지만 종국에는 가족 공동체
인 카스바(성채)의 딸이 아닌 다른 세상의 여자가 되어 버린다
는 모순을 드러낸다.『강탈자』를 통해 나타나는 여성은 남편에
의해 침묵을 이유로 이혼당하는 모습이며,『위선자들의 징벌』
에서도 마찬가지 모순된 부부관계 속에서 희생되는 여성을 그
리고 있다. 이외에 두 작품(『크리끌렝』,『파리에 거주하는 한 무
슬림의 사생활』)은 무슬림으로서의 차별과 정체성 혼돈에 대한
문제를 다루고 있지만 역시 여자 주인공을 등장시켜 관습에 따
른 이분법적 경계를 주요 장치로 다뤄 치유와 정체성 찾기라는
핵심사항을 우리에게 전달하고 있다.

결국 프랑스 사회의 지중해 문명 다중성은 프랑스에서 활약

하고 있는 마그레브 출신 작가의 작품을 통한 마그레브 여성의 치유와 정체성 찾기에서 살펴볼 수 있었다. 동일한 맥락에서 실제 지중해 이남 여성에 관한 인권 보고서를 통해 더욱 현실적인 연구로 뒷받침되었으리라 생각된다.

참고문헌

<u>Œuvres</u>

『카스바(성채)의 딸』(*La fille de la Casbah*, 1996)
『강탈자』(*Ravisseur*, 1998)
『위선자들의 징벌』(*Le châtiment des hypocrites*, 2001)
『크리끌렝』(*Les Criquelins*, 2004)
『엄마와 딸』(*La jeune fille et la mère*, 2005)
『파리에 거주하는 한 무슬림의 사생활』(*La vie sexuelle d'un islamiste à Paris*, 2007)

<u>Bibliographie</u>

박단, 2005, 『프랑스의 문화전쟁 - 공화국과 이슬람』, 책세상.
임병필, 오승은, 김경심(공역), 제르맨 티옹(저), 2004, 『사촌들의 공화국 - 지중해 사회에서 나타나는 여성의 억압문제』, 부산외대 출판부.
변기찬, 2009, 프랑스의 마그레브 여성과 제3의 공간 창조를 위한 노력, 『지중해지역연구』11권 4호.
윤용수, 2006, 이슬람의 결혼 관행, 『한국이슬람학회논총』 16 - 1집.
______, 2007, 성경과 꾸란에 나타난 여성의 지위 연구, 『지중해지역연구』 9권 1호.
장니나, 2008, 유럽, 지중해, 중동의 지역협력체제의 배경과 전망에 관한 연구 - 바르셀로나 프로세스:지중해를 위한 연합, 『지중해지역연구』10권 3호.
Institut de la Méditerranée et Forum Femmes Méditerranée de Marseille, 2004, *Situation des Femmes au sud de la Méditerranée*, Marseille.
BOCK Gisela & COVA Anne, 2003, *Écrire l'Histoire des Femmes en Europe du Sud XIXe - XXe siècles*, Celta Editora.
MOATTI Claudia & KAISER Wolfgang, 2007, *Gens de passage en Méditerranée: procédures de contrôle et d'identification*,

Maisonneuve & Larose.

<u>Sitographie</u>

http://literaturfestival.com/bios1_3_6_241.html (Site du Festival international de littérature de Berlin)
http://www.elwatan.com/Leila - Marouane - sans - chaines - ni (interview de Leïla Marouane par Rémi Yacine, El Watan, 13 août 2007)
http://www.elwatan.com/Le - bilan - des - femmes - est - triste

부록

〈2008년도 지중해 여성 소설 콩쿠르 수상작〉

SELECTION DU JURY FRANCAIS(프랑스 심사위원 선정작)

"Le Masque de Nina" de PONS NELLY a reçu le prix d'encouragement
(퐁 넬리의 "니나의 마스크")

"Triptyque des tronches" de BLOT ELISE et "Se destiner ou être destiné?" de DIATTA KHADY HELENE ont reçu le prix du témoignage
(디아타 카디 헬렌의 "스스로 운명짓거나 혹은 운명지워지거나"와 블로 엘리즈의 "통나무 반입증")

"Vers une ère nouvelle" de Nguyen Isabelle a reçu le prix d'encouragement
(구엔 이자벨의 "새로운 시대를 향하여")

SELECTION JURY BOSNIAQUE(보스니아 심사위원 선정 작품)

"Mascarade" de Halilović Mirna a reçu le prix d'encouragement
(할리로빅 미르나의 "가면 무도회")

"Certains ont ôté leurs masques" de Sevleta Arnautović Osmanović a reçu le grand prix de la Méditerranée et le prix d'excellence
(세브레타 아르노토빅의 "어떤 이들은 가면을 없애버린다")

SELECTION JURY BULGARE(불가리 심사위원 선정 작품)

"Voyage vers soi-même" de Svetla Raltcheva a reçu le prix

d'encouragement

(세브레타 랄체바의 "자신으로의 여행")

"Poste restante" de Jeny Vesselinova et "Bonne nuit, les petits" de Anna Dimitrova ont reçu le prix d'excellence

(쟝브 베셀리노바의 "국유치 우편"와 안나 디미트로바의 "잘자, 아이들")

Les nouvelles en langue française sélectionnées : (프랑스어로 된 소설 부문)

SELECTION JURY ALGERIEN(알제리 심사위원 선정 작품)

"Le secret démasqué" de Mme Toubal a reçu le prix d'encouragement

(마담 투발의 "탄로난 비밀")

"Le masque de zorro: une femme dans le miroir du Carcinome" de Mme Saidi a reçu le prix du témoignage

(마담 사이디의 "조로의 마스크: 카르시놈의 거울속 여성")

"Masques de chair et femme de fer" de Mme Bougherra a reçu le prix d'excellence

(마담 부제하의 "피부 마스크와 철의 여인")

Les nouvelles en langue arabe sélectionnées : (아랍어로 된 소설 부문)

"Le clown" de Mme Ben Derradj a reçu le prix d'encouragement

(마담 벤 데라디의 "광대")

"Les ailes du mirage" de Mme Malki a reçu le prix du témoignage

(마담 말키의 "신기루의 날개")

"Dévoilement, une nouvelle" de Mme Mahri a reçu le prix d'excellence

(마담 마히의 "베일을 벗는 소식")

Une nouvelle Egyptienne(이집트 소설상)

"Kaft" "Découverte" de Mme Hind Mustapha a reçu le prix
d'excellence
(마담 힌드 무스타파의 "카프트" "발견")

SELECTION JURY KABYLE(카빌 심사위원 선정 작품)
"L'aventure de Tafat et Aghiles" de Nora Mahi a reçu le prix
d'encouragement
(노라 마히의 "타파트와 아질의 모험")
"Ces jours là…" de Nadia Kab a reçu le prix d'excellence
(나디아 카브의 "그날에…")

SELECTION JURY MAROCAIN(모로코 심사위원 선정 작품)
"Côté pile, Coté face" de Nadri Nadia a reçu le prix d'encouragement
(나드리 나디아의 "동전 앞, 뒤면")
"Chaabana" de Touria Skalli a reçu le prix d'excellence
(투리아 스칼리의 "차바나")

성서 히브리어에 나타나는 언어적 다중성: 제1성전시대 이후 성서 히브리어에 나타나는 아람어

신성윤

1. 들어가는 말

고대의 여러 시대를 걸치면서 동서와 남북 간의 문화적 교량 역할을 감당했던 이스라엘은 그 지리적 특성 상 이스라엘을 거쳐가는 주변 문화로부터 다양한 영향을 받은 것으로 보인다.[83)] 지중해 연변에 위치한 고대 국가라는 관점에서 접근하면 이스라엘은 지중해와 근동이라는 동과 서의 두 세계를 연결하는 가교 역할을 한다.[84)] 고대 이스라엘에 대한 서편 지

---

83) 이스라엘은 지리상 크게 아시아와 아프리카와 유럽 대륙이 같이 연결되는 중심에 위치한다. 이 문맥에 근거하여 유대인들은 전통적으로 예루살렘을 세계의 중심으로 이해해 왔다.

84) 우리의 관점에서 보면 아시아 대륙의 서편 끝 부분에 위치한 이스라엘과 그 주변 지역은 서아시아로 명명되어야 할 것이나 학계에서 보편적으로 사용하는 용어를 사용하기로 한다. 보통 서아시아 지역의 옛 역사나 문화를 언급할 때 이 지역은 고대 근동(Ancient Near East)으로 명명되며 현대적인 정치 역사 외교 군사적 이슈가 논해질 때는 중동(Middle East)이라는 지명이 통용되

중해 쪽으로부터 정치 문화적 영향은 고대 기록이나 고고학 발굴물을 통하여 광범위 하게 입증되는데 이 영향은 주로 유대인들의 구약 성서에 פלשתים [플리쉬팀]으로 등장하는 해양 민족 블레셋에 의한 것이었다. 블레셋 민족은 고대 앗시리아 자료에는 "Pa-la-aś-tu" 내지 "Pilisti"로 등장하며 그리스 문헌에는 "Palastinoi"로 나타난다. 지중해 쪽에서 이주해온 이들이 정착하여 거주한 지역은 "Palastium"으로 불렸다. 이 명칭에 근거하여 나중에 로마 황제 하드리아누스는 이스라엘 땅 전체를 "Provincia Palestine"라고 명명했다(김성 2005: 4). 고대 이스라엘 지역을 지칭하는 용어로 오늘날 보편적으로 사용하는 팔레스타인은 이것에 근거하여 탄생했다.[85] 고대 이스라엘 문화는 동쪽으로부터도-엄격히 따지자면 동북쪽-상당한 영향을 받게 된다. 동쪽 지역으로부터 영향은 주로 앗시리아나 바벨론 같은 동쪽의 고대 제국들에 의한 반복된 침략과 정복에 의한 것이었지만 결정적인 요인이 된 것은 무엇보다도 유대민족의 바벨론 유배이었다. 바벨론 유배는 이스라엘 민족의 역사와 문화에 가장 강력한 변화를 야기시키게 된다. 유대 민족의 삶에 가해진 전반적이고 포괄적인 변화의 결과로 나타난 흥미로운 현상 중 하나는 그들의 언어 영역에서 발견된다. 그것은 지금부터 약 2,500전의 히브리어 층에서부터 두드러지게 나타나는 아람어의 영향이다.

　성서 히브리어의 역사적 발전은 보통 두 측면에서 다루어지고 설명된다. 하나는 시간이 흐르면서 그 언어가 내부적

---

85) 그러나 오늘 이 지역을 거주하는 팔레스타인 아랍인들과 고대 해양 민족 블레셋이 인종적으로는 아무런 상관이 없음을 짚고 넘어 갈 필요가 있겠다.

으로 발전한 것이고 다른 하나는 성서 히브리어에 가해진 외적인 영향이다. 히브리어에 대한 대표적인 외적인 영향의 요소는 바로 아람어였다. "아라마이즘(Aramaism)"으로 불리는 아람어의 영향에 대한 성서 학자들의 집중적인 관심은 이 아라마이즘의 문학적인 기능에서 시작되었다. 구약 본문을 제대로 해석하기 위해서는 그 본문의 저작 시기를 파악하는 것이 기본적인 필요이었는데 구약 성서에 나타나는 아람어 현상이 그 언어적 현상을 포함하고 있는 특정 본문의 저작 시기를 가늠케 해주는 실마리가 되어준 것이다. 기원전 6세기를 전후해서 히브리어 권과 아람어 권의 세계가 본격적으로 만나기 시작한 것은 이미 알려진 사실이며 이것은 아람어적인 요소를 포함하는 구약 본문이 이 시기나 이 시기 이후에 기록되었음을 암시하게 되는 것이었다. 그러나 학자들은 이 문제가 그리 단순하지 않음도 서서히 발견하게 된다. 그것은 같은 북서 셈어(Northwest Semitic)에 속하는 히브리어와 아람어가 수천 년간 나란히 존재해 왔으며 꾸준하게 상호적으로 영향을 주고받아온 것을 무시할 수 없음을 인지하게 되면서부터이다(Driver 1953: 26-27). 구약 성서 본문에 나타나는 모든 아라마이즘이 저작의 후대성을-적어도 기원전 6세기 이후-나타내주는 표지가 아니라는 결론에 이른 것이다. 그러나 이 문제는 뇔데케와 쿠쳐 및 후르비츠 같은 학자들의 노력을 거치면서 해결책을 얻게 된다.[86] 아

---

86) 이 주제와 관련해서는 다름 학자들의 자료를 참조하라: Nöldeke, T. "Review of Kautzsch 1902", *ZMDG*, pp. 412-420, 1903; Kutscher, E.Y. "Aramaic Calque in Hebrew", *Tarbiz* 33, pp. 118-130, 1964 [in Hebrew]; Hurvitz, A. "Hebrew and Aramaic in the Biblical Period: The Problem of 'Aramaisms' in Linguistic Research on the Hebrew Bible", *Biblical Hebrew: Studies in*

라마이즘이 구약 본문의 저작 시기를 보여주는 표지가 될 수 있는 방법론이 제시된 것이다. 그것은 아라마이즘을 두 부류로 구분한 뒤에 그중 하나인 소위 "후기 아라마이즘(Late Aramaism)"을 사용하는 방법이었다. 구약 본문에서 후기 아라마이즘의 요소가 발견될 경우 그것은 그 저작의 후기성을 보여줄 수 있는 표지가 된다는 것을 제시한 것이다(Hurvitz 2003: 28-33).

이 글에서는 성서 히브리어 자료 중 제1성전시대 이후의 문헌, 곧 포로기의 에스겔 자료와 포로기 이후의 에스더, 다니엘, 에스라, 느헤미야, 역대기, 학개, 스가랴, 말라기 자료에 나타나는 아람어 영향에 관하여 살펴보고자 한다. 모든 아람어적 현상을 다 다룰 수는 없는바, 문법 논의에서 보편적으로 다루는 영역 곧 음운론과 형태론과 구문론의 영역에서 대표적이 현상 한 가지씩을 논해 보고자 한다. 이 현상들은 이미 몇몇 학자들에 의해서 논의된 바 있지만 본고에서는 이를 재조사하되 각 현상의 용례에 대해서 전수조사를 시행하고 이를 통하여 성서 히브리어에 대한 아람어의 영향이 어떻게 전개되며 히브리어에 나타나는 아람어 영향의 주된 요인은 무엇인지 규명하는 차원에서 연구에 접근하고자 한다. 조사 대상 자료는 맛소라 본문 및 관련 구절의 아람어 타르쿰 그리고 쿰란 문헌과 벤 시라 그리고 미쉬나 본문 자료로 제한하기로 하겠다.[87]

Chronology and Typology, I. Young (ed.), London/New York, pp. 24-37, 2003.

87) 이 연구 조사에서 맛소라 본문은 *Biblia Hebraica Stuttgartensia* (*BHS*)를 기본으로 한다. 그러나 이 글에 제시되는 모음부호 표시된 히브리어 인용 본문은 웹 자료에서 다운받아 필요한 수정을 거쳐 사용함을 밝힌다. 아람어 타르굼

2. 음운론 영역에서 나타나는 아람어 영향

זעק [za ʿaq] cry, cry out, call (*BDB*: 277a)

구약성서에서 "부르짖다(cry out)"는 의미로 사용되는 대표적인 동사는 צעק와 זעק 두 동사이다. 구약 본문에서 이두 동사의 사용에 대해서 학자들이 관심을 가지게 된 첫번째 이유는 이 어휘들의 음운적 특성 때문이다. 이 두 동사 [짜아크]와 [자아크]의 발음은 우선 "부르짖다"라는 동사의 의미에 걸맞게 부르짖는 음성의 형태로 들린다. 성서 히브리어 및 다른 셈어에서 자연이나 인간을 통해서 만들어지는 소리에 근거하여 의미를 구성하는 동사들이 존재하는 것은 익히 알려진 사실이다. 이 동사들이 주의를 끄는 또 다른 요인은 이 두 동사들 간의 발음상의 유사성이다. 보는 대로 צעק와 זעק는 동사의 첫 페(פ) 어근만 짜데(צ)와 자인(ז)으로 다를 뿐 나머지 아인(ע)과 라메드(ל) 어근은 동일하며 그 의미에서는 차이를 찾아볼 수 없다. 몇몇 용례들은 צעק와 זעק가 구약 성서 전반 자료에서 상호 교환되어 사용될 수 있음을 구체적으로 보여준다. 예를 들면:

본문은 Hebrew Union College의 CAL(Comprehensive Aramaic Lexicon) Targumic Studies Module에서 다운받아 필요한 수정 후 인용하기로 한다. 미쉬나 본문은 Accordance(7.4.1) 프로그램에 수록된 카우프만 사본을 사용하기로 하며 쿰란 본문 역시 동 프로그램에 제시되는 자료를 사용하기로 한다. 본고에 제시 되는 모든 자료 데이터는 동 프로그램 검색 기능을 통하여 주어지는 모든 관련 용례들을 개인적으로 재확인하고 분류하여 얻은 결과 임을 밝힌다.

Ex 14:10 וַיִּצְעֲקוּ בְנֵי־יִשְׂרָאֵל אֶל־יְהוָה

[이스라엘 자손들이 여호와께 부르짖었다]

vs.

Judg 10:10 וַיִּזְעֲקוּ בְּנֵי יִשְׂרָאֵל אֶל־יְהוָה

[이스라엘 자손들이 여호와께 부르짖었다]

Neh 9:27 יִצְעֲקוּ אֵלֶיךָ וְאַתָּה מִשָּׁמַיִם תִּשְׁמָע

[그들이 당신에게 부르짖으리니 당신은 하늘에서
들으시고]

vs.

Neh 9:28 וַיִּזְעָקוּךָ וְאַתָּה מִשָּׁמַיִם תִּשְׁמַע

[그들이 당신에게 부르짖으리니 당신은 하늘에서
들으시고]

Ps 77:2 וְאֶצְעָקָה קוֹלִי אֶל־אֱלֹהִים

[내가 내 목소리로 하나님께 부르짖으리라]

vs.

Ps 142:2 אֶזְעַק קוֹלִי אֶל־יְהוָה

[내가 내 목소리로 여호와께 부르짖으리라][88]

그러나 이 두 동사가 성서 언어에 대한 역사적 연구에

---

88) Ps 142:2에 나타나는 동사는 미완료 1인칭 단수 직설법 형태이다. 그러나
이 동사는 의지표현법으로 번역한 것이 문맥적으로 정확하다. 미완료 1인칭
동사의 의지표현법 형태의 사용이 역사적으로 약화되는 것에 관해서는 아래
자료들을 참조하라: 신성윤. 2010. "성서 히브리어 미완료 1인칭 단수 의지
표현법 형태의 역사적 변천에 관한 연구". 한국중동학회논총 제31-1호.
pp. 217-248.

관심을 갖는 학자들에게 이슈가 된 주된 이유는 발음 상
유사한 이 두 동사의 사용 빈도와 분포 때문이다. 같은 의
미의 동사지만 צעק와 זעק는 구약 성서 안에서 간과할 수
없는 분포적 차이를 보인다.

1형 동사(칼 동사 또는 파알 동사)[89] צעק는 구약 성서 전체에
서 모두 47회 나타난다. 그러나 이 동사는 주로 제1성전시대의
히브리어 곧 표준 성서 히브리어(Standard Biblical Hebrew=
SBH) 층에 집중되어 있는 것을 보게 된다:

Gen 4:10, 27:34, 41:55; Ex 5:8, 5:15, 8:8, 14:10,
14:15, 15:25, 17:4, 22:22 (x2), 22:26; Num 11:2, 12:13,
20:16; Deut 22:24, 22:27, 26:7; Josh 24:7; Judg 4:3,
10:12; 1Kg 20:39; 2Kg 4:1, 4:40, 6:5, 6:26, 8:3, 8:5; Is
19:20, 33:7; Jer 22:20 (x2), 49:3 (총 34회)

이에 반하여 제2성전시대의 히브리어 곧 후기 성서 히브
리어(Late Biblical Hebrew=LBH) 층에서 צעק는 단 2회
밖에 등장하지 않는다:

Neh 9:27 וַתִּתְּנֵם בְּיַד צָרֵיהֶם וַיָּצֵרוּ לָהֶם וּבְעֵת צָרָתָם יִצְעֲקוּ
אֵלֶיךָ וְאַתָּה מִשָּׁמַיִם תִּשְׁמָע
[당신이 그들을 그 대적에게 맡기실 때 그 대적들
이 그들을 괴롭게 하면 그들이 그 고통 중에 당신
에게 부르짖으리니 당신은 하늘에서 들으시고]

---

89) "1형 동사" 개념의 사용에 대해서는 신성윤 2009, pp.44-45를 참조하라.

2Chr 13:14 וַיִּצְעֲקוּ לַיהוָה וְהַכֹּהֲנִים מחצצרים בַּחֲצֹצְרֹות

[그들은 여호와께 부르짖고 대제사장들은 나팔을 불었다]

앞서 צעק와 זעק는 서로 바꾸어 쓸 수 있는 동의어가 됨을 구체적인 용례들을 통해서 보았다. SBH 자료에서 34회 사용되었던 צעק가 LBH 단계에 들어와서 급격하게 줄어든다. 단순히 이 두 자료 층만을 가지고 비교한다면 그 사용 분포의 차이는 94.4% 대 5.5%에 해당한다.[90]

זעק 동사는 구약 전체에서 모두 60회 사용되는 것으로 파악된다. 먼저 SBH 자료에서 조사해 보면 아래와 같다:

Ex 2:23; Judg 3:9, 3:15, 6:6, 6:7, 10:10, 10:14, 12:2; 1Sam 4:13, 5:10, 7:8, 7:9, 8:18, 12:8, 12:10, 15:11, 28:12; 2Sam 13:19, 19:5, 19:29; 1Kg 22:32; Is 14:31, 15;4, 15:5, 26:17, 30:19; Jer 11:11, 11:12, 20:8, 25:34, 30:15, 47:2, 48:20, 48:31; Hos 8:2; Mic 3:4; Hab 1:2, 2:11 (총 39회).

LBH 자료에서는 다음의 본문에서 זעק의 사용이 나타난다:

Est 4:1; Neh 9:4, 9:28; 1Chr 5:20; 2Chr 18:31, 20:9, 32:20 (총 7회).

---

90) צעק 동사는 SBH 자료와 LBH 자료 외에 저작 시기가 분명하지 않은 나머지 구약 본문 11 곳에서도 나타난다: Is 42:2, 46:7, 65:14; Ps 34:18, 77:2, 88:2, 107:6, 107:28; Job 19:7, 35:12; Lam 2:18.

SBH 자료와 LBH 자료 간의 זעק 동사의 사용분포는 84.7%와 15.2%로 나누어진다.

צעק 동사와 זעק 동사의 사용 분포를 SBH 자료와 LBH 자료에서 서로 비교해 보면 이 두 동사 사용의 시대적인 증감은 분명한 차이를 보인다. 사용분포 자체로는 두 동사 다 SBH 자료에 집중되어 있지만 그것은 자연스러운 현상 이다. 왜냐하면 분량적으로 SBH 자료가 LBH 자료보다 월 등하게 많기 때문이다.[91] 그러나 LBH 자료를 중심으로 비 교한다면 제2성전시대로 들어오면서 צעק 동사의 사용은 축소되는 감이 있지만 이에 반하여 זעק 동사의 사용은 증 가되는 양상을 보인다. 실제 용례를 가지고 통계적으로 계 산하면 LBH 자료에서 זעק 동사의 사용은 צעק 동사에 비 하여 약 세 배 이상 증가되고 있다. 이 현상은 적절한 설 명을 요구하는 부분이 된다.

구약 본문에 나타나는 זעק 동사와 관련해서 좀더 흥미로 운 부분은 제1성전시대의 히브리어와 제2성전시대의 히브 리어를 연결하는 가교 역할을 하는 히브리어 층으로 확인 된 에스겔 자료에서의 사용이다.[92] 에스겔 자료에서 צעק

---

91) SBH 자료의 경우 Gen 1533, Ex 1213, Lev 859, Num 1289, Deut 959, Josh 658, Judg 618, 1Sam 811, 2Sam 695, 1Kg 817, 2Kg 719, Is 1-39 766, Jer 1363 (아람어로 된 10:11 제외), Hos 197, Amos 146, Oba 21, Mic 105, Nah 47, Hab 56, Zeph 53 구절로 총 12925 절로 이루어 진 반면에 LBH 자 료는 Est 167, Dan 157 (아람어로 된 2:4 - 7:28의 200 구절 제외), Ezr 191 (아람어로 된 89 구절 제외), Neh 405, 1Chr 943, 2Chr 822, Hag 38, Zech 211, Mal 55 구절로 총 2989 절로 이루어 져 있다. 분량적으로 본다면 SBH 자료와 LBH 자료는 상호 간에 약 77%와 23%를 이룬다.

92) 포로기의 선지자 에스겔 자료의 히브리어가 역사적으로 SBH와 LBH의 중간 층이 되는 것은 예상되는 일이다. 여러 학자들 가운데 특별히 두 학자가 이 부분을 분명하게 확인 시켜주었다. Cf. Hurvitz, A. *A Linguistic Study of the*

동사는 단 한 차례도 사용되지 않지만 זעק 동사는 모두 4
차례가 사용된다는 점이 주의를 끈다.

Ezek 9:8 וָאֶפְּלָה עַל־פָּנַי וָאֶזְעַק וָאֹמַר אֲהָהּ אֲדֹנָי יְהוִה
　　　　[내가 엎드려 부르짖었다. 내가 말하기를
　　　　당신은 주 여호와십니다]

Ezek 11:13 וָאֶפֹּל עַל־פָּנַי וָאֶזְעַק קוֹל־גָּדוֹל וָאֹמַר אֲהָהּ אֲדֹנָי יְהוִה
　　　　[내가 엎드려 큰 목소리로 부르짖었다.
　　　　당신은 주 여호와십니다]

Ezek 21:17 זְעַק וְהֵילֵל בֶּן־אָדָם כִּי־הִיא הָיְתָה בְעַמִּי הִיא
　　　　[인자야 부르짖으라 슬피 울라
　　　　그것이 내 백성 중에 있다]

Ezek 27:30 וְהִשְׁמִיעוּ עָלַיִךְ בְּקוֹלָם וְיִזְעֲקוּ מָרָה וְיַעֲלוּ עָפָר עַל־רָאשֵׁיהֶם
　　　　[그들이 목소리로 내게 들리며 비통히
　　　　부르짖으며 그 머리에 티끌을 덮어 쓴다]

　　에스겔 자료와 LBH 자료에서 나타나는 זעק 동사의 사용
증가 현상이 포로기 이후 시대의 성서 외적인 자료에서 어
떻게 반영 되는 지를 살펴 보면 이것이 후기 성서 히브리

Relationship between the Priestly Source and the Book of Ezekiel, RB 20,
Paris, 1982; Rooker, M.F. *Biblical Hebrew in Transition: The Language of
the Book of Ezekiel*, Sheffield, 1990.

어의 현상이 될 수 있는지 확인될 수 있다.[93] 먼저 조사해 볼 수 있는 것은 쿰란 자료의 히브리어이다. 맛소라 본문 이사야와 쿰란 이사야 두루마리는 가장 대표적으로 비교될 수 있는 자료가 된다. 이사야 맛소라 히브리어 본문에는 צעק 동사가 모두 5회 나타난다: 19:20, 33:7, 42:2, 46:7, 65:14. 그러나 이 용례들 중 네 경우는 쿰란 두루마리 사본에서 본래의 צעק 동사가 아닌 זעק 동사로 필사되고 있음이 관찰된다:

MT Is 33:7 הֵן אֶרְאֶלָּם צָעֲקוּ חֻצָה מַלְאֲכֵי שָׁלוֹם מַר יִבְכָּיוּן

[보라 그들의 용사들이 부르짖고 평화의

사신들은 비통히 우는구나]

vs.

1QIsa[a] 33:7 הן אראלמ זעקו חצה מלאכי שלום מר יבכוון

[보라 그들의 용사들이 부르짖고 평화의

사신들은 비통히 우는구나]

MT 42:2 לֹא יִצְעַק וְלֹא יִשָּׂא וְלֹא-יַשְׁמִיעַ בַּחוּץ קוֹלוֹ

[그는 부르짖지 않으며 목소리를 높이지 않으며

밖으로 들리게 하지 않는다]

---

93) 후기 성서 히브리어 현상이나 요소를 규정하는 방법론을 구체화 시킨 후르비츠는 이를 위한 세 가지 전제 조건을 제시한다: 그 현상의 분포 정도 (Distribution), 언어적 대조(Linguistic Contrast), 성서 외적 자료(Extra–Biblical Sources). 곧 특정한 언어 현상이 LBH 자료에 집중적으로 나타나고 이 현상이 SBH 자료의 다른 현상을 대체하면서 나타나는 것이 확실하고 이 현상이 성서 안에서뿐만 아니라 성서 외적인 자료에서 발견이 될 때 이를 후기 성서 히브리어 현상으로 규정할 수 있다는 것이다. Cf. Hurvitz, A. "Linguistic Criteria for Dating Problematic Biblical Texts," *HA* 14, pp. 74–79. 1973.

vs.

1QIsa^a 42:2   לוא יזעק ולוא ישא ולוא ישמיע בחוץ קולו

[그는 부르짖지 않으며 목소리를 높이지 않으며
밖으로 들리게 하지 않는다]

MT 46:7   אַף־יִצְעַק אֵלָיו וְלֹא יַעֲנֶה מִצָּרָתוֹ לֹא יוֹשִׁיעֶנּוּ

[그에게 부르짖어도 그는 대답하지 않으며 그의
고난에서 그를 구하지도 못한다]

vs.

1QIsa^a 47:7   אף יזעק עליו ולוא יענה מצרתו לוא יושיענו

[그에게 부르짖어도 그는 대답하지 않으며 그의
고난에서 그를 구하지도 못한다]

MT 65:14   וְאַתֶּם תִּצְעֲקוּ מִכְּאֵב לֵב וּמִשֵּׁבֶר רוּחַ תְּיֵלִילוּ

[너희는 마음의 고통으로 부르짖으며 영혼의
상함을 통곡할 것이다]

vs.

1QIsa^a 65:14   ואתמה תזעקו מכאוב לב ומשברון רוח תילילו

[너희는 마음의 고통으로 부르짖으며 영혼의
상함을 통곡할 것이다]

쿰란 이사야 두루마리에서 발견되는 이 용례들은 제2성
전시대로 넘어오면서 צעק 동사가 זעק 동사로 대체되는 언
어적 경향을 결정적으로 보여준다. 루커는 신명기에서 צעק
동사로 사용되던 것이 Temple Scroll에서 זעק로 대체되어 사
용되고 있는 용례들도 제시한다(Rooker 1990: 136):

MT Deut 22:24 אֶת־הַנַּעֲרָ עַל־דְּבַר אֲשֶׁר לֹא־צָעֲקָה בָעִיר

[그 처녀는 성에서 부르짖지 않은 것을 인하여…]

vs.

11Q19 66:2-3 את הנערה על דבר אשר לוא זעקה בעיר

[그 처녀는 성에서 부르짖지 않은 것을 인하여…]

MT Deut 22:27 כִּי בַשָּׂדֶה מְצָאָהּ צָעֲקָה הַנַּעֲרָ הַמְאֹרָשָׂה

[그가 그녀를 들에서 만났으므로 그 약혼한
처녀가 부르짖어도…]

vs.

11Q19 66:7-8 כי בשדה מצאה זעקה הנערה המאורשה

[그가 그녀를 들에서 만났으므로 그 약혼한
처녀가 부르짖어도…]

  이러한 경향은 다른 쿰란 자료에서도 보편적으로 드러난
다. 쿰란의 비성서 관련 자료 전체에서 보면 1형 동사 צעק
은 זעק에 비하여 그 사용이 10% 수준에 밖에 이르지 못한
다. 1형 동사 차원을 넘어 단순히 צעק과 זעק 어근의 사용
을 조사할 경우에는 그 빈도가 5%대로 축소된다.

  히브리어 צעק 1형 동사가 아람어 타르굼에서 같은 동사 어
근으로 번역되는 경우는 매우 드물게 나타난다. 분명하게 확
인이 되는 경우는 전체 47개 용례 중 Josh 24:7와 Judg 4:3
두 구절이다. 논의 중인 זעק 1형 동사 역시 맛소라 본문에 나
오는 60개의 용례 중 일부만이 타르굼에서 זעק 동사 어근으
로 번역되고 있다: Ex 2:23; Judg 3:9, 3:15, 6:6, 10:10;
1Sam 5:10, 12:8, 12:10; 2Chr 32:20. 객관적으로 확인이 되
는 것은 아람어 타르굼 자료에서 זעק 동사 사용이 צעק 동사

에 비하여 몇 배 많다는 것이다. 이 문맥과 연관하여 한 구절
이 주의를 끈다. 그것은 히브리어 צעק 동사가 아람어 זעק 동
사로 번역된 용례를 가지는 구절이다:

MT Ex 14:10 וְהִנֵּה מִצְרַיִם נֹסֵעַ אַחֲרֵיהֶם וַיִּירְאוּ מְאֹד וַיִּצְעֲקוּ
בְנֵי־יִשְׂרָאֵל אֶל־יְהוָה

[이스라엘 자손들이 크게 두려워하여 여호와께

부르짖었다]

vs.

Onqelos Ex 14:10 ודחילו לחדא וזעיקו בני ישראל קדם יוי

[이스라엘 자손들이 크게 두려워하여 여호와

앞에서 부르짖었다]

이 구체적인 용례는 아람어 타르굼에서 זעק 동사의 사용
이 월등히 두드러진다는 점과 함께

히브리어에서 강세 마찰음(Emphatic Sibilant) צ가 유성
마찰음(Voiced Sibilant) ז로 대체된 것, 곧 זעק > צעק의
변화가 아람어의 영향에 기인한다는 제안을 지지하는 경우
가 된다 (Kutscher 1959: 26, Bergey 1983: 120, Rooker
1990: 138). 아람어의 한 방언인 시리아어 번역 프쉬타에
서는 히브리어 동사 צעק가 זעק 동사로 번역이 되었다는
것도 이 가능성을 더욱 지지한다 (Rooker ibid.)

3. 형태론 영역에서 나타나는 아람어 영향

ולמעלה ...מ [me··· wulema lah] from··· and upwards
(*BDB*: 751b)

구약 히브리어 본문에서 מ...ולמעלה의 표현은 다음의 본
문들에서 발견된다:

Ezek 1:27 וָאֵרֶא כְּעֵין חַשְׁמַל כְּמַרְאֵה-אֵשׁ בֵּית-לָהּ סָבִיב
מִמַּרְאֵה מָתְנָיו וּלְמָעְלָה
[내가 보니 그 허리 이상의 모양은 단 쇠
같아서 그 속과 주위가 불 같고]

Ezek 8:2 וּמִמָּתְנָיו וּלְמַעְלָה כְּמַרְאֵה-זֹהַר כְּעֵין הַחַשְׁמַלָה
[허리 이상은 광채가 나서 단 쇠 같은데]

Ezek 43:15 וּמֵהָאַרְאֵיל וּלְמַעְלָה הַקְּרָנוֹת אַרְבַּע
[그 제단 노면 위쪽으로 그 뿔이 넷이며]

1Chr 23:27 הֵמָּה מִסְפַּר בְּנֵי-לֵוִי מִבֶּן עֶשְׂרִים שָׁנָה וּלְמָעְלָה
[그들은 이십 세 이상의 레위 자손들의 수이다]

2Chr 31:16 מִלְּבַד הִתְיַחְשָׂם לִזְכָרִים מִבֶּן שָׁלוֹשׁ שָׁנִים וּלְמַעְלָה
[삼 세 이상으로 족보에 기록된 남자 외에···]

2Chr 31:17 וְהַלְוִיִּם מִבֶּן עֶשְׂרִים שָׁנָה וּלְמָעְלָה

[이십 세 이상의 레위 사람들…]

"~에서 ~이상으로"라는 표현은 구약 전반에 흔히 나타
나는 전치사구이다. 크게 두 가지 형태로 사용이 된다:

מ... ומלעה

מ... ולמעלה

같은 의미로 사용되는 이 두 전치사구의 차이는 형태상의
차이이다. 두 번째의 전치사구는 첫 번째 전치사구에 lamed
가 더해진 형태이다. 앞의 전치사 מ(=מן)에는 차이가 없지
만 접속사로 시작되는 두 번째 단어에 전치사 ל가 추가되었
다. 주의 깊게 보아야 할 부분은 이 두 방식의 전치사구들
이 사용되고 있는 분포이다. 첫 번째 모델 מ... ומלעה 표현
은 구약 자료 전반에서 사용이 되는 것으로 조사된다:

포로기 이전 히브리어 자료 – Ex 30:14, 38:26; Lev
27:7; Num 1:3, 1:18, 1:20, 1:22, 1:24, 1:26, 1:28, 1:30,
1:32, 1:34, 1:36, 1:38, 1:40, 1:42, 1:45, 3:15, 3:22,
3:28, 3:39, 3:43, 4:3, 4:23, 4:30, 4:35, 4:39, 4:43,
4:47, 8:24, 14:29, 26:2, 26:4, 32:11; Jud 1:36; 1Sam
9:2, 10:23, 16:13, 30:25; 1Kg 7:31; 2Kg 3:21 [총 42회].

포로기 이후 히브리어 자료 – Hag 2:15, 2:18[94]; Ezr

---

94) 후기 성서 히브리어 자료인 학개서에서 מ...ולמעלה가 사용되지 않고 여전히
מ...ומלעה만 사용되고 있는 것은 역으로 학개서의 히브리어가 아직은 후기 성

3:8; 1Chr 23:3, 23:24; 2Chr 25:5 [총 6회].

מ...**ומעלה**의 경우 포로기 이전의 SBH 자료에서뿐만 아니라 포로기 이후의 LBH 자료에서도 사용되는 것을 본다. 그러나 두 번째 모델인 מ...**ולמעלה**의 경우 그 사용 반경은 מ...**ומעלה**의 경우와 달리 제한적이다. 이 모델의 경우 구약에서 발견되는 용례는 모두 6회에 지나지 않는다:

포로기의 자료 - Ezk 1:27, 8:2, 43:15

포로기 이후 히브리어 자료 - 1Chr 23:27; 2Chr 31:16, 31:17

보편적으로 알려진 대로 이 표현이 사용되고 있는 에스겔 자료는 바벨론 포로기 시대의 자료이며 역대기는 포로기 이후 시대의 자료이다. מ...**ולמעלה**는 제1성전시대의 히브리어 자료에서는 나타나지 않았던 형태인 것이다. 분포상으로 보면 이 형태가 구약 성서에 사용되기 시작하는 것은 바벨론 포로기 때부터임을 알게 된다. 에스겔 자료에 나오는 이 새로운 형태의 전치사구는 제1성전시대의 자료와 구체적으로 대조될 수 있다. 예를 들면:[95]

서 히브리어 현상들을 온전하게 반영하지 못하는 후기 성서 히브리어 초창기 단계임을 보는 주는 것이 될 수도 있다. 이에 관해서는 아래를 참조하라: Shin, Seoung-Yun. *A Lexical Study on the Language of Haggai-Zechariah-Malachi and its Place in the History of Biblical Hebrew* (Ph. D. Diss.), The Hebrew University of Jerusalem, pp. 145-147, 2007.

95) 후르비츠와 루커는 저작 시기가 포로기 시대인 것이 분명한 에스겔 자료에

1Kg 7:31 וּפִיהוּ מִבֵּית לַכֹּתֶרֶת וָמַעְלָה בָּאַמָּה

[그 입은 받침 위쪽으로 한 규빗이고]

vs.

Ezek 43:15 וּמֵהָאֲרָאֵיל וּלְמַעְלָה הַקְּרָנוֹת אַרְבַּע

[그 제단 노면 위쪽으로 그 뿔이 넷이며]

역대기에 나오는 전치사구 표현 또한 구체적으로 제1성
전시대의 자료와 대조된다. 예를 들면:

Num 8:24 זֹאת אֲשֶׁר לַלְוִיִּם מִבֶּן חָמֵשׁ וְעֶשְׂרִים שָׁנָה וָמַעְלָה

[이십오 세 이상의 레위 사람들의 경우에는]

vs.

2Chr 31:17 וְהַלְוִיִּם מִבֶּן עֶשְׂרִים שָׁנָה וּלְמָעְלָה

[이십 세 이상의 레위 사람들]

이 용례들은 두 번째 전치사구 모델이 그 이전 시대의
히브리어에 비교할 때 새로운 형태의 사용임을 분명하게
보여준다. 그러나 이 새로운 형태의 사용이 포로기 시대의
히브리어 층에서부터 대세를 이루는 것은 아닌 것으로 보
인다. 제2성전시대의 성서 히브리어 자료에서도 첫 번째
모델의 사용은 여전히 발견된다. 예를 들면:

등장하는 이 형태를 같은 제사장 계열의 문서인 P 문서에 나타나는 첫 번째
형태 ומעלה...מ와 대조시키는 것을 통하여 P 문서가 시기적으로 에스겔 자료
이전임을 입증하는데 사용했다. 이런 용례들에 근거하여 도출된 이들의 결론
은 P 문서가 시기적으로 에스겔 자료 이전 곧 제1성전시대의 자료에 속한다
는 것이었다. 이것은 거의 백 여 년에 걸쳐 정설로 받아들여져 오던 벨하우젠
의 "J–E–D–P" 학설을 재고하게 한 학문적 기여로 평가된다.

Ezra 3:8　וַיַּעֲמִידוּ אֶת-הַלְוִיִּם מִבֶּן עֶשְׂרִים שָׁנָה **וָמַעְלָה**

[그들이 이십 세 **이상의** 레위 사람들을 세웠다]

1Chr 23:3　וַיִּסָּפְרוּ הַלְוִיִּם מִבֶּן שְׁלֹשִׁים שָׁנָה **וָמָעְלָה**

[삼십 세 **이상의** 레위 사람들이 계수되었다]

후르비츠는 이 두 번째 모델의 등장을 아람어의 영향으로 규정한다(Hurvitz 1974: 38, Hurvitz 1982: 108). 이 설명을 설득력 있게 하는 것은 먼저 보편적으로 알려진 제 2성전시대의 언어적인 상황이다. 이미 당시 이스라엘 사람들의 생활에 깊이 자리하고 있었던 아람어는 히브리어 전반에 영향을 미치고 있었던 것으로 파악된다. 좀 더 구체적으로는 **ומעלה ...מ**를 번역하고 있는 아람어 타르굼을 통하여 **ולמעלה ...מ**의 형성을 추론해 볼 수 있다. 대표적으로 앞서 상호 대조된 제 1성전시대 히브리어 본문과 에스겔 및 역대기 본문에 대한 아람어 번역을 살펴보면 아래와 같다:

MT 1Kg 7:31　וּפִיהוּ מִבֵּית לַכֹּתֶרֶת **וָמַעְלָה בָּאַמָּה**

[그 입은 받침 **위쪽으로** 한 규빗이고]

Jonathan 1Kg 7:31　וְפוּמֵּיהּ מִגָּיו לְקַרְנָתְהוֹן **וּלְעֵילָא בְּאַמְתָא**

[그 입은 뿔 내부 **위쪽으로** 한 규빗이고]

MT Ezek 43:15　וּמֵהָאֲרְאֵיל **וּלְמַעְלָה** הַקְּרָנוֹת אַרְבַּע

[그 제단 노면 **위쪽으로** 그 뿔이 넷이며]

Jonathan 43:15　וּמִמַּדְבְּחָא **וּלְעֵילָא** קַרְנָתָא אַרְבַּע

[그 제단 노면 위쪽으로 그 뿔이 넷이며]

MT Num 8:24 זֹאת אֲשֶׁר לַלְוִיִם מִבֶּן חָמֵשׁ וְעֶשְׂרִים שָׁנָה וָמַעְלָה
[이십오 세 이상의 레위 사람들의 경우에는…]

Onqelos Num 8:24 דָּא דִלְלֵיוָאֵי מִבַּר עַסְרִין וְחַמֵישׁ שְׁנִין וּלְעֵילָא
[이십오 세 이상의 레위 사람들의 경우에는…]

MT 2Chr 31:17 וְהַלְוִיִם מִבֶּן עֶשְׂרִים שָׁנָה וּלְמָעְלָה
[이십 세 이상의 레위 사람들…]

Targum 2Chr 31:17 ולואי מבר עשרין שנין ולעילא
[이십 세 이상의 레위 사람들..]

　대표적인 용례의 경우지만 여기 소개된 아람어 타르굼은 토라에 대한 옹켈로스 번역과 선지서에 대한 요나탄 번역 그리고 성문서 아람어 번역이다. 이 세 번역본 모두 구약성서 히브리어의 "~에서 ~이상으로"에 해당하는 전치사구 מ... ולעילא 나 מ... ולמעלה 모두를 מ... ולעילא 로 번역하는 것을 본다. 이것은 아람어에서 "~에서 ~이상으로"를 표현하는 대표적인 전치사구가 מ... ולעילא 이었음을 보여주는 것이다. 곧 히브리어의 מ... ולמעלה 에서 발견되는 ל 는 이 아람어 전치사구 מ... ולעילא 의 영향이라는 것이다.

4. 구문론 영역에서 나타나는 아람어 영향

רחב חמש אמות [rohav hamesh ʿammot] width five cubits

성서 히브리어에서 길이나 넓이나 높이를 수량적으로 묘사하는 표현은 특정한 방식을 따라 사용이 된 것으로 보인다. 크게 두 가지 표현방식이 관찰된다:[96]

수량적인 묘사가 먼저 나오고 측량 부위가 표시되는 방식 (예 세 규빗 높이)
측량 부위가 먼저 나오고 수량적 묘사가 따르는 방식 (예 높이 세 규빗)

이 표현방식들이 학자들의 관심을 끌게 된 것은 구약 본문에서 파악되는 이들의 특정한 분포 양상이다. 먼저 SBH 자료에서 발견되는 모든 관련 용례들을 이 두 모델로 분류하면 아래의 결과를 얻게 된다:

---

96) 실상 이 주제는 단순히 수량적인 묘사와 측량 부위 간의 어휘 배치 순서에 관한 부분만은 아니다. 그 이전에 다루어져야 할 포괄적 주제 중 하나는 성서 히브리어에서 수사의 형용사적 용법에 관한 것이다. Cf. Herner, S. *Syntax der Zahlwörter im Alten Testament*, Lund, 1893; Weitzman, S. "The Shifting Syntax of Numerals in Biblical Hebrew: a Reassessment", *JNES* Vol. 55, No. 3, pp. 177–185, 1996.

첫 번째 모델 – Gen 6:15 (x3); Ex 25:10 (x3), 25:17 (x2), 25:23 (x3), 26:16 (x2), 27:1 (x3), 27:9, 30:2 (x3), 36:21 (x2), 37:1 (x3), 37:6 (x2), 37:10 (x3), 37:25 (x3), 38:1 (x3), 38:18; Deut 3:11 (x2); 1Kg 6:2 (x3), 6:3 (x2), 6:6 (x3), 6:10, 6:20 (x3), 6:23, 7:2 (x3), 7:6 (x2), 7:15, 7:16 (x2), 7:23, 7:27 (x3), 7:35; 2Kg 25:17; Jer 52:21 [총 67회 – 78.8%].[97]

두 번째 모델 – Ex 26:2 (x2), 26:8 (x2), 27:12, 27:13, 27:18 (x3), 36:9 (x2), 36:15 (x2), 38:18; 1Kg 6:26, 7:32; 2Kg 25:17; Jer 52:22 [총 18회 – 21.2%].

이 조사 결과가 보여주는 것은 첫 번째 모델이 주로 SBH 자료에서 나타난다는 것이다(Bergey 1983: 80; Rooker 1990: 113). 이 중 몇 가지 예를 살펴보면:

Gen 6:15 וְזֶה אֲשֶׁר תַּעֲשֶׂה אֹתָהּ שְׁלֹשׁ מֵאוֹת אַמָּה אֹרֶךְ הַתֵּבָה
[이것을 네가 만들어야 하리니 방주의 길이는 삼백 규빗이다]

1Kg 7:2 וַיִּבֶן אֶת־בֵּית יַעַר הַלְּבָנוֹן מֵאָה אַמָּה אָרְכּוֹ
[그가 레바논 숲 집을 만들었으니 그것의 길이가 백 규빗이었다]

Ex 27:1 וְעָשִׂיתָ אֶת־הַמִּזְבֵּחַ עֲצֵי שִׁטִּים חָמֵשׁ אַמוֹת אֹרֶךְ וְחָמֵשׁ

---

97) 분류가 애매한 Ex 27:11은 제외함.

אַמּוֹת רֹחַב

[아카시아 나무 제단을 만들지니 길이 다섯

규빗 넓이 다섯 규빗이다]

1Kg 7:6 וְאֵת אוּלָם הָעַמּוּדִים עָשָׂה חֲמִשִּׁים אַמָּה אָרְכּוֹ וּשְׁלֹשִׁים אַמָּה רָחְבּוֹ

[그가 주랑을 만들었는데 그 길이는 오십

규빗 그 넓이는 삼십 규빗이었다]

Ex 25:23 וְעָשִׂיתָ שֻׁלְחָן עֲצֵי שִׁטִּים אַמָּתַיִם אָרְכּוֹ וְאַמָּה רָחְבּוֹ וְאַמָּה וָחֵצִי קֹמָתוֹ

[아카시아 나무 상을 만들지니 그 길이 두 규빗,

그 넓이 한 규빗 그 높이 한 규빗 반이다]

1Kg 7:15 וַיָּצַר אֶת־שְׁנֵי הָעַמּוּדִים נְחֹשֶׁת שְׁמֹנֶה עֶשְׂרֵה אַמָּה קוֹמַת הָעַמּוּד הָאֶחָד

[두 놋 기둥을 만들지니 한 기둥의 높이는

십팔 규빗이다]

LBH 자료에서 발견되는 모든 관련 용례들을 분류해 보면:

첫 번째 모델 – 2Chr 3:15, 4:1 (x3), 6:13 (x3)

[총 7회 – 43.7%]

두 번째 모델 – Zec 5:2 (x2); 2Chr 3:3 (x2), 3:4 (x2),

3:8 (x2), 3:11

[총 9회 – 56.3%][98]

이 결과는 SBH 자료에 반하여 LBH 자료에서는 기존의 형태 대신에 새로운 표현방식이 두드러짐을 보여준다. 이 중 몇 가지 예를 살펴보면:

Zec 5:2 וָאֹמַר אֲנִי רֹאֶה מְגִלָּה עָפָה אָרְכָּהּ עֶשְׂרִים בָּאַמָּה וְרָחְבָּהּ עֶשֶׂר בָּאַמָּה

[내가 말하기를 내가 날아가는 두루마리를 보는 그것의 길이는 이십 규빗이요 그것의 넓이는 십 규빗입니다]

2Chr 3:11 וְכַנְפֵי הַכְּרוּבִים אָרְכָּם אַמּוֹת עֶשְׂרִים

[그 그룹들 두 날개 그들 길이는 이십 규빗이다]

2Chr 3:3 הָאֹרֶךְ אַמּוֹת בַּמִּדָּה הָרִאשׁוֹנָה אַמּוֹת שִׁשִּׁים וְרֹחַב אַמּוֹת עֶשְׂרִים

[그 길이는 옛날 자로 육십 규빗이고 넓이는 이십 규빗이다]

2Chr 3:4 וְהָאוּלָם... וְהַגֹּבַהּ מֵאָה וְעֶשְׂרִים

[그 홀은… 그 높이가 일백 이십 (규빗)이었다]

이 두 표현방식이 제1성전과 제2성전시대의 자료들 간에

---

98) 2Chr 3:4의 경우 텍스트 상에 문제점이 보이지만 문맥 상 2회로 보는 것이
   적합해 보임.

변화를 보이는 것은 역대기의 출전(*Vorlage*)으로 알려지는 전기 예언서 자료와의 병행 본문을 통해서 가장 확실히 보여진다 (Bendavid 1972: 82):

1Kg 6:2 וְהַבַּיִת אֲשֶׁר בָּנָה הַמֶּלֶךְ שְׁלֹמֹה לַיהוָה שִׁשִּׁים-אַמָּה אָרְכּוֹ וְעֶשְׂרִים רָחְבּוֹ

[솔로몬 왕이 여호와를 위하여 지은 집은 길이가 육십 규빗이요 넓이가 이십이다]

vs.

2Chr 3:3 וְאֵלֶּה הוּסַד שְׁלֹמֹה... בֵּית הָאֱלֹהִים הָאֹרֶךְ אַמּוֹת שִׁשִּׁים וְרֹחַב אַמּוֹת עֶשְׂרִים

[이것이 솔로몬이 세운 하나님의 집이니 그 길이는 육십 규빗이고 넓이는 이십 규빗이다]

1Kg 6:20 הַדְּבִיר עֶשְׂרִים אַמָּה אֹרֶךְ וְעֶשְׂרִים אַמָּה רֹחַב

[지성소는 길이가 이십 규빗이요 넓이가 이십 규빗이다]

vs.

2Chr 3:8 קֹדֶשׁ הַקֳּדָשִׁים אָרְכּוֹ... אַמּוֹת עֶשְׂרִים וְרָחְבּוֹ אַמּוֹת עֶשְׂרִים

[지성소는 그 길이가… 이십 규빗이요 그 넓이가 이십 규빗이다]

    역대기 저자가 SBH 방식의 표현 형태를 의도적으로 바꾼 것은 당시의 보편적인 표현 방식을 의식한 때문이었을 것으로 추측된다.

포로기의 저작인 에스겔 자료에서 관찰되는 결과는 다음
과 같다:[99]

첫 번째 모델 – 40:6 (x2), 40:7 (x2), 40:21, 40:25,
40:29, 41:1 (x2), 41:12, 42:4, 43:13, 43:16 (x2), 43:17
(x2), 45:1, 45:5 (x2), 45:6, 46:22 (x2), 48:8, 48:13 [총
24회 – 28.9%].

두 번째 모델 – 40:5 (x2), 40:11 (x2), 40:13, 40:21,
40:25, 40:29, 40:30 (x2), 40:33 (x2), 40:36 (x2), 40:42
(x3), 40:47 (x2), 40:48, 40:49 (x2), 41:2 (x3), 41:3,
41:4 (x2), 41:5, 41:9, 41:10, 41:11, 41:12 (x2), 41:13
(x2), 41:14, 41:22, 42:2 (x2), 42:7, 42:8, 42:20 (x2),
43:14 (x2), 45:1 (x2), 45:3 (x2), 45:6, 48:9 (x2), 48:10
(x3), 48:13 (x3) [총 59회 – 71.1%].

에스겔 자료에서는 두 번째 표현 방식이 71%를 차지하
며 다수를 이루는 것을 본다. 제사장이었던 에스겔 자료의
측량 표현방식은 제1성전시대의 제사장 문헌의 측량 표현
방식과 선명한 대조를 보이기도 한다. 루커는 다음의 두
구절을 대조 제시한다 (Rooker 1990: 114):

Ex 27:1 חָמֵשׁ אַמּוֹת אֹרֶךְ וְחָמֵשׁ אַמּוֹת רֹחַב
[다섯 규빗 길이 그리고 다섯 규빗 넓이]

vs.

---

99) 분류가 애매한 40:19, 41:15, 48:15, 48:18은 계산에서 제외됨.

אֹרֶךְ חָמֵשׁ וְעֶשְׂרִים אַמָּה וְרֹחַב חָמֵשׁ אַמּוֹת Ezk 40:30

[길이는 이십 오 규빗 그리고 넓이는 다섯 규빗]

이 두 모델 간의 사용 빈도는 SBH 자료에서 78.8%와 21.2%로 나타나지만 LBH 자료에서는 그 비율이 43.7%와 56.3%로 역전된다. 제1성전시대와 제2성전시대 간의 역사적인 변화로 드러나는 성서 히브리어 안에서의 이 변화가 성서 외적인 자료에서 어떻게 나타나는 지 확인해 볼 필요가 있다. 쿰란 비 성서 자료에서는 첫 번째 모델은 약 17회 정도 나타나는 것으로 파악되지만 두 번째 모델은 약 76회 정도 사용되는 것으로 보인다 (18.3% vs. 81.7%). 이 비율의 분포는 LBH 자료에 들어오면서 증가된 두 번째 모델의 사용이 통시적으로 더욱 확대된 양상을 보인다. 쿰란 자료의 예를 들면:

אורך הכידן אמה וחצי ורוחבו ארבע אצבעות 1QM 5:12-13

[그 창의 길이는 한 규빗 반이요 그 넓이는
네 손가락이다]

רוחב החדר עשר באמה ואורכו עשרים באמה 4Q365a f2ii:8
וגובהו ארבע [...]

[그 방의 넓이는 열 규빗 그 길이는
이십 규빗 그 높이는 네…]

미쉬나도 약 10여 회 발견되는 첫 번째 모델 외에는 모두 두 번째 모델을 사용하고 있다 (약 60여 회). 미쉬나 용례들 가운데는 SBH 자료에 나타나는 첫 번째 모델과 대

조를 이루는 경우들도 발견된다. 예를 들면:

Ex 25:13 וְעָשִׂיתָ שֻׁלְחָן עֲצֵי שִׁטִּים אַמָּתַיִם אָרְכּוֹ וְאַמָּה רָחְבּוֹ
[아카시아 나무 상을 만들지니 그 길이는
두 규빗이요 그 넓이는 한 규빗이다]
vs.
Menah 11:5 השלחן ארכו עשרה ורחבו חמשה
[상은 그 길이가 십이요 그 넓이가 오이다]

제2성전시대로 접어들면서 급격하게 증가하는 두 번째 모델의 사용 배경에 관하여 학자들은 이것이 아람어의 영향에 기인한다고 본다(Polzin 1976: 60; Rooker 1990: 114). 실제로 성서 아람어 자료에서는 두 번째 모델만 사용되는 것을 본다:

Dan 3:1 נְבוּכַדְנֶצַּר מַלְכָּא עֲבַד צְלֵם דִּי־דְהַב רוּמֵהּ אַמִּין שִׁתִּין פְּתָיֵהּ אַמִּין שֵׁת
[느부카드네짜르 왕이 황금의 형상을 만들었으니 그것의 높이가 육십 규빗이고 그것의 넓이가 육 규빗이다]

Ezr 6:3 בֵּית־אֱלָהָא... רוּמֵהּ אַמִּין שִׁתִּין פְּתָיֵהּ אַמִּין שִׁתִּין
[하나님의 전… 그것의 높이는 육십 규빗이요 그것의 넓이는 육십 규빗이다]

자료 분석을 통해서 확인되는 것은 LBH 자료에서 43.7% 대 56.3%이던 두 모델은 LBH 이후 시대의 성서 외적인 자료로 넘어 가면서 그 변화가 강화되어가는 양상을 보인다. 쿰란

자료에서는 18.3% 대 81.7%로, 그리고 미쉬나 자료에서는 두
번째 모델의 사용이 이보다 더욱 증가하는 것으로 나타난다.

5. 나가는 말

　　제1성전시대 이후의 성서 히브리어 자료에서 음운론의
영역을 대표하여 **זעק** 동사 그리고 형태론의 영역에서 **...מ**
ולמעלה 그리고 구문론의 영역에서 **רחב חמש אמות**의 경우
를 연구조사 해 보았다. 이 경우들과 더불어 관련된 비교
용례들(**צעק** 동사, **מ... ומעלה** 모델, **חמש אמות רחב** 모델)
에 대한 전수조사의 데이터를 분석하여 얻은 결과를 SBH
자료와 에스겔 자료와 LBH 자료 영역 안에서 각각 대비
도식화시켜 보면 다음과 같다:

	צעק .vs זעק	**מ...ומעלה .vs ולמעלה...מ**	**רחב חמש אמות .vs רחב אמות חמש**
SBH 자료	46.6% : 53.4%	100% : 0%	78.8% : 21.2%
에스겔 자료	0% : 100%	0% : 100%	28.9% : 71.1%
LBH 자료	22.2% : 77.8%	66.7% : 33.3%	43.7% : 56.3%

　　성서 히브리어에서 **רחב** 동사나 **ולמעלה ...מ** 모델과
חמש אמות 모델의 사용 증가 현상이 후기 성서 히브리어
현상인 것은 SBH 자료 층과 LBH 자료 층 간의 비교를 통
해서 선명히 드러난다. 이 현상은 앞서 논의에서 보았듯이
성서 외적인 자료에서도 확인된다. 그러나 문제시되는 부

분은 포로기 자료인 에스겔 자료와 포로기 이후 자료인 LBH 자료 층간의 부조화이다. 보편적으로 LBH의 발전은 시간 속에서 특정 언어 현상이 강화되는 양상으로 나타난다.[100] 히브리어에 대한 아람어의 본격적인 영향이 포로기부터 점진적으로 시작되었다면 포로기 이후 히브리어 층에서는 더 강화된 아람어 영향력이 기대되어야 한다. 그러나 여기서 나타나는 데이터는 이 흐름과 배치된다. עזק와 מ...ולמעלה 경우 LBH에서 77.8%와 33.3%를 보이는 반면에 이미 에스겔에서 각각 100%를 나타내고 רחב חמש מאות의 경우 LBH에서 56.3%를 보이는 반면에 시기적으로 이전 자료인 에스겔에서는 71.7%를 보인다. 이 문제는 통시적인(diachronic) 접근으로 다 설명되지 못한다. 다른 차원의 접근 곧 공시적(synchronic) 내지 지역적이고 방언적(regional and dialectal) 접근에서 찾아져야 할 것으로 보인다. 주시해야 할 부분은 에스겔의 활동 무대가 아람어가 일상어였던 바벨론 지역이었다는 점이다.[101] 아람어 환경에 완전히 노출되었던 에스겔의 히브리어에 LBH에서 보다 많은 아람어적 요소가 나타나는 것은 자연스러울 지 모른다(cf. 신성윤 2009: 35-36). 제2성전시대의 히브리어에

---

100) 가장 대표적인 경우가 되는 용례로 다윗의 이름을 기록하는 철자법을 들 수 있다. SBH 자료에서는 절대 다수적으로 דוד로 기록이 된 반면에 LBH 자료에서는 모두가 דויד로 나타난다. 그러나 이 두 자료의 중간 연결에 해당하는 에스겔 자료에서는 두 방식이 혼용되는 것을 본다. Cf. Freedman, D.N. "The Spelling of the Name "David" in the Hebrew Bible", *HAR* 7, pp. 89-104, 1983.

101) 아람어를 생활어로 구사하면서 살았던 유대인들이 유다로 귀한 한 후에 이스라엘 사회는 히브리어와 아람어를 동시에 사용하는 이중 언어적 사회가 된 것으로 알려진다.

대한 아람어의 영향은 보편적으로 시간 속에서 점진적으로
강화되었지만 일찍이 주변의 아람어 환경에 완전히 노출되
어 활동했던 에스겔의 경우 아람어 영향의 주된 요소는 역
사적 요소가 아니라 지역적 요소에서 찾아 져야 할 것으로
보인다.

[주제어: 성서 히브리어, 표준 성서 히브리어, 후기 성서
히브리어, 성서 외적 자료, 아람어, 에스겔]

참고문헌

김성, 2005, 블레셋 민족의 기원과 바다 민족,『지중해지역연구』제7권 제1호. 1-26.

신성윤, 2009, 『원문읽기 성서 히브리어』, 부산외국어대학교 출판부.

신성윤, 2010, 성서 히브리어 미완료 1인칭 단수 의지표현법 형태의 역사적 변천에 관한 연구,『한국중동학회논총』제31-1호. pp.217-248.

Bendavid, A. 1972. *Parallels in the Bible*. Jerusalem: Carta.

Bergey R.L. 1983. *The Book of Esther – Its Place in the Linguistic Milieu of Post-Exilic Biblical Hebrew Prose: A Study in Late Biblical Hebrew* (Ph. D. Diss). Dropsie College for Hebrew and Cognate Learning. Philadelphia.

Brown, F., Driver, S.R. and Briggs, C.A. 1907. *A Hebrew and English Lexicon of the Old Testament*, Oxford.

Driver, G.R. 1953. Hebrew Poetic Diction. *Congress Volume, Copenhagen 1953* (*VTSup* 1). Anderson, George Wishart, (ed.). Leiden: Brill.

Freedman, D.N. 1983. The Spelling of the Name "David" in the Hebrew Bible. *HAR* 7. pp. 89~104.

Herner, S. 1893. *Syntax der Zahlwörter im Alten Testament*. Lund.

Hurvitz, A. 1974. The Evidence of Language in Dating the Priestly Code. A Linguistic Study in Technical Idioms and Terminology. *RB* 81. pp. 24~56.

Hurvitz, A. 1982. *A Linguistic Study of the Relationship between the Priestly Source and the Book of Ezekiel* [=*RB* 20]. Paris: J. Gabalda.

Hurvitz, A. 2003. Hebrew and Aramaic in the Biblical Period: The Problem of 'Aramaisms' in Linguistic Research on the Hebrew Bible. *Biblical Hebrew; Studies in Chronology and Typology*. I. Young (ed.). London/New York. pp.

24~37.

Kutscher, E. Y. 1959. The *Language and Linguistic Background of the Isaiah Scroll*. Jerusalem [in Hebrew].

Kutscher, E. Y. 1964. Aramaic Calque in Hebrew. *Tarbiz* 33. pp. 118-130 [in Hebrew].

Nöldeke, T. 1903. Review of Kautzsch 1902. *ZMDG* 57. pp. 412-420.

Polzin, R. 1976. *Late Biblical Hebrew: Toward an Historical Typology of Biblical Hebrew Prose*. Missoula.

Rooker, M.F. 1990. *Biblical Hebrew in Transition: The Language of the Book of Ezekiel*. Sheffield: JOST Press.

Shin, Seoung-Yun. 1997. *A Lexical Study on the Language of Haggai-Zechariah-Malachi and its Place in the History of Biblical Hebrew* (Ph. D. Diss.). The Hebrew University of Jerusalem. pp. 145-147.

The Academy of the Hebrew Language. 1973. *The Book of Ben Sira – Text, Concordance and an Analysis of the Vocabulary*. Jerusalem [in Hebrew].

Weitzman, S. 1996. The Shifting Syntax of Numerals in Biblical Hebrew: a Reassessment. *JNES* Vol. 55, No. 3. pp. 177-185.

윤용수 ——————————————————————

부산외국어대학교 지중해지역원 HK 교수
한국외국어대학교 박사 아랍어학 전공

최자영 ——————————————————————

부산외국어대학교 지중해지역원 HK 교수
(그리스) 이와니나대학교 박사 역사학 전공

황의갑 ——————————————————————

부산외국어대학교 지중해지역원 HK 연구교수
(모로코) 무함마드 V세대학교 박사 이슬람학 전공

최재훈 ——————————————————————

부산외국어대학교 지중해지역원 HK 연구교수
한국외국어대학교 박사 국제관계학 전공

임주인 ——————————————————————

부산외국어대학교 지중해지역원 HK 연구교수
서울대학교 박사 스페인문학 전공

김희정 ——————————————————————

부산외국어대학교 지중해지역원 HK 연구교수
(이탈리아) 밀라노 가톨릭대학교 박사 이탈리아문학 전공

장니나 ——————————————————————

부산외국어대학교 지중해지역원 HK 연구교수
(프랑스) 파리 VIII대학교 프랑스어학 전공

신성윤 ——————————————————————

부산외국어대학교 지중해지역원 HK 연구교수
(이스라엘) 히브리대학교 박사 구약학 전공

지중해
문명의 다중성
[교류와 갈등의 어울림]

초판인쇄 | 2010년 7월 30일
초판발행 | 2010년 7월 30일

지 은 이 | 지중해지역원
편집간사 | 장니나
펴 낸 이 | 채종준
펴 낸 곳 | 한국학술정보㈜
주　　소 | 경기도 파주시 교하읍 문발리 파주출판문화정보산업단지 513-5
전　　화 | 031) 908-3181(대표)
팩　　스 | 031) 908-3189
홈페이지 | http://ebook.kstudy.com
E-mail | 출판사업부　publish@kstudy.com
등　　록 | 제일산-115호(2000. 6. 19)

ISBN　　978-89-268-1275-4 03380 (Paper Book)
　　　　978-89-268-1276-1 08380 (e-Book)